# 福祉社会学研究

# 18

福祉社会学会

Journal of Welfare Sociology **2021**

学文社

# 目　次

# ┃特集論文┃

戦後福祉のナラティブ——政策史と生活史のまじわるところ

| 特集論文 |

# 戦後福祉のナラティブ
## ――政策史と生活史のまじわるところ

深田耕一郎・宮垣　元

## 1　本特集の趣旨

第 18 号の特集は「戦後福祉のナラティブ――政策史と生活史のまじわるところ」をお届けする．戦後 75 年が経過した 2020 年代の現在，日本の福祉はどのような姿を見せているだろうか．本特集では，福祉をめぐる人びとの語りや経験を「戦後福祉のナラティブ」と位置づけ，読み手の多面的な解釈に開かれた歴史記述を提供する機会としたい．

戦後福祉をふり返れば，それは戦争がもたらした甚大な生活破壊への援護・救済対策から始まったといえる．その後，急速な経済復興とともに社会保障制度が整備され，日本は福祉国家の姿を見せるようになる．しかし，高度経済成長によって生じた大規模な社会変動は，福祉それ自体に抜本的な見直しを迫ることとなった．

こうした絶えまない変化のなかにある福祉を立ち止まってふり返り，その展開過程を再解釈することで，ともすれば埋もれていたかもしれない，当事者やそれを取り巻く人びとによる実践の多面的な姿を素描しようというのが本特集の目的である．そして，ここにもうひとつの企画趣旨を添えるならば，この作業のために欠かせないこと，すなわち，変化のなかで失われゆく語りや，忘れ去られようとしている経験を記録・記述するということの意義を，いまいちど読者とともに再確認したいとの思いがある．

ふかだ こういちろう｜女子栄養大学・准教授｜fukada@eiyo.ac.jp
みやがき げん｜慶應義塾大学・教授｜gen@sfc.keio.ac.jp

こうした問題意識のもと，本特集では，戦後の福祉における国家の政策の歴史（政策史）と人びとの生活の歴史（生活史）が重なるところに焦点をあてようと考えた．国家が実施する政策の背景には，当事者，家族，支援者，運動体，政府，行政などさまざまなアクターが，自らの利害をめぐってせめぎあい，かたち作ってきた現実がある．そのため，政策史と生活史が交錯するところに生成する「歴史」に焦点をあてることで，政策が当事者などのアクターの実践に及ぼす影響，そして多様なアクターが政策に働きかけていく様相を見出すことにもつながるだろう．

その際，人びとの語り＝ナラティブに着目しよう．というのは，第１にナラティブはアクター本人の視点に根ざしたリアリティを記述することができるからである．たとえば，現在から過去をふり返る「回想の語り」だけでなく，経験のただなかにある「同時代の語り」や，当時から未来に向けた「期待の語り」など，手触りのある，そして多面的な「歴史」を描き出すことができる．

第２に後世に残された政策史や「よく知られた物語」だけでなく，時代の表舞台に現われなかった人びとの歴史を掘り起こすことにもつながる．たとえば，知識人の言説空間とは距離のある，市民，大衆，生活者の語り，言葉をもたないとされた人びとの経験を記録することができる．

このような観点から，本特集では「語り」あるいは「語りの記録」を通して人びとの経験に肉迫する研究を行ってきた論客に寄稿をお願いした．ハンセン病医療，女性福祉，障害者福祉と分野は異なるが，いずれの論考も戦後福祉の流れが提起する普遍的なテーマを捉えており，きわめて読みごたえがある内容となっている．そして同時に，「語り」を記録し向き合うことの重要性も示されている．各論考が戦後福祉の多面的な再解釈の一助となればと思う．

## 2 各論文の概要

ここでは簡単に各論文の概要を紹介しておこう．蘭論文「ハンセン病療養所の戦後を記述する―ある入所者の生活史を通して」は，ハンセン病療養所入所者・中石俊夫の生活史を中心に，ハンセン病療養所とその自治会，およびハンセン病の法制度とそれをめぐる当事者運動の戦後史が克明に描き出されている．

療養所内のリアリティ，特にハンセン病が治癒する病となって以降の軽快者と重症者の差異，それに伴って派生した自治会活動の葛藤，また生活費支給をめぐるすれ違いは，中石の個人的な経験でありながらも戦後福祉におけるハンセン病政策の問題性が象徴的に表れている．方法論的には，本論文は中石の遺したノート，自治会誌など，タイプの異なる語りが複数参照され，また，1996年の出会いから中石が逝去する2001年までのあいだに継続された数回のインタビュー記録が用いられている．こうした複数の語りから構成される「ナラティィブ」の重層性が示されている．

丸山論文「政策の実施場面に見る婦人保護事業の実態とジェンダー規範——ある婦人保護施設の資料から」は，マイケル・リプスキーの「ストリート・レベルの官僚」概念に基づき，戦後の婦人保護事業が，実際に執行される「ストリート・レベル」においてどのように実践されてきたかを施設のケース記録をもとに描き出している．何よりも「生野学園」という婦人保護施設の51年間の1520ケースそれ自体に圧倒的な迫力がある．その期間を4つに区切ることで時代の特徴が明確に浮き彫りになっており，ここからは現在にも続く売春防止法の問題を具体的に知ることができる．また，ケース記録に用いられたフォーマットの変遷に着目し，「売春」や「転落」という言葉を詳細に追うことで，支援者が当時のジェンダー規範に影響されながらも，それに抗う実践を展開した局面も描かれている．方法論という点では，取り上げられた資料が，ケース記録という当事者の「生きられた現実」のドキュメントであることの価値が大きい．

麦倉論文「遷延性意識障害者とその家族は戦後をいかに生きたか——戦後福祉のナラティヴ」は，遷延性意識障害者とその家族を中心に，当時の新聞記事，国会における議員や医療者，厚生省厚生課長等の語りを取り上げ，戦後この「障害」がどのような意味付けをなされてきたかが丁寧に跡付けられている．遷延性意識障害者と「共にある」人たちによる，いわゆる「植物人間」という俗称に抗う実践とともに，その可視化・制度化の過程が記述されている．当事者が医療・福祉のみならず，生命倫理や尊厳死の議論，さらには自賠責保険の運用益の再分配の議論へと巻き込まれ続ける現実が浮き彫りになっており，生の政治が先鋭的に争われる領域であることが示されている．方法論的には，遷延性意識障害という「語ること＝ナラティブ」が最も困難な存在，いわば「ものいわぬ他者」の代理表象がいかなるものであったか（あるべきか）を記述している点が注目される．

立岩論文「仕事しよう，にあたり」は，本特集の趣旨の前提となるような福祉社会学研究者の姿勢を問う内容となっている．それは，福祉社会学において，十分な調査研究がなされているだろうかという「問いかけ」であり，もっとなされなければならないという「呼びかけ」でもある．「当たり前に」なされるべき丹念な調査と資料の収集，それに基づく記述の蓄積の重要性が指摘されている．そして，社会学の現状についての「基礎的なものごとについて，事実をきちんとおさえた基礎的な書き物を揃えられていない」という認識は，そうした資料の保存・公開，広範な調査研究を遂行する研究者間の協働といった構想につながっている．本論文からは，戦後が決して過去の時代となったのではなく，いまだ知られざる現実に満ちた未開拓の領域であることをあらためて自覚させられる．

## 3　戦後福祉の再解釈と方法論への示唆

以上の論考を踏まえて，第1に戦後福祉の再解釈と，第2に方法論への示唆という点から議論を整理しておきたい．第1の戦後福祉の再解釈としては，その連続性と断絶性（質的変容）を見て取ることができるのではないだろうか．戦後福祉は，戦争からの復興と経済成長というモメントが決定的・根本的な意味を持ったことが浮き彫りになっている．

終戦からまもない時期に制定された，らい予防法（1953年）や売春防止法（1956年）には，明らかに戦争が影を落としており，今日的な視点から見れば，差別的・抑圧的な性格が強く，当時の福祉政策の限界を見ることができる．いずれの法も成立当初から重大な問題が指摘されていたにもかかわらず，その後，戦後の長きにわたって実施が続いた．当然ながら，その法が人びとの現実を規定し，そのためにさまざまな葛藤が生じた．また，当時の法制度が抱えた諸矛盾は，現在においても同様の課題を残し続けており，その意味で戦後福祉の今に至る連続性を確認することができる．

他方で，高度経済成長に伴う医療技術の進展や生活水準の向上は，福祉の現場に質的な変化をもたらしている．治癒者や軽快者が現れるようになったハンセン病療養所では，入所者が減り療養所や自治会の意味付けが変わった．婦人保護事業では対象者・充足率が減少し（さまざまな困難さを有する女性へと対象が拡大したにもかかわらず），国庫補助が削減された．遷延性意識障害者への福祉においては，1970 年代に入り政策としての対象化・制度化が進むことになる．ここには医療技術の進展による療養体制の変化があったが，その背景には公害や交通事故などの工業化・都市化によって生じる社会問題の多発があった．そのため遷延性意識障害をめぐる福祉が新たな政策課題として浮上し制度化が進んだ．このような戦後の高度経済成長がもたらした急激な変化が福祉の現場にも質的な変化を生んでいることが各論考からも見て取れる．

第 2 に方法論への示唆として，ナラティブを用いた歴史記述の必要性と有用性を指摘できるのではないだろうか．本特集で「ナラティブ」と呼んだものは，インタビューにおけるオーラルな「語り」だけでなく，当事者の遺した日誌やノート，また入所者のケース記録や新聞記事，国会の議事録など，広義の「ナラティブ」を指している．こうした複数のナラティブを参照することで，より重層的で多面的な歴史記述が可能になると思われる．

たとえば，本特集の各論考は，大規模な社会変動の影響を指摘しつつも，福祉の現場におけるさまざまなアクターが展開した実践のリアリティが豊かに記述されている．蘭論文では当事者運動内部のダイナミックな葛藤・齟齬・対立が伝えられているし，丸山論文では法律や規範の規定力の強さとともに，それらへの対抗的な実践・言説が確かに存在したことが示されている．麦倉論文では，当事者本人が「言葉のない人」であっても，本人の最も近いところに位置する家族・医療者の語りが，当事者の経験世界を構成していく過程が描き出されている．これらは既存のドミナントなストーリーを参照するだけでは見えてこない現実であり，ナラティブによる歴史記述の有用性を示している．そして立岩論文では，ひとりの人やひとつの運動のなかにも断裂や分かれ目があり，それらを丁寧に追うことと，むしろそうした拮抗する局面を丹念に描くことが社会を記述することにつながると指摘されている．

さらには，立岩論文が指摘するように歴史記述それ自体の新たな可能性を指摘することもできる．たとえば，一般に語り手の死後，その語り手へのインタビューは不可能になるが，同じ人物へのこれまでの逐語録を読み直すことによって，新しい解釈が生まれると蘭論文は指摘する．また，一般に福祉施設における入所者のケース記録を研究対象にすることは難しいが，丸山論文が示すように施設の閉鎖後に時間が経過した記録であればアクセスは可能であり，むしろ研究はそこから始まるといってもいい．また，麦倉論文はナラティブを「制度を形作る社会意識のあらわれ」と指摘しており，人びとのナラティブに着目した生活史を記述することは，政策史を紐解くことにも通じるという．その意味で，立岩論文が述べるように，時間が経過したからこそ歴史をふり返り，記録・記述する重要性と必要性はますます高まっていくのだといえる．そして，時間が経過するからこそ，聞くべき人の声を集め，散逸してしまう記録をひとつひとつ留めていく必要があるのだろう．

以上の関心のもとに編まれた本特集が，戦後福祉の新たな解釈を生み出し，今後の福祉を構想する際の助けとなることを願っている．最後に分厚く力強い論考をお寄せいただいた執筆者の皆さんに感謝申し上げたい．

| 特集論文 |

# ハンセン病療養所の戦後を記述する
## ――ある入所者の生活史を通して

蘭　由岐子

本稿は，島の療養所「大島青松園」で，長年自治会活動に役員として関わってきた中石俊夫の生活史を通してハンセン病療養所の戦後を素描する．論述のためのデータは，著者のライフストーリー・インタビューの逐語録，自治会誌に掲載された中石の文章，そして，中石の死後，後見人を通して筆者に託された遺品のノートからなる．

中石は，第二次大戦末期の1944年末に17歳で入所し，2001年秋に74歳で没した．彼の人生を，戦中から戦後，とりわけ，「思索会」という名の無宗教団体を作った時期，1953年の「らい予防法闘争」期，「転換期」の自治会役員を勤めた時期，「らい予防法」廃止と国賠訴訟の起こった晩年期に区分して考察した．

その結果，文芸活動をしていた若者たちが戦後の自治会を担い，「転換期」の療養所に生じた支給金，作業切替など数々の問題に対処してきたこと，にもかかわらず，一般入所者の自治会への不信と無関心が増大したこと，しかし，中石はあくまでも草創期の自治会の理念を堅持して運動を行うことを是としたことがあきらかとなった．そして，最晩年期，国賠訴訟期とその判決後の島の住民の状況変化に，中石は，あらためて自身の理念が壊れていくさまを見た。

なお，本稿は，中石と筆者との対話と応答の成果でもある．

キーワード：ハンセン病療養所，戦後，生活史，自治会

## 1　はじめに

日本のハンセン病患者は，法に基づき，1950年までにそのほとんどが療養所に収容されることとなった（厚生省 1975: 27）．戦後，日本国憲法が公布・施行されたことと特効薬の登場を契機に，病者たちは従来のハンセン病対策に

あららぎ ゆきこ｜追手門学院大学・教授｜yuararag@otemon.ac.jp

異議を唱え，退所規定のある，より人道的な新しい法律を求めた．しかし，国は，病者側の意向に耳を傾けず，当時の療養所長たちの意見を参考に，戦前と変わらぬ「癩予防法改正法案」を国会に上程した．病者たちは反対運動を繰り広げたが奏功せず，1953 年，「らい予防法」が定められた．9 項目におよぶ付帯決議にかろうじて病者たちの意向が反映され「近き将来本法の改正を期する」とあったが，結局，その法は 1996 年 3 月まで継続した．この間，ハンセン病の当事者運動を率いたのは，治療薬「プロミン」の獲得運動を契機として 1951 年に結成された「全国国立癩療養所患者協議会（略称：全患協）（数度の改称ののち 1983 年より「全国ハンセン病患者協議会」と称す）」（現，「全国ハンセン病療養所入所者協議会（略称：全療協）」）であった．各療養所の自治会は，この全患協の支部となった．日本の障害者運動史を論じた杉本（2008）によると，全患協の運動は，戦後の当事者による障害者運動の嚆矢として位置づけられている．

戦後のハンセン病療養所の変動については，すでにすぐれた先行研究がある．坂田（2012）はインタビュー調査に加えて，入所者たちの綴ってきた文書資料についての調査結果を駆使して，国立療養所多磨全生園入所者たちが戦後日本社会の変動過程のなかでどのように実存を模索し，療養所の内外の関係性を築いてきたのか，彼らの諸実践を通してあきらかにしている．また，有薗（2017）は，ハンセン病療養所での入所者たちの種々の集合的実践をとりあげ，療養所という「隔離壁」の内にとどまりながらの解放戦略をそこに見出した．

本稿は，結論をさきどりすれば，これらの研究にもうひとつの，個人ベースの小さな具体を付け加える作業となる．すなわち，本稿では，国立療養所大島青松園で，長年自治会活動に役員として関わってきたひとりの男性入所者の生活史（＝経験）を通してハンセン病療養所の戦後を素描する．取り上げるのは，わたしが聞き取った彼の療養所やその歴史についての語り[1]，また，彼が長年自治会誌に綴ってきた文章[2]，および，彼の死後，「後見人」からわたしに届けられた遺品のノート等[3]からなる．

## 2 国立療養所大島青松園入所者　中石俊夫

本稿で考察するのは，国立療養所大島青松園（高松市）で 57 年間生き，

2001年秋に74歳で亡くなった中石俊夫の生活史である．大島は高松港の約8キロ沖合にある小さな島で，大島青松園はそこに1909年に開かれた療養所である．

中石の病気が診断されたのは，小学校6年生のとき高松赤十字病院においてだった．大風子油の「痛い注射が『らい』の宣告であった」という．診療後，白衣を着た人が，消毒の噴霧器を肩に掛け，中石母子が歩いた廊下を消毒し，玄関までついてきた．「自分は害毒，世間から排除される人間になった，と思った」という．その後，小学校卒業後，自宅に引きこもり，そのうちに「徴用令」[4)]もきたが，「右手が少し不自由で，軍需工場では仕事はできません」と申し出ることで免除された．友人たちも遠ざかっていき，憂鬱な日々が続き，「こんな生活を続ける自分が嫌になって」，また，「曲がった右手が目立つようにな」って，大島に行くことを決めた．母親は「療養所へ行って病気を治すことに，小さい希望をつな」ぎ，中石は「大島へ行くことは，我が身を捨てることだと決心し」た．1944年12月，17歳の冬のことであった（中石 1999a）．

中石は，入所後2年ほどして自治会にかかわり始め（岡本 1969），それ以後，自治会および自治会誌『青松』編集部で活躍した．いわば大島青松園の中枢のひとりであった．

## 3　戦時期を越えて――「文の心」の継承

中石が入所したころは敗戦まで1年を切った時期であり，自治会史によると，食糧も燃料もなく，連日死者が出るような状況であった（国立療養所大島青松園入園者自治会 1981: 99-116，以下，自治会史と記す）．当時を回顧した文章では，「果たして二十五歳まで生きられるかどうか，当てにはならなかった」と書いていた（中石 1989）が，聞き取りでは「地獄やと思うて来た」療養所であったが，まわりは病者ばかりで気兼ねがいらず，「私は安堵しましたね」と述べていた．戦時中は青年団に入って山の中腹に設けられた機雷監視所に三交代で詰めていたこと，そして1945年8月15日の玉音放送のあと，園長から「戦争には負けたが戦時体制を解くわけにはいかない」と言われ，監視を続けていたことが語られた（2000年8月27日聞き取り．以下，聞き取りの日付は数字8

桁で記す）．

戦後のものであるが，当時の心情をうかがえるものに遺品のなかの小さなポートレートに記された「裏書き」がある．

「わたしはじっと／考へてゐる／わたしの未来には／くるしみと／かなしみが／渦巻いてゐるのだ／わたしはすべてに／うち勝つために／雄々しく立ち上がらねばならない．　一九四七・一二」

入所後3年，20歳のころの写真である．「くるしみとかなしみ」が渦巻く未来を予想しつつ，それに「うち勝つために雄々しく立ち上が」ることの決意を記していた．

中石は，「偽名」に言及する際，17歳で詩を書き初めたのでペンネームとして「中石としお」を採用したこと，そして，その後，「昭和40年ごろまで」詩作に励んだことを語った．中石の詩は，1948年から『青松』に登場し1960年ごろまでほとんど途切れることなく掲載されている（国立ハンセン病資料館）[5]．所内では，戦前期から文芸活動が盛んだった．若者のなかにも詩作や「文芸やってる者（もん）」がいた．中石は，21歳のとき，活版印刷となった『青松』誌第1号の編集委員のひとりに選ばれている（政石 2004：34）．「文の心」（中石 1994）は戦後へ継承された．

## 4「思索会」の創設——1950年ごろ

家族関係について聞き取っていたとき，「死亡時の取り決め」を所内の福祉課に届けたという話が出た．予防法廃止後，施設側が情報を集め始めていた．そのときに，中石は，自身が「いまだに無宗教」で，戦後，「曽我野さん，わたしに，その政石蒙さん[6]，他に吉井直人というて，文学やったりする者（もん）で，動機はっきりわからんけど，言い合わして宗教から脱会し」て「無宗教の団体」である「思索会」をつくったと語り始めた．そして，「若いときには7人もの人間が，ようその，宗教抜け出して，わりと手続きむつかしいんですよ，福祉に自治会（に）言うていかないかんですしね，それから宗教の代表に言わなあかんでしょ．ようよう変わり者やなて変な目で見られとるでしょうねえ．」(19970827) と思索会を作ったときの状況と自分たちの園内での位置づけを評した．

ハンセン病療養所では，死亡時の対応とも関連して宗教団体に属すのが一般的であった．当局側も宗教団体の「慰藉」の役割を認めていた (大島療養所 1935: 105-108)．『大島青松園五十年誌』では，宗教の項に「その他青年層には現存の宗教にあきたらず，人間完成を目ざして自己の育成に努めるグループ活動がある」と記載され，表「信者数調」に，各宗教団体とならんで「(無宗教) 思索会」が挙げられている (国立療養所大島青松園 1960)．「昭和 33 年」の信者数は「六」とある．自治会史にも「宗教団体小史」の項で無宗教団体として名前が上げられていた (自治会史 203) が，これまでその実態は不明であった．

より詳しい記述は，中石の死後，「莫逆の友」曽我野一美が『青松』誌に寄稿した追悼文にあった．曽我野は中石と同い年で，3 年遅れて入所した．1951 年の青年団長選出選挙で中石と同点になり，「誕生日が 10 日早い」曽我野が団長になった．曽我野は，「数人で世の中に対する反逆的行動に出」て「思索会」を組織したこと，その面々，中石俊夫，谷脇徹，藤井秋平，三好節夫，藤岡宏治，政石道夫，吉名照三の名を挙げ，実際の活動として「現存宗教を否定するといいながら，時に聖書研究をやったり，宗教書を持ち出して，多角的に議論をした」と記していた (曽我野 2002: 13)．

たしかに，中石も曽我野と一緒に青年団幹部をやっていたころのことをつぎのように語っていた．

> 「大島の場合は，人格者もおりましたから，いわゆる園長もしっかりしてましたから，戦争が終わって，価値観が変わりましたけど，別に騒動みたいなのは起こりませんでしたけど，やっぱり青年団あたりが，とくに文芸やってる者は，なんちゅうの，洞察力が割合豊かなほうですからね．ふつうより，以上でなかったら，歌や詩や文章なんか書けませんからね．そういう人たちがなんか，体制に対する反発．曽我野さんや私らやった方ですけどね，当時の自治会体制に対する反発というのはやりましたね．だから，そうですね，ひとつのあれとしては，壁新聞なんかつくって，そうしていわゆるシステム

の批判するわけですよ．そこらあたりが大きく違ったんですかね．えらかったのは，最初曽我野さんや私，曽我野さんは一番最初のときに団長で，＊＊さん[7]が副団長で，それまではわたしは自治会やってたんですけどね，とにかく一年間正副団長一緒にやったことがあるんですよ．そのときにも壁新聞いうのを，自治会の会長の暴走の内容がずーっと，こういうのはけしからん，言うたり，自治会や園や医療制度の批判とか，いわゆる生活すべてに対する批判を展開しましたね．いまから思うと若気の至りだったんですけど．それ，大きな特徴でしたね．」(20000827)

曽我野と中石が青年団の正副団長をやり，壁新聞（青年団の機関誌）によって自治会批判を展開したというのだ．そこには「文芸やってる者」が集まっていた．

果たして，中石の死後，数年後にわたしの手元に届いた中石の遺品のなかに「思索會申合．會員名簿」，「思索會」，「1950.3.6」と表紙に記された 1 冊のノート（A5 判）が見つかった[8]．申合の第三条には「現存ノ宗教団体ニ属シテイル無意味ト矛盾ヲ避ケ自己ノ自由意志ニ依ル　ヨリヨキ眞実ナル宗教ヘノ基盤ヲ確立シ　人間完成ヲ目ザシテ　自己ノ育成ニ努メ　ヒイテハ生活的安定ヲ得ルヲ目的トスル」とある．現存の宗教団体の在り方を真正面から批判し，「真実の宗教」の基盤を確立し人間完成を目指そうというのだ．ノートの中程から始まる「思索會誌　一九五〇.四」と題された日誌からは活動の具体的様相がうかがえる．ここには，会合の開催日とその内容，短評が記載されている．それによると，当初，旧約聖書「創世記」の研究会を始め勉強会の雰囲気が漂っていたが，曽我野ら「論客」が欠席すると雑談会となってしまうようになった．

また，壁新聞の「毎号誌面の三分の一」を思索会会員が受け持つことにしたが，およそ半年経った頃には，当局の反応を見て「我々が，今迄程に熱意を傾ける程の価値無きものとの結論」に達し，会としての投稿を中止することにした．その後，研究会の課題を「世界史」とするが継続できず，1 年後には「今までの沈滞した空気を取り除くために今日よりまた聖書研究を始める」と再出発を誓うも休会が続く（ノートにはそれ以降の日付の事項が記載されてもいる）．彼らは，多いときは毎週のように夕刻から集まって議論と懇親を重ねていた．

他方，仲間の死に際しては思索会として葬儀を執り行っていた（曽我野 2002，ノートには藤井秋平の葬儀の次第が綴られている）．入所後の数年を乗り越え，中石は，たしかな仲間を得ていた．青年団と「文芸やってる者」，既成の宗教から離れて人間形成を醸成しようとする三者の重なりのなかにいた．そして，無宗教の「宗教団体」は当局の期待する「慰藉」を越えて，抵抗の芽を育てていた．思索会は，1969 年の曽我野のキリスト教への移籍が引き金となって解散したという（曽我野 2002：15）．およそ 20 年続いたことになる．

## 5 予防法闘争の時代

1951 年に発足した全患協の初の大仕事は「予防法改正」への取り組みであった．当初，全患協は社会党議員と連携して自分たちの望む改正案を衆院厚生委員会に提案しようとしていた．ところが 1953 年 2 月一転して国が改正に着手することとなった（全患協 1977：48）．その法案の内容は到底容認できるものではなく，法案の可決を阻止すべく運動を展開した．いわゆる「らい予防法闘争」である（同上：49–62）．

大島青松園の自治会執行部は，当初，予防法改正促進に消極的であり [9)]，全患協本部の実力行使に対する意見聴取のための代表派遣の要請にも応えなかった．他方，青年団，婦人会，文章会，思索会の面々は 6 月 10 日すぎに実力行使を要求した決議文を執行部に提出するなど一貫して闘うことを表明した（自治会史：146）．その後，「会員の 87％が実力行使に賛成」し，患者総決起大会が開かれ，一気に闘争体制に移行した．中石によると，運動方針に関する「全員の賛否をと」り民主的に運動を進める，このようなやり方は，このときに限らず，1931 年の自治会結成以来，「ずっとやってきたこと」であった（20000827）．そして，闘いの中央交渉団に大島から 4 人の代表が派遣された（曽我野 2002）．当時自治会副会長の曽我野と中石，ほか 2 名であった．敗北に終わった予防法闘争の詳細は（全患協 1977）や（有薗 2017）他に譲るが，この厳しい闘いは中石の病気を増悪させた．

「二ヶ月の時にハンストをしたり，国会や暑いのに議事堂（へ）通ったでしょ．座りこみしたりしてね．あれで，いつやっぱりどんな病気でも無理したらいかんですね．ほんで私に足に斑紋が出るようになったんですよ．ほんで，小さい結節みたいのが出るようになってね．帰ってきて気がついたの．…（中略）…ほんでＬ型にかわっていった．…（中略）…曽我野さんなんかもう来たまんまですからね．あの人は薬全然やらんずくですよ．あの人は自然治癒です．Ｔ型で自然治癒のひとは，Ｔ型は，再発は割にすくないですよね.」(19970827)

Ｌ型・Ｔ型というのはハンセン病の病型の一種で病理組織像を主とした分類である．Ｌ型はらい菌に対する免疫が弱く多くの結節が生じ，眉毛が抜けやすく，Ｔ型は比較的免疫が強く皮膚病変よりもむしろ神経障害が現れ，自然治癒率も高い．中石は予防法闘争に言及する際，必ず自身の病型変化について語り，かつ，入所以来病型変化を起こさずいまだに健康を保っている曽我野に言及する．そして，つぎのようにも語る．

「夜行列車のふたりずつの真向かいの（席）．で，ふたりが窓際でね，私右手が悪いから右手が窓の方行くように，彼は左手やから．（左手が行くように）真向かいに．ほんで，ポケットに手ぇつっこんで．なお悪くなりますよね．その上へ，新聞ひろげてね．いまだに，言うて笑うんですけど，曽我野さんがオイオイ，言うて夜中に起こすんですよ．なにかな，思うたら，うん，寝てるもんですから，隠してた手が新聞の上へ乗ってるんですね．で，横にふたり（他人が）おるでしょ．今から思うとどうちゅうことないと思うんですけどね．そのころはそれくらい気ぃ遣いましたね.」(20011103)

当時は入所者の外出は基本的に認められなかったから他人に障害が見られてハンセン病であることがばれないように気遣わなければならなかった．（中石や曽我野は「病気が軽かったから」東京に行くことが容認されていたともいえる.）この話は，聞く者に「よき相棒」という言葉を思い起こさせる．このエピソードは，ふたりの間でも予防法闘争の思い出話として何度も語られたに違いない．

もちろん，「闘争」にもかかわらず政府案が成立したことについて，中石は

「大きな挫折」だと評していた．それゆえ，数年後，差別法の廃止を決議した画期的な会議であった「ローマ会議」に出席した園長の帰朝時にもその報告会を自治会として催さなかったという（19970805）．もはや法の撤廃を求める気力はなかったというような語り方であった．

## 6「転換期」の自治会幹部・全療協中央執行委員として

予防法闘争後，中石は再燃したハンセン病をストレプトマイシンによる治療でなんとか押さえ込み（20000827），その後は詩誌の編集に勤しんでもいたことが阿部（2019）の目録からうかがえる．が，聞き取りでは具体的な詩作について語られることはほとんどなかった．

その後，1957 年には，曽我野と中石はそれぞれ自治会の会長と副会長に就任し，いよいよ自治会幹部として活動することとなった．その理由について中石はこのように語る．

> 「うん，それはね，私，その当時のいわゆる人格者のひとたちが，…（中略）…とにかく機を見るに敏であったといいますか，もう自分たちの時代じゃないということで，そういう人たちが曽我野さんや私たちを（会長や）副会長に起用するようになったんですよ．…（中略）…曽我野さんがはじめて会長したときには（私は）副会長したんですかね．そのときに元，お歴々の会長やったようなひとは，評議員ということに，中執（＝中央執行）機関におりましたけどね．それをまかせた若い者（もん）に，もういわゆる価値観も変わるし，もののやり方から（なにからなにまで）変わったから，若い者にこれからは新しい風を入れるいうことで，任せたという，このときは，大島の自慢をするわけじゃないけども，いわゆる先覚者という人たちは偉かったと思うんですよね．」（20000827）

この語りからは，当時の「お歴々」が「人格者」で，中石や曽我野ら「若い者」に戦後の「新しい時代」の自治会を託したことがわかる．中石にとって，そういう先覚者の率いてきた自治会は「大島の自慢」であった．

こうして中石ら「若い者」に引き継がれた自治会活動は，その後，他の療養所と共に，年金問題や不自由者看護の職員への切替問題等々に対応していく．年金問題は1959年の改正国民年金法の成立から本格化していくが，実際は，戦後まもなく導入された生活保護の扶助費の地域間格差の是正の結果1948年から支給されることになった「療養慰安金」の増額要求の時から，1971年4月からの「自用費」方式による支給で一応の決着をみるに至るまでの，長期間にわたって闘われた支給金問題であった．その背景には，生活保護受給患者の日用品費が「朝日訴訟」の影響を受けて増額されていったのに対しハンセン病患者の「慰安金」が不当に低く据え置かれたこと，および，戦後導入された抗ハンセン病薬による化学療法によって軽快者が現れ，彼らが作業賃より高額の賃金が支払われる職を求めて「労務外出」[10]をしたりするなど入所者間の経済格差が顕著になってきたこと，さらには退所者の出現もあった．このような変動は，不自由者看護を軽症の入所者が行っていた療養所ではその担い手不足の問題に直結した．そのため，不自由者看護の職員への「切替」から始まって，療養所運営のための作業そのものの見直しが求められるようになった（全患協 1977）．いわば，ハンセン病が治癒するようになって，旧来の療養所のシステムが立ち行かなくなりつつあったのだ．そのような「転換期」[11]に，中石や曽我野らが自治会運動を担ったのであった（中石 1960, 1961）．そして，1966–7年には曽我野が，1969–71年には中石が大島から全患協の中央執行委員として東京（多磨全生園）に赴任した．1960年代から70年代にかけてのこの時期について，聞き取りでは，全患協本部から帰園後の沖縄訪問（1971年秋）についてのみ，家族関係の観点から語られていた（19970804）．

このころの中石の動静は，阿部らが「発見」した『協和会報』という大島青松園自治会の逐次刊行物の分析に一部見出される（阿部ほか 2014）．1964年，不自由者看護の職員への切替を求めた全療協に呼応して大島でも決起大会が開かれたが，ちょうどその頃入所者へのきめ細やかな情報伝達を目ざして『協和会報』が発行されるようになったという．その読み取りによると，中石は1968年4月に自治会長に3期目の就任を果たしたが，「低すぎる作業賃収入と進まぬ職員看護への切替，その不利益をおしつけられてしまう不自由者といった構図のなかで，中石執行部は展望を失」っていたという（同上: 82）．

同じ頃，中石は自治会誌に「あしたのための覚え書(1)」と題して，会長就任の辞を著した（中石 1968）．冒頭，中石は「果たして自治会は健在だろうか？」と問い，自身は「あえて健在であるといつて（ママ）おきたい」と言いつつその困難性を指摘する．そして，会長として自治会の「将来を考えてみたい」と療養所内外の動きに言及する．「内」は，不自由者と軽症者との階層分化が進んで「生活内容と要求の方向が分岐し始めた」こと，「外」は，その２つの流れに目を向けて動き始めた厚生省の「療養所再編成構想」であった．これら内外の動きに目をつむっていても「まことに平穏無事で，その日暮らしには支障はない」が「手おくれにならないよう…それぞれの立場で…行く末を考えなければならない」と呼びかけ，会員が「お互いに信頼し理解し合うこと」を基調にした自治会運営を考えると抱負を述べた．が，連載番号があるにもかかわらず，続報はなかった．同年９月末日をもって自治会長を辞任したからである．

さらに，中石が全患協事務局長の要職にあった 1970 年，「らい調査会」[12)]が患者の生活待遇について「自用費」方式の答申を出した．これは療養所入所者の生活費獲得を国民年金法の改正や運用上の工夫に求めるのではなく，拠出制国民年金の障害年金（1 級）額に相当する，自由に使途を決められる費用として「自用費」を支給するというものであった．全患協はこの方針に賛成しかねたが，厚生省他各部署と交渉を重ねるにつれ，この方式による支給金の実現さえ厳しい状況にあることを知り，月額 1 万円の「自用費」獲得に向けて尽力することにした．結果として，1971 年度はおおむね 8000 円を上回る金額の支給，翌年 1 万円ベースに，そして 1973 年以降は拠出制障害年金 1 級相当額に移行することで決着した（全患協 1977: 130）．支給額は障害年金 1 級相当額となったが，一般的な生活保護制度や国民年金制度とは別の制度での決定であった．このことは，あくまでもハンセン病者たちは日本の医療福祉行政の枠外に置かれていることの証左でもあった．

長年の生活費支給の問題は自用費の支給開始をもって一件落着した．が，全患協は入所者たちから強い批判を受けた．「自用費方式」が不自由者，軽症者とも一律に月額 8000 円（のち 1 万円）の段階的支給を実現した結果，障害年金 1 級，厚生年金，遺族年金，軍人恩給などの公的年金受給者にとっては，従来受給していた「療養慰安金と被服費・生活物品費の計 1,747 円」がカットされ，1万円の差額支給に際しては作業賃その他余分の所得に対して収入認定がされるようになったからである．中石は，そうなったことで全療協を批判するのは「すじ違い」であり，「らい調査会」に対して責任を問うべきと反駁する（中石 1971a）．そして「肩を寄せ合って話せば判ることを，背を向けて批判するのはどうか」と問う．また，問題点のあった「自用費方式」ではあったが，それは多数の利益のために受け入れたこと，また，それによって低所得者層の底上げが重視されたことを指摘し，理解を求めようとした（中石 1972）．

この頃，大島青松園では，不自由者たちから「自治会運営の面で，不自由者の意見があまりとりあげられていない」という指摘がなされたり（中石 1971b），自治会代議員選挙で「120 票の白票」が投じられたり（中石 1973）と，一般入所者の自治会活動への不信感や無関心が現れ始めた．多磨全生園は，すでに 1966 年から 69 年まで自治会が閉鎖していたし（多磨全生園患者自治会 1979），1973 年 7 月からは邑久光明園自治会も休会となった（1976 年 2 月まで）（邑久光明園入園者自治会 1989）．この事態に対して，中石は，生活環境を守り向上させる欲求があるのに「自治会に背を向け無関心でいる」ことが問題の根源であるといい，会員の意識覚醒を求め，「昭和 6 年」に発足した自治会の「初心にかえろう」と呼びかけた（中石 1973）．中石は，あくまでも民主的に運営される自治会を通して国と闘い，入所者の生活問題の解決をめざそうとするのであった．

1970 年代終わりになると，療養所内医療の推進問題（医療センター構想）や施設整備の問題を抱え，他の比較的規模の大きい療養所との格差を感じはじめる（中石 1974b）．また地元の国立病院との差異も見せつけられ，「私はずっと以前からハンセン氏病療養所のすべてに『限界』を感じはじめている．最高の『限界』に達した，というのではなく，いま療養所の内容や運動に『限界』を感じているのである．…（中略）…　私が感じているのは，一般の平均水準以下の処に『限界』があり，それは厳然としていて，なかなか超えられそうにもないのである」，「ハ氏病行政の根幹の部分に差別と誤りがあるように思えてならない」と問題の本質に迫る．そして，自らを鼓舞するように，引き続き，運動をすることがこれを突破する方法であると続ける（中石 1978）．

1981 年の自治会 50 周年を前に自治会史の編纂を経て，自治会役員として書いたものは療養所と自己の「老い」の心境を反映したようにだんだんと寂寥感を帯びてくる．そして，1989年に最後の会長就任，その後は代議員をつとめながら，1990年からは15期にわたって『青松』誌の編集に携わっていった．

中石の仕事として注目された「聞き書き・それぞれの自分史」の連載（1993～2000）は，「本人が書いてくれんのなら，書かそうと．ほいだら話を聞きだして，こちらが書けばいい」という「不純な動機」から始めたものであったが(20000827)，「いままでの歴史をきちんと，書くなり，声なり，映像で残していく．資料として，それを同時代の，後世の人が研究して，何かに役に立つんじゃないかなという密かな期待」(19970805）を託したものであった．

## 7 「らい予防法」廃止と訴訟――晩年の思い

わたしが中石と知り合ったのは，1996年春であり翌年には1回目の聞き取りをしていたが，「らい予防法」廃止についての語りを聞いたのは，ハンセン病国賠訴訟提訴（1998年）後の2000年の聞き取りのときであった．このとき，中石は，予防法改廃への意見は全患協（1994）に書いたように，予防法廃止へ道を開いた元厚生官僚大谷藤郎の私案どおり，現行法廃止，保護的新法の制定，在園者の居住地の自由な選択，療養所外の医療機関受診を可能とするということであると語った．訴訟については，あるインタビュー記事で次のように述べていた．（わたしがこの記事のことを知ったのは，2017年になってからのことであった.）原告の訴えは自分たちが「長い間要求してきたことと同じ」で自分は参加しないが「支持はしているつもり」だと述べ，自身の不参加については，「裁判を起こす前にみんなで会議を開いて議論して，最終的に裁判をやろうというなら別だが」，「この年になって人の言いなりになって，というのは嫌だと言う気がして」，また「最初から和解のことを考えながらやるってあんまり安易過ぎると思って」たからであった（中石 1999b)．聞き取りでは，1996年の「予防法廃止」のときに「(全患協という）組織がもうとにかく金銭を要求しないということになった」はずなのに訴訟が起こされたことへの違和を語っていた（20000827)．

他方，親友の曽我野は国の準備書面を読んで「怒り心頭に発して」原告になった．曽我野は，追悼文で「傍観者的態度を崩さず，結局は原告として立つことをしなかった」中石を許すことができなかったと書く（曽我野 2002）．他の療養所とは異なって，大島青松園では自治会長の曽我野が原告になったことで多くの入所者が追随して訴訟に加わり，「公認団体」の資格を得ていた．中石は，「原告」曽我野の所作についても首肯しかねていた．

なにか本部から流れてきて，意に沿わんようなことがあったら，（園内）放送で流すんですよ，原告団として．原稿をつくってね，彼流の．支部長会議がそういう（訴訟を支持・支援しないという）決定をするならね，もうわれわれは脱退を考えると．もう一種の脅しみたいな．（20000827）

それゆえ，わたしが聞き取りに園を訪れた 2000 年夏にはすでに両者の関係は疎遠になっていた．中石は訴訟の意義はよく理解していたが，全療協や自治会の会員たちが分断されていく状況，そして，それを訴訟に立った曽我野が強引に進めていくことに耐えられなかったにちがいない．他方，曽我野は原告にならない中石に業を煮やしていただろう．中石の求めたやり方は，「らい予防法のもとで一丸となって療養所の処遇向上に努めた全療協自身の戦略と桎梏」（松岡 2020：324）そのものであったともいえよう．

2001 年 5 月，ハンセン病訴訟は画期的な原告勝訴の判決を得た．

この当時の中石の心境は，「海野風夫」という新しいペンネームで綴った詩に現れていた（海野 2001）．その「壊れているよ」という詩を書いたのは死の約 2 ヶ月前，2001 年 9 月のことであった（多田 2002）．それは「近ごろ私の周りで壊れはじめたものがある」というフレーズからはじまる．「私自身の内臓たちも疲れ果て音を立てて壊れているようだ」と自身の身体の状態を認識した上で，「みんなが探している島の宝が壊れる音はかなしい」「本当に『人間回復』はなされたのか」と綴る．友人の多田勇は，この詩を読んで「まるで中石さんが悲痛な声をあげ，曲がった道へ進もうとする島の前途に，死力を尽くして警鐘を鳴らしているような悲壮な叫びを聞いたように思った」と書く（同上）．この詩は，多田が友人代表として執り行った，祭壇も読経も焼香も讃美歌もない中石の「友人葬」の最後に朗読されてもいた（20011118 フィールドノーツ）．

病者たちが賠償金や補償金を受け取ったとき，「(島の) 人びとの心は浮かれよろこび思わぬ大金に酔いしれたときもあった」，「その是非は別として，本当の『人間回復』は何だろうかと，中石さんは自分の死を前にして冷静に深刻に考えあぐねたのではないだろうか．その真相は判らないにしても強く胸打たれるものがあった」と多田は書く (多田 2002)．中石は，判決後の大島青松園に自身の理念が壊れていくさまを見たのだろうか．

## 8 おわりに――対話と応答

以上，大島青松園入所者の中石の生活史を手がかりにハンセン病療養所の戦後史を見てきた．そこでは終戦前後に入所した若者たちがリーダーとなって戦後の自治会活動を牽引してきた．そして，坂田 (2012) が多磨全生園について活写したように，戦後，自治会はさまざまな問題に直面し，休会の危機にもさらされていった．国との交渉は全患協／全療協として行われるため，同様の動きは大島青松園のような小規模療養所にも出てきていた．自治会への不信と無関心の動向もしかりであった (中石 1974a)．さらに，小規模でしかも離島にある大島青松園は，予算や医療体制において不利を被っていた (中石 1976b)．その中にあって，中石は，1931 年以来の自治会に誇りをもち続けていた．戦前期の自治会は，戦後，自らが批判の対象としたものではあったが，会員の意見を聞き，選挙で役員を選ぶという民主的な機構そのものの原点を 1931 年の発会時の自治会に見出していたことはまちがいない[13]．そして，そのような自治の理想，言いかえれば「共同性」を追求しつつ，入所者たちの生活環境の向上をめざして懸命に働いてきた．しかし，「転換期」以降 1980 年代までの入所者たちの自治会への態度は中石の思いからは離れていったようだ．

とはいえ，大島青松園の入所者たちの人生は，「島」という環境ゆえに，他園よりもより強く「同じ場所」で生きられた側面がある．『青松』誌 400 号の記念誌に「どんな環境にあっても，人間として，豊かな心を持って生きられることを語り継ぎたいものである」と書いているように (中石 1984)，中石はそれを後世に残したかったはずだ．

また，中石は，訴訟の意義は理解したうえで独自のスタンスをとっていた．

自治会運動と訴訟運動とは必ずしも直結していないのである．それは判決直前の全療協の対応（蘭 2017: 463–465）からも見て取れるが，松岡（2020）があきらかにした戦前の自治のあり方との連続と断絶を視野に入れて再解釈する必要があろう．

中石は，わたしの聞き取りに対して，予防法闘争以降の自治会活動についてはほとんど話さなかった．聞き手のわたしがより個人的な出来事やその意味づけに関心を払い，公的な活動歴にあまり焦点をあててこなかったのが一番の要因である．その結果，語りのなかに占める「戦後自治会運動史」にあたる部分は相対的に少なくなっていた．が，今回，中石が精魂込めて作り上げてきた『青松』誌に残された文章と，期せずしてわたしに託された思索会のノートがその空白部を補ってくれた．

本稿を書くにあたって，わたしは，とりわけ，「働きざかりの闘士」としての中石と出会った．さらに，聞き取りの逐語録を読み直し，フィールドノートを見直すことで，「既知」の中石と再会した．逐語録を読むと，中石の声が響き，20 年前には何気なく聞き／読み過ごしていた言葉やフレーズが意味を持ち始める．語られた言葉はなんと深い意味をもっているのかと驚嘆した．インタビュー形式での対話はもはや不可能だが，時の変化はあらたな対話を今後も実現させてくれるだろう．わたしの力量がともなわず，および腰となっている「詩人」中石との出会いも可能となるにちがいない．

中石からの最後の年賀状に「ハンセン病関連のご研究，21 世紀も療養所が消滅するまで続けてください」とあった（2001 年元旦）．舌足らずの本稿がそれへのささやかな応答になっていることを願う．

## 注

1）聞き取りの中心は自由に来し方を語ってもらうというライフストーリー・インタビューの形式で，1997 年 8 月，2000 年 8 月，2001 年 11 月ののべ 5 日間に実施した．

2）今回，コロナ禍のため療養所訪問がかなわなかったため，初期の論考の入手にあたっては社会交流会館学芸員の池永禎子氏にお世話になった．記して感謝する．

3）ノートや多数の写真，封筒に入った新聞の切り抜き等からなる．ノートの多くは最初の数頁のみ記載があり，あとは白紙のものが多い．写真と後掲の「思索會申合，會員名簿」（A5 判大学ノート）は，2019 年 2 月大島青松園自治会に譲渡した．

4）中石はこのように書くが，法的な位置づけは不明である．

5) 詩人「中石としお」については，木村（2017）に詳しい．また，中石が入所した1944年には，「1部かぎりの手書きで手綴じによる手づくりの『廻覧雑誌』で，大島に生きる人びとのあいだで回し読みされていた同人誌」の『青松』が刊行されていた（阿部 2017）．中石（1992）によると彼も途中から参加したようだが，詳細は不明である．また，ここでは『青松』や中石の編んだ多くの詩誌（阿部（2019）に詳しい）掲載の中石の詩について解読することはしない．なお，大島青松園の史料については，2004年以降，自治会史でも言及されていないものも含め，滋賀大学の阿部安成らが精力的に発見・整理し，その成果を意欲的に発表している．
6) ここで曽我野と政石について，「〜さん」と共通の知人のように言及しているのは，1996年春，わたしが中石と連絡をとるきっかけとなったドキュメンタリー番組に自治会長の曽我野一夫が登場していたこと，また知り合ったあとは『青松』誌の送付を受け，そこに投稿していた曽我野や政石蒙の名前を知っていたことによる．語りにはつねに聞き手との関係性が反映されている．
7) 後に三好節夫であることが判明した（曽我野 2002）．
8) このノートの詳細については別稿に譲る．
9) 園内の生活環境をめぐる事項の処理にあたっていた（自治会史 143，阿部ほか 2013）．
10) 療養所内に居住したまま，所外で肉体労働などに従事すること．高度経済成長期の人手不足を反映している．（坂田 2012：131–134，全患協 1977：162–163）．
11)「転換期」ということばは，すでに1956年10月1日付の『全患協ニュース』（No.72）の特集「転換期に立つハンセン氏病療養所」に見受けられる．
12) 有識者による会議で，伝染性の判定基準の設定，療養所の将来の在り方，患者及び家族の福祉の三点について検討する目的で藤楓協会（貞明皇后の下賜金で1931年に創設された癩予防協会の後身．現，ふれあい福祉協会）が厚生省の委託を受けて，1969年10月〜71年1月まで開催した．患者側委員はいない．（全患協 1977：127）．
13) 青松園の自治会運営の実際は，1931年以降連綿と書き続けられている「日誌」の分析から実証的にあきらかにすることができるだろうし，戦前と戦後の連続と断絶も見て取れるであろう．

## 文　献


阿部安成，2017，「手づくりを一年――国立療養所大島青松園関係史料の保存と公開と活用にむけて」『滋賀大学環境総合研究センター研究年報』14(1)．

阿部安成，2019，「造物（もの）である詩誌――ハンセン病をめぐる国立療養所大島青松園での詠歌の結びあいを記録する」『滋賀大学環境総合研究センター研究年報』16(1)．

阿部安成・石居人也，2013，「香川県大島の療養所に展開した自治の痕跡――療養所空間における〈生環境〉をめぐる実証研究」『滋賀大学環境総合研究センター研究年報』10(1)．

阿部安成・松岡弘之，2014，「逐次刊行物があらわす療養者の生」『滋賀大学環境総合研究センター研究年報』11(1)：73–84．

蘭由岐子，2017，『「病いの経験」を聞き取る――ハンセン病者のライフヒストリー[新版]』生活書院.
有薗真代，2017,『ハンセン病療養所を生きる――隔離壁を砦に』世界思想社.
木村哲也，2017,『来者の群像――大江満雄とハンセン病療養所の詩人たち』水平線.
国立ハンセン病資料館，「ハンセン病療養所自治会及び盲人会発行『機関誌』目次検索システム」http://www.hansen-dis.jp/php/library/index.php　(2020 年 10 月 1 日閲覧).
国立療養所大島青松園，1960,『大島青松園五十年誌』.
国立療養所大島青松園入園者自治会（協和会），1981,『閉ざされた島の昭和史――国立療養所大島青松園入園者自治会五十年史』.
厚生省医務局，1975,『国立療養所史（らい編）』厚生問題研究会.
政石蒙，2004,「青松誌とわたしのあのころ――活字印刷版「青松」生る」『青松』通巻 600 号.
松岡弘之，2020,『ハンセン病療養所と自治の歴史』みすず書房.
中石としお，1960,「転換期における療養所の実態（一）」『青松』通巻第 163 号.
――――，1961,「転換期における療養所の実態（二）」『青松』通巻第 164 号.
中石俊夫，1968,「あしたのための覚え書(1)」『青松』通巻第 240 号.
――――，1971a,「たたかいのための感想」『多磨』通巻第 591 号.
――――，1971b,「不自由者の周辺」『青松』通巻第 273 号.
――――，1972,「既得権問題について」『青松』通巻第 278 号.
――――，1973,「療養うらおもて論（その 4）初心にかえろう」『青松』通巻第287号.
――――，1974a,「年のはじめに――自立か自滅か」『青松』通巻第 295 号.
――――，1974b,「再び施設整備について」『青松』通巻第 299 号.
――――，1978,「積極的な医療を求めて（その二)――超えられない限界」『青松』通巻第 338 号.
――――，1984,「天に雪霜の多からんことを」『青松』通巻第 400 号.
――――，1989,「八十年の日日」『青松』通巻第 452 号.
――――，1992,「文人・土谷勉さんの足跡」通巻第 475 号.
――――，1994,「『青松の生い立ち』――“文の心”の継承」『青松』通巻第 500 号.
――――，1999a「茫茫五〇余年――宣告・離郷」『真宗』＝『青松』通巻第 577 号転載.
――――，1999b 「組織活動・行政闘争を選択～裁判は不参加ですが支持しているつもり～」『むすび　国賠訴訟特集第 1 号』むすび発行所.
岡本清，1969,「新役員の横顔」『全患協ニュース』No.340.
邑久光明園入園者自治会，1989,『風と海のなか』日本文教出版.
大島療養所，1935,『大島療養所二十五年史』.
坂田勝彦，2012,『ハンセン病者の生活史――隔離経験を生きるということ』青土社.
杉本章，2008,『障害者はどう生きてきたか――戦前・戦後障害者運動史［増補改訂版]』現代書館.
曽我野一美，2002,「故人　中石俊夫氏を悼む」『青松』通巻第 577 号.
多田勇，2002,「本当の人間らしさを壊さないために――中石俊夫兄のご逝去を悼む」『青松』通巻第 577 号.

多磨全生園患者自治会，1979,『倶会一処』一光社.
海野風夫，2001,「壊れているよ」『青松』通巻第 572 号.
全国ハンセン病患者協議会，1987,『炎路――全患協ニュース編刷版（1～300 号）』.
――――，1994,『わたしはこう思う――らい予防法改正問題に関する意見』.
全国ハンセン氏病患者協議会，1977,『全患協運動史――ハンセン氏病患者の闘いの記録』一光社.

# abstract


## The History of Hansen's Disease Sanitaria in Postwar Japan: A description through the life-history of a resident



ARARAGI, Yukiko
Otemon Gakuin University



This article describes the history of Hansen's Disease sanitaria in postwar Japan through the life-history of Toshio Nakaishi, who worked as one of the leaders of the Residents' Association of the National Sanatorium Oshima Seishō-en, on Oshima Island in Kagawa. The data consists of life-story narratives, in particular the essays published in 'Seishō,' the sanatorium literary journal, and Nakaishi's notebook given to me by Nakaishi's guardian after he passed away.

In 1944, at the end of World War II, Nakaishi entered the sanatorium at the age 17, and passed away in 2001 at the age of 74. His life is examined as four separate periods: the period during which he and his friends formed the 'Shisaku-kai,' a non-religious group; the period during which he was active in the residents' campaign against the new Leprosy Prevention Law, the period in which Nakaishi worked as the chairperson of the Residents' Association of Seishō-en and the secretary general of the National Council of Sanitarium Patients during 'turning points' in the sanitaria system; and the period of the later days of his life, highlighted by the abolishment of the Leprosy Prevention Law and a lawsuit.

As the result of this analysis, the following points became clear. The young people devoted to literary art led the Residents' Association, confronting the problem of subsidies for residents, returning labor to staff, and other issues, during a 'turning point' in sanatoria history. In spite of Nakaishi's efforts, the residents felt distrust and indifference toward the Residents' Association. Nakaishi, however, approved of acting while maintaining the ideals of the early Residents' Association. Nevertheless, he witnessed again the disruption of the Seishō-en community during the lawsuit and after its decision in his final days.

This article is also the result of conversations between Nakaishi and the author.

Keywords：Hansen's Disease sanatorium, postwar, life-history, Residents' Association

| 特集論文 |

# 政策の実施場面に見る婦人保護事業の実態とジェンダー規範
## ——ある婦人保護施設の資料から

丸山　里美

本稿は，売春防止法を根拠にした婦人保護事業について，婦人保護施設「生野学園」の資料から，法そのものではなく，その実施場面に焦点をあてて，事業の実態の変遷とそこに見られるジェンダー規範を検討するものである．1949～1997年に生野学園に入所した1520ケースの記録を，売春防止法施行前，施行後，「45通達」の出された後，国庫補助削減後の4期にわけて，その変遷を見た．さらにケース記録のフォーマットの変化と，2人のケース記録をとりあげて，そこに見られるジェンダー規範について検討した．ここから，下記の3点が明らかになった．1点目は，売春防止法制定前の時期は，他の時期に比べて，階層の高い女性たちが入所していたこと．2点目は，入所者の抱える困難は売春，暴力，貧困，障害など，51年間を通じて共通している一方で，売春防止法の制定によって，売春を執拗にとらえるまなざしが生まれていたように，そのどこに焦点をあてるかは，時代によって変化していたということ．3点目に，婦人保護事業自体は，婚姻内の女性を守り婚姻外の女性を処罰する差別的な売春防止法に依拠したものであっても，その実施場面に焦点をあててみると，法が内包するジェンダー規範への批判的なまなざしや，それにとらわれない柔軟な実践が見られた．こうした婦人保護事業の実施場面に焦点をあてた検討は，現在行われている婦人保護事業の見直しの議論にも資するものになるだろう．

キーワード：婦人保護事業，売春防止法，ジェンダー規範，ストリート・レベルの官僚制

## 1　はじめに

1956年に制定された売春防止法は，長く公娼制度を持っていた日本において，売春の禁止を宣言したはじめての法律である．この法では売春は，「人と

まるやま さとみ｜京都大学・准教授｜maruyama.satomi.6w@kyoto-u.ac.jp

しての尊厳を害し，性道徳に反し，社会の善良の風俗をみだす」ものとされている．しかし売春行為そのものは処罰の対象とはなっておらず，処罰規定があるのは，公共空間で売春の勧誘をした女性と，売春斡旋業者のみに限られている．またこの法では，売春者として女性だけが想定されており，法の対象も，性器接触のある本番行為のみに限られている．

また売春防止法には，第 4 章に，「性行又は環境に照して売春を行うおそれのある女子」を「保護更生」させるための婦人保護事業が定められている．この婦人保護事業は，「唯一女性を対象とした社会福祉事業」（林 2004: 16）として，日本の女性福祉の中心をなしてきた．この事業の対象は，当初は売春していた，もしくはするおそれのある女性だったが，性産業の形態や社会環境が変化するなかで，当初の想定を超えて，貧困や障害，DV などさまざまな困難を抱える女性に広く対応してきたという経緯がある．

以上のような売春防止法は，制定当初から多くの批判にさらされてきた．処分規定があるのは売春女性だけで買春男性にはない男女不平等なものであることや（林編 2008 など），社会秩序や性道徳を守ることが優先され売春に追い込まれた人の人権を守るという視点が薄いこと，婚姻内の女性を保護しそこから逸脱する女性を処罰する家族規範に沿っていること（宮本 2013a など）などである．これらはいずれも，売春防止法が内包しているジェンダー規範に対する批判であるといえるだろう．また法に触れない形の性器接触のない性産業が広がり，売春するのも女性だけに限られないことが知られるようになった現在では，時代にそぐわなくなってしまっているという批判もある．

婦人保護事業についても，売春防止法制定当初の想定と，現在この事業で支援されている女性の実態とは，乖離が大きいことが問題にされてきた[1]（林編 2008; 戒能・堀 2020 など）．このことは，国レベルでも問題として認識されており，性暴力や JK ビジネスなど新たな問題への対応も求められていることから，厚生労働省は 2018 年から 2019 年にかけて，婦人保護事業のあり方を見直す検討会を行った．この検討会では，売春防止法の抜本的な見直しも含めてそのあり方が議論され，2019 年には「中間まとめ」（厚生労働省 2019）が公表された．

売春防止法に内包されたジェンダー規範については，上述したように，これまでにもたびたび批判にさらされてきており，それが時代にそぐわないものになっていることは論をまたないだろう．しかし同法に規定され，さまざまな困難を抱える女性たちの支援を担ってきた婦人保護事業については，このような批判がそのままあてはまるとはいえない．というのも，婦人保護事業は福祉施策のなかでも見直しが必要になるほど政策と実態との乖離が広がっており，その実態に見られるジェンダー規範は，いまや必ずしも根拠法である売春防止法に規定されているとはいえないからである．

マイケル・リプスキーは，政策とその執行場面とを区別し，政策の執行者を「ストリート・レベルの官僚」(Lipsky 1980＝1986) と呼んだ．ストリート・レベルの官僚は，市民と直接相互作用し，政策の執行について裁量を持つ存在で，警官やソーシャルワーカー，自治体の窓口でサービス供給を担う公務員などがそれにあたる．ストリート・レベルの官僚は，市民の生存の機会を形作ったり制限したりして彼らの行為を方向づけ，公共の秩序の維持者となり，市民と国家の間を仲介するという．宮本節子（2013b）や中澤香織（2020）は，婦人保護施設や母子生活支援施設など，女性が利用する施設の各職員が持つジェンダー規範が，支援の内実に大きく影響を与えるとしてそれらを検討しているが，これは政策の執行場面に焦点をあて，「ストリート・レベルの官僚」が抱える規範が，どのように個々の利用者たちの生を方向づけるかを見ようとしたものだったといえるだろう．

本稿では，婦人保護事業をとりあげて，「ストリート・レベル」，つまり政策の執行場面において，その実態がどのように変遷してきたのか，そこにはどんなジェンダー規範が見られるのかを，この事業を担っていたある福祉施設の戦後の記録を通史的に用いることによって，検討していきたい．このような検討は，現在行われている婦人保護事業の見直しの議論にも資するものになるだろう．

第１章では本稿で検討する資料について紹介し，第２章ではこの福祉施設が存続していた時代を４つに区切り，各時代の特徴を見ていく．第３章では事業の実施場面にあらわれているジェンダー規範について検討し，第４章ではこの資料の検討から何がいえるか，まとめをしていきたい．

## 2 資料の概要と先行研究

本稿で検討するのは，1947年から1997年まで大阪市内にあった生野学園という婦人保護施設の記録である．婦人保護施設は，婦人相談所，婦人相談員と並んで，婦人保護事業を実施する中心的な機関である．生野学園は売春防止法制定以前から存在する，全国的にも長い歴史を持つ婦人保護施設の一つで，1947年に婦人成美寮として設立されたのち，1950年に生野学園と名称変更された．その後，大阪市内の婦人保護施設が統廃合されるのを機に，1997年に廃止された．

この生野学園（成美寮も含む）の51年間の資料[2]のうち，本稿で検討するのは，資料が残されていた1949年以降のケース記録延べ1520ケース分である（複数回入所を除くと1111人分）．これは，1968年以降についてはほぼ全ケースをカバーしていると考えられるものの，それ以前の時代についてはケースの欠落がある数である[3]．

本稿で分析対象にする時期の婦人保護施設に関する研究としては，政府や自治体が公表している入所者数，年齢，障害，在所期間などの数値の変化を統計的に把握し，その実態の変遷をとらえようとしたものがある（三塚 1985；堀 2008）．ここからは，戦後の婦人保護施設が，売春防止法に規定されながらも，当初の想定にはなかった多様な女性たちの受け皿になっていったことがわかるものの，具体的な利用者の姿は見えてこないほか，売春防止法制定以前については記録がないためわからない．唯一，東京都内にある婦人保護施設，慈愛寮[4]を対象とした研究（林・社会福祉法人慈愛会編 1997）は，売春防止法制定以前の様子がわかるものである．この研究では，ケース記録を1949年から約10年ごとに1年間分抽出し，各時代の入所者の特徴や，入所者たちの労働，家族などを描き出している．ここから，各時代の入所者たちの姿は見えてくるものの，検討対象になっているのは6年分のケース記録のみであり，通史的な変化を把握できるものにはなっていない．

以上をふまえて本稿では，生野学園の利用者の詳細なケース記録をすべて対象にし，その実態を通史的に把握できるよう，統計分析を行うとともに，記録の中身についても検討していきたい．なお本稿は，生野学園の資料を整理する研究を，科研費を用いた共同研究として実施し，その結果をまとめた報告書（丸山・古久保 2018）を，リライトしたものである[5]．

## 3 入所時期から見る入所者の特徴

つぎに，生野学園があった 51 年間を 4 つに区切り，各時代の特徴を見ていく．

### 3.1　Ⅰ期・売春防止法施行前（1947〜1956 年）

終戦後の困窮する生活のなかで，「闇の女」といわれる米兵相手に売春する女性や私娼たちが増加していた．厚生省は 1946 年，「婦人保護要綱」において，「これら婦人の収容更生保護施設として婦人寮を設置しこれを拠点として婦人の転落防止並に更生保護を綜合的且有機的に実施する」ことを定める．そしてこの要綱にもとづいて全国に 17 箇所設立された「婦人寮」の一つとして，1947 年，布施市に婦人成美寮（定員 50 名）が開かれた．この婦人成美寮は 1950 年には解散し，事業は大阪福祉事業財団によって大阪市天王寺区で引き継がれることになった（定員 30 名）．そして翌 1951 年，大阪市生野区に施設を新築し，生野学園（定員 80 名）と改称して運営が開始された．

この時期，ケース記録が残されていたのは 490 ケース，複数回入所を除く入所者数は 411 人である．この時期の入所者は，平均年齢が 21.6 歳で他の時期と比べると圧倒的に若く，未婚者が 68.6％を占めている．初回入所のみの人が 83.9％と他の時期に比べてやや多く，平均在所期間は 152 日と短く，半年以内に退所していく人が大半である．学歴[6]は低が 59.7％，中が 29.3％，高が 11.0％，「知能程度」[7]は「普通」が 59.6％，「境界域」が 10.9％，「知的障害」は 29.5％と，他の時期に比べて学歴や IQ が高い人が多いことが特徴的である．この時期は第二次世界大戦の影響が色濃く，引揚者や戦災者を含めて路頭に迷う人が多かったことから，相対的に階層が高い人でも生活に困窮し，施設に入所していたことが推測される．

住所不定者は 68.6％で他の時期と比べて多く，発見場所は駅構内が目立つ．戦後すぐは，大阪駅付近に行き場のない引揚者や復員者，浮浪者が多数集まっており，生野学園にたどりつくまでの経由機関として，こうした人々を一時保護していた梅田厚生館[8]が27.6%，警察が25.1%，病院が15.1%，本人が直接施設に来所しているのは12.0%であった．退所先は，この時代に多いのは，家族・親族のもとに戻る30.0%，他施設への施設替え16.0%である．

### 3.2　Ⅱ期・売春防止法施行後〜45通達前（1957〜1969年）

1957年から，売春防止法が施行される．この売春防止法において婦人保護事業が定められ，「要保護女子を収容保護するための施設」として，婦人保護施設が設置された．これを機に生野学園は，婦人保護施設として位置づけられることになった．これ以降，婦人保護施設の入所者は，各都道府県に設置された婦人相談所から措置されて入所するというルートが確立していく．

大阪府が毎年公刊していた『婦人保護の概要』には，生野学園の入所者数と定員充足率が記載されているが，充足率は売春防止法施行当初でも8割に満たず，1966年には35%にまで落ち込んでいる（図1）．この低い充足率は，婦人保護施設の全国的な傾向であった．

この時期にケース記録が残されていたのは498ケース，複数回入所を除く入所者数は369人であり，前の時期と比べて再入所の人が増えている．入所者の平均年齢は31.6歳で，Ⅰ期より10歳程度高齢化している．未婚者は57.0%で，既婚者がやや増えている．入所期間は1ヶ月未満の人が37.4%と，他の時期に比べて短期の人が多いが，平均在所期間は354日と，Ⅰ期より長くなっている．学歴は低が78.2%と，全時代を通してもっとも多く，IQが低い人が増加し，「境界域」が24.8%，知的障害があると考えられるのが32.6%となっている．ノイローゼ，ヒロポン中毒，精神分裂病などの記載があり，精神疾患があると思われる人も13.5%いる．戦争の影響がしだいに薄れ，社会全体の景気も上向くなかで，生野学園はより困難を抱えた人がたどりつく施設になっていったことがうかがわれる．

職歴[9]は，複数記載があるものも延べカウントすると，工員45.2%，家事25.9%，サービス業67.7%，ピンクサービス43.0%，売春業28.1%で，当時の女性たちが就いていた仕事の中心はサービス業だったことがわかる．入所者のうち売春歴がある人は，売春防止法制定直後のこの時期は他と比べて多く，全体の 55.6%であった．

婦人相談所にたどりつく経路として，前の時代になかった特徴は，売春防止法によって公共の場所での売春の勧誘が犯罪とされるようになったことにともない，地方検察庁から送致された人が一定層を占めるようになったことである．退所先としてこの時期に多いのは，無断退所 26.7%，就職 21.4%である．生野学園があった周辺の地域は工場や小売店が多く，入所者たちは生野学園に入所すると数日後には，こうしたところで仕事に就く傾向があった．

また本稿のもとになった共同研究では，ケース記録に記入フォーマットがなくても，現代的な観点から女性の困難を理解するうえで重要と思われる項目は，生活史を読み込んでひとつひとつカウントしていった[10)]．この作業によって，この時期に売春強要の経験がある人は 14.1%，DV 被害（経済的なもの・精神的なものを含む）経験がある人は 22.9%，夫以外の家族からの暴力の経験がある人は 5.6%，性暴力の被害経験がある人は 4.0%，LGBT と思われる人が 1.2%入所していたことがわかった．当然ながら，DV が問題と考えられていなか

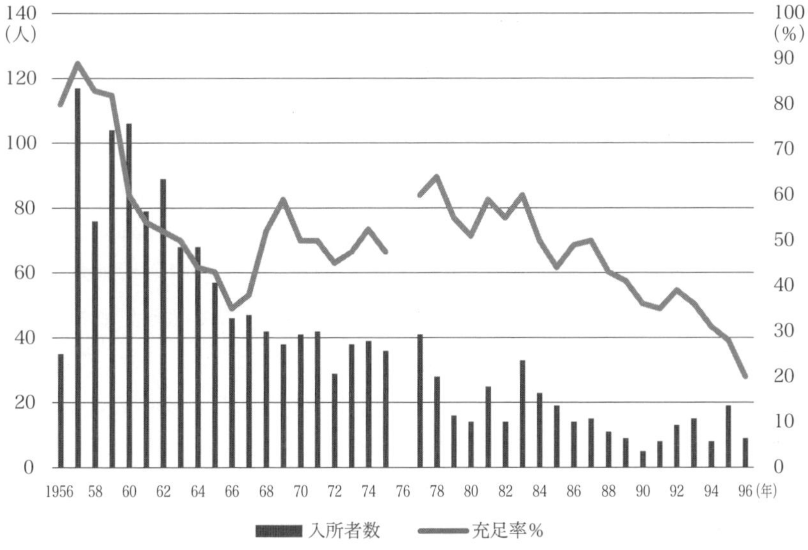


図 1　『婦人保護の概要』（大阪府婦人相談所（大阪府女性相談センター）1956–1997）から見る生野学園の入所者数と充足率[11)]

った時代には，たとえDV被害の経験があったとしても，それが記録されていないことも多く，したがって上記の数値は，少なく見積もってもこうした経験が読み取れる割合だと理解する必要がある．ここから，婦人保護施設がDV防止法に根拠づけられるはるか以前のこの時期でさえ，入所者の少なくとも2割は，DV被害経験があったということがわかる．

### 3.3　Ⅲ期・45通達後～国庫補助削減前（1970～1985年）

売春防止法の制定によって，性産業は本番行為から法に触れない形へと変化し，より見えにくくなっていく．それにともなって，婦人保護施設の入所者はしだいに減少していった．それを受けて1970年には，厚生省から「45通達」が出され，婦人保護事業の対象は，従来の「性行又は環境に照して売春を行うおそれのある女子」から，「当面売春の恐れはないが正常な社会生活を営む上で障害となる問題を有する者であって，その障害を解決すべき他の専門機関がないため，正常な社会生活を営めない状態にある者」にまで拡大されることになる．この通達を機に，「売春する恐れ」のないさまざまな困難を抱える女性が，婦人保護施設に入所していくようになった（図1）．しかしそれも，婦人保護事業が形骸化していっていることの根本的な解決にはならず，全国的にこの時期の婦人保護施設の充足率は，5～6割にとどまっていた．

この時期にケース記録が残されていたのは445ケース，複数回入所を除く入所者数は276人である．入所者の平均年齢は41.5歳，Ⅱ期よりさらに10歳程度高齢化している．未婚者は58.4%で変化はなく，平均在所期間は486日とやや長期化している．学歴もⅡ期とほぼ変わらないが，社会全体の高学歴化は進んでいるため，生野学園には相対的に学歴がより低い人が集まるようになっていたことになる．IQは，知的障害がある人は52.5%，精神疾患がある人も42.2%と大幅に増加している．45通達が出されたことによって，知的・精神障害者の受け入れ場所の不足を補う場所として，婦人保護施設が活用できるようになったためである（三塚1985）．

職歴欄に記入されている仕事は，この時代には工員45.2%，家事28.1%，サービス業60.9%，ピンクサービス39.3%，売春業は24.5%だった．Ⅱ期と比べると，サービス業が中心であることに変化はないが，ピンクサービスや売春業の従事者がやや少なくなっている．売春経験が読みとれる人は39.8%で，II期より減少している．

入所に至る経路としてこの時期に増えているのが，病院退院後の入所である．精神病院退院後の受け皿として，生野学園が活用されるようになっていたためである．また本人が直接生野学園や婦人相談所に保護を求めてきたり，施設の存在を知る警察官や役所の人に，直接生野学園につれてこられるなどのケースも増えている[12]．退所先は，この時期に急増しているのは入院で，42.7%である．精神疾患のある人の入所が増えたこの時期，症状の悪化によって，精神病院への入院が増えていたようである．一方，II期に多かった就職は4.6%と激減している．

また少なく見積もっても，売春強要の経験があるのは9.9%，DV被害経験があるのは25.6%，夫以外の家族からの暴力の経験があるのは5.2%，レイプなど性暴力被害経験があるのは6.7%，LGBTと思われる人が1.8%いた．DV被害経験者は，II期と比べると，わずかではあるが増えている．

### 3.4　IV期・国庫補助削減後（1986～1997年）

1985年には，婦人保護事業に対する国の補助金負担率は8割から7割に，1986年にはさらに5割にまで削減された．『婦人保護の概要』によると，このころから生野学園の充足率は50%を下回るようになり[13]，生野学園の閉鎖が決定されたことで，新たな入所はますます減少していく（図1）．

この時期にケース記録が残されていたのは86ケース，複数回入所を除く入所者数は55人である．入所者の平均年齢は43.8歳で，III期よりもさらに高齢化が進んでいる．未婚者は30.2%で，他の時代と比べて圧倒的に既婚者が多い．平均在所期間は322日で，III期より短縮されているのは，生野学園の閉鎖を目前に控えて，長期入所者が退所していったためだと考えられる．学歴は前の時代よりやや高い人が増えており，IQは70未満の人の割合は前の時代と変わらず52.0%を占めているものの，IQが80以上の人も増加している．精神疾患がある人は46.5%とやや増えている．精神的・知的に困難を抱えた人は変わらず多い一方で，知的レベルが高い人が増えており，二極化していることがわかる．この時期はDVへの社会的関心が高まり，DV被害を直接的な理由として入所する人が増えたためと考えられる．

職歴欄に記入されている仕事は，工員51.2%，家事19.8%，サービス業55.8%，ピンクサービス40.7%．売春業は14.0%だった．売春歴が読み取れる人は34.9%を占め，Ⅲ期より減少しているものの，その割合は少なくない[14)]．入所に至る経路は，前の時期と同様，本人が直接助けを求めたり，紹介などによって，生野学園に直接来所したケースが一定数ある．

また少なく見積もっても，売春強要の経験があるのは12.8%，DV被害経験があるのは43.0%，夫以外の家族からの暴力の経験があるのは20.9%，性暴力被害経験があるのは10.5%，LGBTと思われる人が1.2%いた．DV被害の経験者はⅢ期と比べると急増しており，半数近くにのぼっている．

## 4 事業の実施場面に見られるジェンダー規範

つぎに，先述した4つの時代に即して，それぞれの時期に見られるジェンダー規範について，2つの点から検討していきたい．1点目はケース記録のフォーマットである．生野学園のケース記録は，51年間でたびたびフォーマットが変更されているが，それを通して女性をとらえるまなざしがどのように変化してきたのかを見る．2点目は，2人のケース記録の記述から読み取れる，支援者が持っているジェンダー規範である．

### 4.1 ケース記録のフォーマット

今回検討したケース記録のなかで，もっとも古いフォーマットは，1949～1950年に使われていたものである．これは1人1ページの簡潔なもので，本人の氏名や年齢，入退所年月日等の基本事項の他，「発見の状況」「本人の経歴」「転落の動機」「家族の状況」「本人の心身状況」「保護経過」の6つの大項目からなる．これらの項目には空欄も目立つが，「転落の動機」については，すべてのケースに記入があり，入所に至った経緯が記録されている．また1949～1953年に使用されていたフォーマットは，より項目が増え，「本人の経歴」欄には「転落期間」を記入する箇所が追加され，「転落の動機」は文章で記入する箇所にくわえて，いくつかの選択肢[15)]から選ぶように変更されている．しかし 1955〜1958 年のフォーマットになると，「転落期間」欄がなくなり，「転落の動機」は「動機」に，文章での記入欄は「入寮理由」に変更され，フォーマットから「転落」の文字が消えている．

I 期（1949〜1956 年）に生野学園（婦人成美寮）の根拠となっていた婦人保護要綱は，「物心両面の貧困のため多数の転落する婦人の族生を見るに至り，これに対し転落の防止を図ると共に更生保護をなすのは母性保護と社会秩序の上から特に緊要である」という趣旨で定められたものである．そして放置されると「「闇の女」として循環の途を辿り或はこれに転落して行くおそれ」がある女性が，「婦人寮」で更生すべきとされた．つまりここでは，母性保護と社会秩序の維持の点から，売春が「転落」であるととらえられていることがわかる．宮本は，この「転落」という言葉は，「売春する女性の行為に性道徳的な価値判断を付与」するものだと断罪しているが（宮本 2013a：43），ケース記録の記入のされ方を見ると，「転落の動機」欄には，売春経験の有無にかかわらず，生野学園への入所経緯が記入されていた一方で，「転落期間」欄には売春経験者に限り，その期間が記入されており，「転落」が売春を意味するのか，施設入所に至るような状態全般を指すのか，その解釈はこの時点では定まっていなかったように思われる．

II 期（1957〜1969 年）は，売春防止法が施行され，生野学園がそれを根拠とした施設となった時期であり，それにともなってケース記録のフォーマットも整備され，記録量も大幅に増えていく．法施行以降，ケース記録の主要部分は婦人相談所において作成され，心理判定も行われるようになり，女性たちはそれらにもとづいて，府内の各婦人保護施設[16]に措置されるというルートが確立される．

1958 年以降のケース記録は，1 人 1 ページ半のフェイスシート部分，生活史，1 ページの心理判定表が婦人相談所において作成され，そこに生野学園に入所期間中の日誌が書きくわえられている．このフェイスシート部分のフォーマットには，はじめて「売春」の文字が登場し，売春に関わる記入欄（「売春歴の有無」「売春の様態」「場所」「性病」「雇用条件」）が全体の四分の一ほどの大きさを占めるようになる．ここから，売春を禁止する法が制定されたことにより，女性たちを売春の経験があるかどうかで分類し，売春について執拗に取り調べるまなざしが作り出されたことが読み取れる．またこの時期のフォーマットには，前の時代に消えていた「転落」の文字が復活し，「転落の動機」「転落時の年齢」欄が設けられている．この欄の実際の記入のされ方を見ると，宮本が「売防法制定後は売春＝女性の転落という認識が政策的に定着し，以後一貫して女性が売春すること＝転落と認識され続けて変わることがなかった」（宮本 2013a：44）というのとは異なり，「転落時の年齢」は売春経験のある人のみ，「転落の動機」は売春経験のない人についても記入があり，この時代にもやはり，「転落」が何を意味するのかについての現場での解釈は，一定ではなかったように思われる．

1963年には，フェイスシート部分のフォーマットが変更されて1ページに短縮されるのにともなって，「売春の有無」欄がフォーマットから消え，「転落の動機」は「動機」と変更されている．

Ⅲ期（1970～1985年）は，婦人保護施設の充足率の低下のなかで「45通達」が出され，婦人保護施設の利用者が「当面売春の恐れはない」者にまで拡大されていった時期である．ケース記録においては，1970年からフェイスシート部分のフォーマットが変更され[17]，前の時代に消えていた，売春経験の有無を書き込む「売春歴」欄が復活している一方，売春に関わるその他の記入欄（「売春の様態」「場所」「雇用条件」「転落時の年齢」）が消え，それに続いて，来所理由や生活史を1～2ページにわたって文章で記入するようになった．これまでフェイスシート部分の四分の一ほどの面積を占めていた売春に関する欄が大幅に縮小されたのは，売春経験がある人の入所が減ったという理由だけではなく，1955年のフォーマット以降，売春や「転落」に関する項目が消えたり復活したりを繰り返していることを考えると，売春についてたずね記録することの是非が，婦人保護事業の現場においても問題化されはじめていたことのあらわれのようにも思われる．

しかし1978年には，フェイスシート部分が大きく変更され，これまでは1ケースあたり3ページ前後だった記録量が10ページ前後と大幅に増加するのにともなって，フォーマットは過去にあった項目がほぼ網羅されるようになり，「売歴」として売春形態や頻度，強制か否か，開始年齢，期間，検挙回数を書き込む欄，および「転落の動機」欄が復活している．また選択肢から選ぶ形の

「主訴」欄がはじめて設けられる（選択肢は，施設入寮希望，住宅問題，経済問題，家庭問題，職業問題，ヒモ暴力等の問題，結婚離婚問題，その他）．さらに文章で記入する項目が格段に増えたほか[18)]，新たに 1 ページの観察表が追加され，生活習慣や行動，対人関係の特性がチェックされるようになる．このように記録が精緻化されたのは，福祉施設としての体裁が整えられていった過程だったと解釈することができる．それにともなって，売春に関する記入欄は，入所者に関する多くの情報の一つとしての位置づけに縮小され，売春をことさらクローズアップしようとするまなざしは薄れているように思われる．さらに 2 年後の 1980 年以降は，売春経験のないケースについては，フォーマットの「売歴」「転落の動機」欄に斜線を引くという処理が共通して行われるようになっている．他の項目については，空欄にあえて斜線を引くことはしていないことから，現場ではこのころから，多様な困難を抱える女性の支援を行っていた婦人保護事業が，性差別的な売春防止法にもとづいていることを問題とする認識が共有されたと考えられる．

Ⅳ期（1986～1997 年）は，婦人保護施設の充足率がさらに低下し，利用者が多様化した時期である．1987 年には，以前のフォーマットから主訴欄の選択肢が変更されている（施設入所希望，夫の暴力等，住む所なく，サラ金問題，寛解者，売春・ヒモ，その他）．選択肢として，前の時期にはなかった夫の暴力等，サラ金問題，寛解者が新たに入っていることは，この時期の婦人保護施設がもはや売春女性のための施設ではなく，こうした多様な問題を抱える女性たちの受け皿になっていた現実を反映していた．

このようにケース記録は，1958 年の売春防止法施行以降，婦人相談所の統一フォーマットが用いられるようになり，次第に福祉施設としての体裁が整えられていき，1978 年に至って，それはほぼ完成をみたといえるだろう．売春防止法の制定以前の時期も，生野学園の設置目的は「転落の未然防止と保護更生」であったが，当時の記録には，ことさら売春に着目して記述するという姿勢は見られなかった．しかし売春防止法が制定されたことによって，売春経験を執拗に調べ記録し，それによって女性を腑分けする視線が生まれていったことがわかる．また婦人保護要綱や売春防止法などの法には，売春を性道徳の欠如として「転落」だととらえるまなざしが貫かれていたが，現場にはこうした認識が一貫したものとして存在していたとはいえず，1970年以降には，このような差別的な売春防止法を根拠にして女性の支援が行われていることを問題化するまなざしも見てとれた．個人の人生の記録が書き込まれていたケース記録も，このようなフォーマットや記録スタイルの変遷と，それを支えていた各時代の認識のなかにあったのである．

### 4.2 支援者の持つジェンダー規範

つぎに，生野学園の2人の利用者のケース記録から，それぞれの支援者たちがどのようなジェンダー規範を持っていたのかを見ていきたい．

I期にあたる1952年，同性愛者と思われる女性が入所していた記録がある．20代のAさんは，幼いころに養女に出され，戻った生家と折り合いが悪くて家出し，生野学園に来ることになった．入所中，実母が縁談を持ってきて見合いをしており，当時の日誌には，「一見男性的で非常にやんちゃな性格を持った寮生を好んで接近し面倒を見る事を好んでいる．縁談はここまできてもまだ気が進まず休みの度にデイトをすることを進めても〔ママ〕一向興味の無い返事をして居り，これでよいものか将来が案じられる」と記されている．

その後，婦人相談所の紹介で結婚相手を探しに来た別の男性の目にとまり，交際することになるが，やはりAさんは気が進まなかった．その後Aさんから，生野学園を退所して，元入所者の女性と同居したいと申し出がある．その日の日誌には，「入園してから年月もたつし，退園して独立してもよいが，同性愛からB（相手の名）が重荷になって，将来婚期を逸しない様にと指導する」と記されていた．その申し出を受けて，生野学園ではAさんの母親を呼び出し，「このままの状態で寮にいることは何時迄たっても本人の為でないとさとし，本人に自信をもたしてほしい」と話す．しばらくして，BがAさんをたずねて生野学園に来た際，Aさんが親しくしていたもう一人の入居者が嫉妬してけんかになる．その日の日誌には，「呼びつけて注意するも，同性愛のあじけなさ，みじめさをこちらの方が知る．本人は未だわからず」とあり，同性愛を通常の性愛とは異なるものと認識していたことが示されている．その後，Aさんの意志が揺らがないことを確認し，実母の了承も得て，数ヶ月後，Aさんは希望どおりBと同居する形で退所していった．

1952年当時，支援の法的根拠となっていた婦人保護要綱は，婚姻内の女性を守り婚姻外の女性を「転落」から保護更生させることを目的としたものだった．しかし生野学園では，婚姻外の恋愛である同性愛を，婚姻前の一時的な関係で望ましいものではないと理解しつつ，母親を説得して本人の希望がかなう形で退所を支援していたことがわかった．このように現場では，当時の根拠法に見られた保守的で性差別的なジェンダー規範を打ち破るような実践が行われていたのである．

Cさんは，Ⅳ期にあたる1986年に，DV被害から逃れて生野学園に入所した女性である．Cさんは内夫と離別しようとしたところ，1000万円を要求され，ナイフをつきつけられて念書を書かされ，職場まで押しかけてきた内夫に殴られた．なんとか逃げてたどりついた婦人相談所で，顔を腫らしたCさんを前にして作成された心理判定員の記録は，つぎのように書かれている．「内夫から身を隠したい気持ちと逆にその内夫を傷害罪で訴えたい気持ちが入りまじっていて整理がついていない．自分の感情をうまくコントロールして長期的に今後のことを考えると言った〔ママ〕ことが出来にくいようである．相手をせめることばかり考えず，素直に自分の非に目を向ける努力をしてもらいたい．」婦人相談所の一時保護所を出て，生野学園に入所して以降は，娘や前夫からコンタクトがあるものの，本人の安全の確保が最優先にされ，取り次ぎは慎重にされていたようである．2ヶ月後，Cさんは食品会社に就職し，その後は病院助手に転職，生活が軌道に乗ると，職場の近くにアパートを探し始め，1年後に生野学園を退所して一人暮らしをはじめた．

DVをめぐる社会的認識は，1986年当時と現在とでは大きく変化したが，DVが今ほど社会問題化されておらず，暴力被害がもたらす心理状態についても知られていなかった当時の心理判定員は，暴力から逃れてきたばかりで整理がついていないCさんの様子や，夫から暴力を受けるにいたった事態を，本人の問題としてとらえる記述をしている．しかし生野学園に入所して以降の記録には，本人に問題を帰すようなこうした記述は見られず，安全確保を最優先に，自立生活に向けた支援がなされた．

先述したとおり，宮本（2013b）や中澤（2002）は，女性施設の職員それぞれが持っているジェンダー規範が，個々の利用者の支援の方向性に影響を与えることを指摘している．婦人相談所の心理判定員と，生野学園の支援者とでは，DV に対する認識は異なっていたことが読み取れるが，生野学園で 1 年間を過ごすなかで，C さんは自立生活に向けて退所していった．

## 5 結びにかえて

本稿ではここまで，1947～1997 年に大阪市内にあった婦人保護施設，生野学園の資料を検討することを通して，婦人保護事業とはどのようなものであり，そこにはどのようなジェンダー規範がはたらいていたかを，その実施場面において検討してきた．ここから導き出せる知見は，下記の 3 点にまとめられる．

1 点目は，婦人保護施設の実態を通史的に把握したことによって，戦災の影響の色濃い混乱期から，売春防止法に規定され，売春女性の保護更生に光が当たった時期，その後，障害や暴力のために行き場がないなど，多様な女性の受け皿になっていった変化を見てとることができる．なかでも，これまでほとんど知られていない，売春防止法制定以前の女性施設の入所者の実態を，他の時期との比較において把握した点は重要である．3.1 で見たように，I 期にはその後の時代と比べて，相対的に学歴や IQ が高い人が入所していた．戦後の混乱期，家族との別れや関係の不和のために家にいることができず，女性に開かれていた就労機会が乏しいなかで，他の時期に比べて階層の高い女性たちでも，生活に困窮して婦人保護施設にたどりついていたことがうかがわれる．

2 点目に，ケース記録から独自に拾い出した DV 被害経験を見ると，DV が問題化されていなかったⅡ期でも 2 割，Ⅲ期では 3 割弱，Ⅳ期では 4 割の人にその経験が読み取れるように，生野学園が存続していた戦後の 51 年間を通じて，売春だけではなく，暴力，貧困，障害などが，入所者の抱える困難として共通して見られることがわかる．しかし売春防止法の制定によって，売春経験を執拗にとらえるまなざしが生まれていたことに示されているように，このような女性の困難のうちどこにクローズアップされるかは，時代によって変化していた．そう考えれば，現在なら貧困や暴力の問題として理解されるような女性たちの困難が，売春という観点から切り取られ，「転落の未然防止」という点から支援の対象になっていくということ，そしてそのようなまなざしのもとでつくられた保護更生の枠組みのなかで，DV 被害にあった女性も含めて支援をしているということこそが，問題だといえるのではないだろうか．

3 点目に，売春防止法自体は，婚姻内の女性を守り，婚姻外の女性を処罰する差別的なものであったが，その法にもとづいて実施されていた婦人保護事業の実態とそこに見られるジェンダー規範は，必ずしも法だけに規定されているとはいえないものだった．売春防止法に規定された現場であっても，その執行場面に焦点をあててみてみると，売春防止法によって女性支援が行われていることへの批判的なまなざしや，各支援者によって異なるジェンダー規範を抱いていること，またそれにもとづく柔軟な実践がうかびあがる．

このように，売春防止法という政策に規定された婦人保護事業は，戦後を通じて，それを利用している女性たちの実態も，支援の実践も，それを支える現場の認識も，大きく変化してきた．65 年前に制定されたその根拠となる売春防止法が，現代的な観点から見れば問題を抱えていることは明白だが，この法のもとに何が行われていたかを，こうした実施場面に焦点をあてて見ていくことは，婦人保護事業を新たにとらえなおすことにつながるのではないだろうか．

## 注

1）婦人保護事業にもっとも大きな矛盾をもたらしたのは，本稿で検討している時期以降のことになるが，2001 年の配偶者からの暴力防止及び被害者の保護等に関する法律（DV 防止法）の制定である．それによって，DV 被害者の保護を婦人保護事業が担ってよいこととされ，婦人保護事業は「売春のおそれ」のある女性の保護更生と，DV 被害者の保護という，異なる機能を同時に担うことになってしまった．

2）本稿は，生野学園の関係者から依頼を受けて，残されている施設の資料を整理する共同研究を行った成果の一部である．資料のなかには，今回検討したケース記録以外にも，日誌や内職の工賃表，職員の給与明細など，さまざまなものがあった．

3）生野学園の入所者数に関しては，以下の 4 つの異なる数字が存在する．①昭和 33 年事業要覧に記載されていた 1947～1958 年の入所者数と，生野学園の 45 周年誌（生野学園 1997）に記載されている 1955～1996 年の入所者数．両者が重なる時代の入所者数は一致し，51 年間分をつなげると延べ 3,958 人であった．②売春防止法が施行された 1956 年以降，大阪府が毎年公表していた『婦人保護の概要』に記載されていた入所者数で，延べ 1,536 人だった．③今回整理した資料のなかにあった，入所者の氏名，生年月日，入退所日等のわずかな情報のみ記載された入所者一覧．そこから読み取れるのは延べ 1,964 人だった．④今回整理した資料のなかにあったケース記録．1947 年・1948 年に入所した人と，1959 年度・1960 年度に退所した人分のものは資料の中に見つからなかった．以上，①～④の数は異なっており，正確な入所者数はわからない.

4) 慈愛寮は，廃娼運動のなかで 1894 年に婦人矯風会によって設立された，日本でもっとも古い女性施設の 1 つで，戦後は生野学園と同様，婦人保護要綱に規定された 17 の女性施設の 1 つであった.

5) 共同研究は，2015〜2018 年に行われ（JSPS 科研費 JP15H03143），メンバーは筆者のほか，古久保さくら・桑島薫・茶園敏美・小川裕子・高松里江であった．結果をまとめた報告書（丸山・古久保 2018）には，本稿の元となったデータのより詳細な分析結果のほか，他の研究メンバーによるエッセイも掲載されている.

6) 学歴は，低（義務教育まで），中（中等教育以上），高（高等女学校，新制短大以上）の 3 つに区分した.

7) ケース記録の「知能程度」欄は，初期は「普通」・「やや低」・「低」等，後期は IQ 表記になっていたため，「普通」を IQ80 以上,「境界域」を「やや低」や IQ70〜80,「知的障害」を「低」や IQ70 未満と分類した.

8) 梅田厚生館については，五十嵐兼次（1985）を参照.

9) 職歴欄に記入されている仕事は，工員（女工，紡績工など），家事（家事手伝い，家政婦，子守など），サービス業（店員，中居，女中，接客婦など），ピンクサービス（芸妓，芸者，女給など），売春業（売春婦，街娼, S 婦, B 婦，パンパンなど）と，5 つに大別した.

10) I 期については，他の時期に比べて 1 人あたりのケース記録の記入量が少なかったため，これらの項目の割合は算出していない.

11) 1976 年は『婦人保護の概要』が見つからず，ブランクになっている.

12) 生野学園では，性産業が広がり，困難を抱える女性が増加しているように思われるにもかかわらず，施設が空いているという現状を前にして，1976 年に「生野婦人保護相談センター」を立ち上げ，独自に電話相談をはじめる．そして相談のなかで保護が必要だと判断すると，生野学園が婦人相談所に保護を依頼するという，措置とは逆の流れを独自に作り出していった．また 1981 年には，大阪府下の 3 つの婦人保護施設を統廃合する府の計画に反対して「大阪の婦人保護事業を守る会」を結成し，その活動を広めるビラ撒きを繁華街で行い，メディアにも頻繁に登場するようになった（生野学園 1997）．生野学園に直接支援を求める人が増えたのは，これらの影響だったと考えられる.

13) 生野学園の記念誌には，この時期の利用者の減少について，国庫補助金の負担率の削減によって，大阪府の予算に見合った入所者数しか措置されなくなったためであるとの見解が示されている（生野学園 1997： 12).

14)『婦人保護の概要』には，1983 年から，大阪府の婦人相談所で一時保護したケースの主訴が掲載されるようになっている．それによると，この時期，売春を理由にした入所は 10%未満になっている．一方，生野学園の入所者では 3 割以上の人に売春経験が見られるのは，売春を主訴としない人のなかにも，売春経験がある人が少なくないことが考えられる．現在の婦人保護施設についても，同様のことが指摘されている（堀 2008).

15) この選択肢は，「戦災・引揚・生活苦・家出・誘惑・好奇心（虚栄）・その他」.

16) 大阪府内では，売春防止法の制定を機に，生野学園にくわえて，朝光寮，たまも寮，あかね寮，青鳥寮の５つの婦人保護施設がつくられた．

17）この時期のフェイスシート部分のフォーマットは，それまでのものに前歴（選択肢からついたことのある職業を選ぶ）欄や身体検査の結果を書き込む欄がくわわった１ページ半のものと，それらのかわりに「措置事項」「所見」という欄がくわわった１ページのものと，２種類が存在していた．

18）「本人の印象・人柄」「来所事由」「成育歴」「職歴」「結婚歴」「保護歴」「入院歴」「今迄の生計（収入）状況」「指導内容」「主訴」「方向性（意思の確認）」と，７ページ半にわたって，文章で記入する項目が続く．

## 文　献


林千代・社会福祉法人慈愛寮編，1997,『慈愛寮に生きた女性たち』東京創文社．

林千代，2004,「女性福祉とは何か」林千代編『女性福祉とは何か――その必要性と提言』ミネルヴァ書房．

―――編，2008,『「婦人保護事業」50 年』ドメス出版．

堀千鶴子，2008,「婦人保護施設の現実」林千代編『「婦人保護事業」50年』ドメス出版．

市川房枝編集・解説，1978,『日本婦人問題資料集成』第１巻，ドメス出版．

五十嵐兼次，1985,『梅田厚生館１　鳴りひびく愛の鐘』．

生野学園，1997,『踏まれた草にも花が咲く　Part2』．

戒能民江・堀千鶴子，2020,『婦人保護事業から女性支援法へ――困難に直面する女性を支える』信山社．

厚生労働省，2019,『困難な問題を抱える女性への支援のあり方に関する検討会　中間まとめ』．

Lipsky, Michael, 1980, *Street-level Bureaucracy: Dilemmas of the Individual in Public Services*, New York: Russell Sage Foundation.（田尾雅夫訳，1986,『行政サービスのジレンマ――ストリート・レベルの官僚制』木鐸社．）

丸山里美・古久保さくら，2018,「婦人保護施設「生野学園」の歩み」『思い，紡いで――いくの学園 20 周年記念誌』特定非営利活動法人いくの学園．

三塚武男，1985,『現代の売春と人権――婦人の最後の“かけこみ寺”を考える』．

宮本節子，2013a,「社会福祉施設としての婦人保護施設の現実――その概要と実態」須藤八千代・宮本節子編『婦人保護施設と売春・貧困・DV 問題――女性支援の変遷と新たな展開』明石書店．

―――，2013b,「差別，貧困，暴力被害，性の当事者性――東京都５施設の実態調査から」須藤八千代・宮本節子編『婦人保護施設と売春・貧困・DV 問題――女性支援の変遷と新たな展開』明石書店．

中澤香織，2020,「内面化したジェンダー規範と戸惑い，葛藤――母子生活支援の最前線に立つ援助者の語りから」横山登志子・須藤八千代・大嶋栄子編『ジェンダーからソーシャルワークを問う』ヘウレーカ．

大阪府婦人相談所（大阪府女性相談センター），1957–1997,『事業概要』．

## abstract

# The Reality of Women's Protection Services and Gender Norms in the Implementation of Policy: From the Documents of a Women's Protection Facility

MARUYAMA, Satomi
Kyoto University

This paper examines changes in W omen's Protection Services based on the Anti-Prostitution Act and the gender norms found therein, focusing not on the law itself but on its implementation from the documents of Ikuno Gakuen, a Women's Protection Facility. Based on the records of 1520 cases from 1949 to 1997, I show the changes in the residents of Ikuno Gakuen from four periods: Before the enforcement of the Anti-Prostitution Act, after the enforcement of the Act, after the issuance of the "45 Notification," and after the reduction of government subsidies. In addition, I examined the gender norms found in the format of the case records and in the case records of two of the residents. The following three points became apparent: First, in the period before the enactment of the Anti-Prostitution Act, the residents were of a higher class than in other periods; second, while the difficulties faced by the residents such as prostitution, violence, poverty and disability have shown little change throughout the 51 years, the focus has changed with the times, as the enactment of the Anti-Prostitution Law led to a persistent focus on prostitution. Third, even though the Women's Protection Services relied on the discriminatory Anti-Prostitution Act, which protected women within marriage and punished women outside of marriage, when we focus on the implementation of the law, a critical view of the gender norms contained in the law and the flexibility in their practices can be seen without being bound by the law. Such a study, focusing on the implementation of the law, will contribute to the discussion on the review of the current Women's Protection Services and Anti-Prostitution Act.

Keywords : Women's Protection Services, Anti-Prostitution Act, gender norms, street-level bureaucracy

| 特集論文 |

# 遷延性意識障害者とその家族は戦後をいかに生きたか
## ——戦後福祉のナラティヴ

麦倉　泰子

遷延性意識障害者と家族についての語りは，家族の回復の物語，制度の不十分さの指摘，医療における技術の革新，といったさまざまな文脈のもとに現れる．ナラティヴを，制度を形作る社会意識のあらわれとして捉えるならば，遷延性意識障害者とその家族の生を支えるための法制度はいまだ十分とは言い難い状況にある．
遷延性意識障害の人が「何もわかっていない」と考え，彼らへの働きかけを無意味なものとみなす意識は根深い．こうした意識は，彼らの生と尊厳をも脅かす脅威となって現れる．
このような脅威にあらがうのは，遷延性意識障害者と「共にある」人たちの実践と，それをめぐるナラティヴである．家族や看護師，脳神経外科医といった人たちの実践とそれにまつわる語りからは，わずかでも反応を引き出し，身体の健康を保つという連続的な実践が「植物人間」という存在そのものを変化させていることを示している．実践のなかから制度を産み出し，遷延性意識障害者の新たな生の在り様をつくりだしているとも言えるだろう．ナラティヴは，制度を形作る社会意識の「あらわれ」であると同時に，制度を形作っていく「動因」でもあるという再帰的な実践としてある．

キーワード：遷延性意識障害，植物人間，再帰性，自動車事故，尊厳死

## 1 「植物」ではない

本論文の目的は，遷延性意識障害者をめぐってなされてきた語りの分析を通して，遷延性意識障害者とその家族は戦後いかに生きたか，その一端を明らかにすることである．

遷延性意識障害とは，1976 年の日本脳神経外科学会による定義によれば，

むぎくら やすこ｜関東学院大学・教授｜mugikura@kanto-gakuin.ac.jp

自力移動が不可能である，自力摂食が不可能である，糞・尿失禁がある，声を出しても意味のある発語が全く不可能である，簡単な命令には辛うじて応じることもできるが，ほとんど意思疎通は不可能である，眼球は動いていても認識することはできない，という6項目が治療にもかかわらず3か月以上続いた場合，とされている．

遷延性意識障害の状態にある人に対しては，「植物人間」という俗称が長く使われてきた．「意識がない」という状態が植物と同じであるという認識がこの呼び方の根底にはある．

遷延性意識障害者の家族たちが目指したのは，まさにこの俗称にあらがうことであった．すなわち「植物ではない」という訴えである．いろいろなことがわかっている．声を出して泣く．意思表示をする．そして生命を守るためのケアを受ける権利を有する．

当たり前のようにも思われる訴えだが，戦後の遷延性意識障害をめぐるナラティヴを探っていくと，最近までそれが「当たり前」とみなされてこなかった現実が見えてくる．

遷延性意識障害者とその家族について伝える2013年の新聞記事には，医師に「植物人間」と宣告された人に出会った時の記者の驚きが率直につづられている．

> 上野さんは自室の介護ベッドであおむけに寝て，目を見開いていた．ベッドわきの妻広美さん（54）が声をかけた．「これを取ってみて」．上野さんの胸の上に楽器の鈴を掲げる．すると，肘が曲がり胸元に置かれていた右腕がゆっくりと上がり，握ったままのこぶしが鈴に触れた．広美さんは続いて右手に鈴を握らせ，「鳴らして」と言った．（中略）「『植物人間』と呼ばれる人は寝たきりで反応もしない」と思い込んでいた記者は，妻とコミュニケーションし，笑顔も見せる姿に息をのんだ．上野さんは涙も流す．広美さんによると，高校野球や五輪のテレビ，ラジオが大好き．今夏の高校野球閉会式の中継で，観客から大きな拍手がわき上がると，「アー」と声を出して泣いた[1)]．

この記述は「生きる物語」と題された連載の初回にある．連載では，事故後に脳神経外科医から下された「植物人間」「社会復帰は無理」という診断に衝撃を受けながらも，それにあらがって考えられ得る限りのあらゆる手を尽くす家族の様子が描かれている．閉じた瞼の奥で眼球が動くように感じるだけの状態から，マッサージを行い，音楽を聞かせる．ペンを握らせ「1書いて」という呼びかけに手が縦に動き，紙に1本の線を描き，「2×4は」との問いにぶれた字ながら「8」を書くまでに至る．連載では，さまざまな刺激を試みる家族と，それに対して少しずつ反応が引き出されていく様子が描かれている．

微細な変化をとらえて引き出していくという家族の苦闘と，本人の回復にまつわる語りと同時に現れてくるのは，そうした「変化」が存在することに対する懐疑的な周囲の視線である．「植物」状態にある人に何かを働きかけることに意味があるのか，と問う視線に，遷延性意識障害者と家族はさらされてきた．入院した初日に医師から「あきらめなさい」と告げられる．マッサージをしても看護師から「冷たい視線」を向けられる[2)]．自宅で介護することを決め，区役所に相談に行っても，行政の担当者からは重度障害者に対応できる事業所を教えてもらうことすらできない[3)]．そして実際に，対応できる事業所はごくわずかな数である．こうした医療や福祉の専門職からの視線や，福祉サービスの不足に係るエピソードは，遷延性意識障害者とその家族が生きることを下支えする意識，制度がいかに不十分であるかを示している．

このような状況をめぐる遷延性意識障害者と家族についての語りは，家族の回復の物語，制度の不十分さの指摘，医療における技術の革新，といったさまざまな文脈のもとに現れる．ナラティヴを，制度を形作る社会意識のあらわれとして捉えるならば，遷延性意識障害者とその家族の生を支えるための法制度はいまだ十分とは言い難い状況にあることがわかってくる．「当たり前」は残念ながらいまでも確立されていないのである．

全国遷延性意識障害者・家族の会の代表である桑山雄次は，2013年に会員を対象とする医療・介護・福祉の実態と今後の課題・希望について調べた調査報告書の中で，次のように綴っている．

　私たちも家族が発症してから，周囲の方から決して悪気はないのですが，

> 「このような状態になるくらいなら死んだ方が良かった」とか,「どうせ回復しても働けそうにはないだろ？」とか言われることもあります．その一方で，尊厳死法制定の動きがあり,「遷延性意識障害者」はその対象として名指しされている事実があります．人はいずれ例外なく死ぬので，どこかで「医療の中止」はありますが，法案を読んでももう少し丁寧な議論が必要と思っています．高齢者と若年者は場合が違うのか？「単なる延命医療」って何なのか？「医療の不開始」と「医療の中止」の判断基準は何か？15歳以上で発言した内容ならいつまでも全て有効なのか？「栄養を絞る」とはどういうことなのか？　そもそも「尊厳」とは何なのか？　明らかに言えることは,「遷延性意識障害の人は，何もわかっていない」と断じるのは誤りであり，偏見にすぎません[4)].

桑山の言葉は，家族に向けられたものであると同時に，遷延性意識障害の人が「何もわかっていない」と考え，彼らへの働きかけを無意味なものとみなす認識に向けられたものでもある．

脅威は他にも，さまざまなかたちを取って現れる．もともと受傷した原因となった自動車事故の被害者のために使われるはずだった財源を別の目的に充てられたり，費用や治療のコストがかかるという理由で入院先の病院から退院を促されたり，リハビリテーションを希望しているにもかかわらず，効果を疑問視されたりといったように，さまざまな位相で現れ，時には「公共のため」という名目のもとに生と尊厳がおびやかされることすらある.「植物人間」という呼称には，遷延性意識障害者とその家族が経験するさまざまな脅威が凝縮されている．

こうした「まなざし」が，彼らの生と尊厳を脅かす脅威となって現れることを小松美彦は鋭く指摘している．小松は尊厳死をめぐる議論において，いわゆる「植物状態」にある人がどのような状態にあるのか，よく知られないまま，意識がないものとして切り捨てられていることを批判している．小松は「植物状態」の定義の一つとして挙げられている「簡単な命令に応ずることもあるが意思の疎通ができないこと」を指して，目を開けて，というような指示に応ずるものがなぜ意識がないものと見なせるのか，と問う．もう一つの項目にある，声は出るが意味のある発語ではないことについても，その発声が意味のあるものでないとするのは「健常者」の判断にすぎず，当人にとっては十分に意味のある声になっているかもしれないと論じている．「植物状態の患者の発声はかように捨て置かれている」（小松 2012: 31）とする小松の問題意識は，遷延性意識障害のある人やその家族がさらされている「まなざし」のかたちを示すものである．

このような脅威にあらがってなされるのは，遷延性意識障害者と「共にある」人たちの実践と，それをめぐるナラティヴである．家族や看護師，脳神経外科医といった人たちの実践とそれにまつわる語りからは，わずかでも反応を引き出し，身体の健康を保つという連続的な実践が「植物人間」という存在そのものを変化させていることを示している．実践のなかから制度が作られ，それをもとに遷延性意識障害者の新たな生の在り様が産み出される．ナラティヴは，制度を形作る社会意識の「あらわれ」であると同時に，制度を形作っていく「動因」でもあるという再帰的な実践としてある．

再帰的な実践としてのナラティヴに注目することによって見えてくるのは，身体と意識をめぐって新たな政治的なアクティヴィズムが立ち上がる様相である．ニコラス・ローズは患者組織が専門家や科学者と直接的に結びつき，治療や政策を方向づけていく現代の政治のあり方を，生そのものの政治と呼ぶ（Rose 2007＝2014）．本稿は遷延性意識障害のある人とその家族をめぐるナラティヴの分析のなかから，生をめぐる政治過程を明らかにすることを目指す．

軸となるのは遷延性意識障害者とその家族は戦後をいかに生きたかについて記述である．まず「植物人間／ではない」「遷延性意識障害」をめぐって，新聞報道や，国会等の政策立案の場で，戦後に何が語られてきたのかを概観する．そして当事者と家族や支援者たちが徐々に声を上げてきた様子にも着目する．そこにあらわれる人の意識と障害との関係，行われるべきケアについての概念の変化を分析する．

## 2 可視化

「遷延性意識障害」が国会等の公の場で取り上げられるようになったのは

1970年代中ごろからである．それ以前は，「植物人間」として1960年代末ごろからメディアや新聞などで言及されてきた．もっとも古いものの一つである1969年の朝日新聞には，「『植物人間』奇跡の回復」という見出しで，千葉市内のデパートの増築工事現場で頭部に鉄材が当たったことにより脳に損傷を負い，意識不明の状態となった青年が10か月後には食事や筆記を行うようになったとする記事が存在する．記事の趣旨は，それまでに見られないまれな事象が起こったことを伝えるものである．

> 一時は絶望視していた患者が“植物人間”の状態から，どうして急に生きる力を回復したのか．解明はこれからの課題だが，全国的にも例のないこの患者を前にして，医師グループは『みんなの努力が奇跡を招いた』と喜んでいる[5]．

「奇跡の回復」の要因として，記事の中で担当医師が挙げているものは3つである．1つめは「完ぺきな手術が早くできた」ことである．すなわち，救急医療体制の整備という医療の新たな局面の現れを意味している．それまでは救命すらできなかったかもしれない人が生存する可能性が出てきた．2つめは，大学病院を出てからも，「医師・付き添いがよかったので栄養失調や肺炎にならなかった」ことである．後遺障害のある人の生命を維持するためには急性期の医療だけでなく，その後の手厚い介護が欠かせない．すなわち，救急医療の後にも継続的かつ手厚い医療・介護的なケアが行われなければ，合併症を起こして生命が危うくなる，という危険性の指摘である．3つめは「労災保険で十分な治療ができた」という財政面での基盤に関する言及である．ここで言及されている救急医療体制の確立，急性期を脱したのちの手厚い介護の充実，それを支える財政的な基盤という3つの要素は，この後も遷延性意識障害者が生きるために必要な条件を構成していくものとなる．ここでは，「植物人間」は「学術用語ではないが，医師たちは『脳の働きがなくなり，人工的に呼吸したり，流動食を与えられて生きているだけの患者』」として説明されている．

その一方で，救急医療体制の充実の成果として語られている事象が，その価値に対する疑問とともに語られることも見られるようになってきた．1972年の記事では,「死者をよみがえらせる医学」として,ICU（集中治療室）が取り上げられている.「機械が生む植物人間」と題された記事は,交通事故の後に「機械なし」で 8 年間生きたという“奇跡の母”と呼ばれた人が死去したという報を取り上げ,ICU のあり方に疑問を投げかける内容である.

> 普通なら死んでいるはずの患者を,機械の力でひとまず植物人間とし,万が一の生き返りの奇跡に取り組んでいる ICU（集中強化治療室）があちこちの病院でつくられている.どんな患者を ICU に入れるべきか,いつ機械をとめて臨終をつげるか——死の定義が議論されている中で,医師は毎日自分の手で死の瞬間を決定している.患者の自然死は克服したものの,医療の進歩に伴う新しい悩みは尽きない.三月三日.東京で ICU の国際セミナーが開かれるが,心臓移植での死の定義とは違って,こちらはさらに現実的な議論が出そうだ[6].

同紙面では,「植物人間」について,「絶望的な患者」と表現し,「はっきりした医学上の定義はないが,おもに脳や循環器系の故障で,意識不明,運動不能となり,消化,吸収,呼吸など植物的機能しか持たない人間.“奇跡の母”や胎児性水俣病の重症者などは,自力呼吸できたが,ICU の場合は絶望的な患者の生命を人工的に維持している」状態と説明している.

こうした新聞報道からは,1960 年代末から 1970 年代にかけて医療技術の進歩とともに遷延性意識障害の人が現れ,存在が可視化されていったことがわかる.

## 3 政策としての対象化——国会での議論

新聞報道等により存在が可視化されたことをきっかけとして,国会でも同時期からこの問題が政策課題として認識されるようになる.国会においてこれまで「遷延性意識障害」が語られた会議録は 35 件であるが,そのうちもっとも古いものは 1975 年 3 月 27 日に行われた第 75 回国会参議院予算委員会である.「植物人間」では 169 件が該当する.内容を見ていくと,1970 年から 1971

年までの該当会議録では「植物，人間」のように関連性のないものが該当していることから，もっとも古い発言は1971年の参議院内閣委員会におけるもの，ということになる．

それまでは国レベルの政策の対象外であった遷延性意識障害者は，この時期から医療や福祉，教育，公害対策，交通行政といった各領域の政策の対象者としていかに位置づけていくことができるか，という議論の対象となりはじめた．認識の枠外であった人たちが可視化されたことによって，政策の対象として加えるという作業が行われるようになってきた．この動きは包摂に向かうものとして位置づけることができるだろう．

具体的には障害者福祉の対象者として位置づけていくための議論や，難病の対象とするべきか否か，といった医療と福祉の谷間での議論，その財源をどのように確保するべきか，という公正な再分配をめぐる議論，そして教育行政が障害のある子どもをめぐって，よりインクルーシブな方向に向かうための枠組み作り，といった文脈である．

## 4 特殊教育，公害，交通事故

1970年代初頭の「植物人間」という言葉は3つの文脈で言及されている．1つ目は特殊教育の文脈である．1971年の参議院内閣委員会において社会党の上田哲が「医師たちのいう植物人間」として，その存在に言及している．「精神科，神経科に行ってみればいっぱいいます」という発言から，この時期にはある程度は存在が認知されていたことが窺われる．

議題となっていたのは文部省設置法の改正による特殊教育総合研究所の設置であった．上田は，あらゆる児童に等しく，そして個々に合わせた教育を行うべきだと主張し，障害の有無を考慮しない一律教育は，人間の尊厳を平等に尊重することを損なうものであるとした．問題としていたのは，特殊教育のあり方が学校教育法のもとで一般の児童に「準ずる」という位置づけになっている点である．上田は「あらゆる児童」のもっとも重い事例として「植物人間」を挙げている．

全然思考能力がない，心臓が動いておりますから人間です．それなら，これは今日の医学においては生き続けさせなければならない．なぜならば，人間だからです．人間の尊厳ということからすれば，ぴんぴん働いて大臣をやっているあなた方と，その人たちと比べても，人間の尊厳においては変わりないという哲学があるからです[7]．

この上田の発言からは，機会均等や個別化という今日の障害者に対する施策や教育の理念の萌芽が見えてくる．同時に，遷延性意識障害者に対するイメージが，「動かず，何の反応もないもの」というものでしかなかったこともわかる．

1970 年代に特徴的にみられる「植物人間」に関する言及の２つ目は，前述した新聞記事の報道にもあった胎児性水俣病の公害の被害者としてのカテゴリー化である．メチル水銀の沈着による神経細胞への影響について，熊本大学教授である武内忠男が，特に重症者は大脳室，小脳室ともに影響があることによって，「いわゆる植物人間という生きているだけの，すなわち脳からいえば間脳と脳幹の残った，そこはあまりおかされませんので，そこの残った植物人間として生き得るわけであります」と説明している[8]．

３つめは交通事故による後遺障害の文脈である．この文脈での言及が以降は大多数を占めてゆくことになる．

まず焦点化されたのが，難病としての対象となりうるかどうかという課題である．1973 年の衆議院社会労働委員会公聴会において，神経病理の専門医である東京大学教授の白木博次は公述人として次のような意見を述べている．国の難病対策との関連で，「交通災害」による「植物人間」も対象に含めるべきだとする見解を述べている．

白木は国の特殊疾患対策が「純医学的な発想」にもとづいているために，原因がわからず，治療法が存在しないこと，長期の療養を必要とするもののみを対象としていることについて「原因がわかっておろうが，治療法があろうが，難病にはなるというふうに申し上げたい」と批判している．その一例として「交通災害」を挙げている．「頭をひどく打つ」という原因が明らかであり，救急医療および脳外科での対処という治療方法もはっきりとしているものではある，として難病の定義の対象外になることを述べたうえで，以下のように指摘している.

> 治療の時期の適切を誤る，あるいはその治療が十分でなければ，そこで生けるしかばねである植物人間というものができた場合に，それをかかえた家族というものは必ず崩壊過程につながっていく．そして日本では，わが国の特殊の風土を考えまして，そういう人々に対する医療なり福祉なりの施設あるいは体系のなさがそこにあるわけであります[9].

つまり難病の対象として交通事故等による遷延性意識障害者を含めるべきだと指摘するのである．ここで白木は難病の定義のあり方について，医学的側面だけでなく，社会的な側面も重視すべきと問題提起を行っている．医療，福祉のそれぞれの対象から外れてしまっているという，いわゆる谷間の問題として事故の後遺障害としての「植物人間」に言及している．

交通事故による重度後遺障害者としての遷延性意識障害者という性格に焦点化した議論が行われるのは1970年代中頃からである．河北新報で連載が組まれたことをきっかけに，宮城県を地盤とする政治家を中心として，重大な課題として認識され始めた．

同年の衆議院社会労働委員会において，宮城を地盤とする国会議員で医師でもある大石武一はこの問題を取り上げている．交通事故あるいは労働災害によって脳に負傷をきたした存在として「ものを考える力あるいは意識，そういうものが完全に失われ，自主的な運動，手足の運動，からだの運動ができなくなった，ただ植物機能だけがわずかに残って，生命を維持するだけの，人間の形骸に近いような者が大体植物人間といわれております」[10]と表現している．

当時，宮城県では，交通事故被害者に対して「宮城方式」と呼ばれる独自の財政的な支出を行っていた．これは，遷延性意識障害の状態にあり，24時間の介護が必要な人に対して，自賠責法をもとにした支出では足りない分を補うものである．

同じく宮城県を地盤とする社会党の目黒今朝次郎が，1975年3月27日に行われた第75回国会参議院予算委員会において，この宮城方式について取り上げている．

> 宮城方式を簡単に言いますと，宮城県が七十五万，仙台市が七十五万，合計百五十万を地方自治体が支出をして，これらの方々の生活援助に当たっている，そういうような方法でありますが，これらの段階で実際に行ってみますと，この病気は二十四時間ですか，まる一日患者から離れることのできない病気だ，私はこう思うのであります．それで，こういう補助をもらっていながら，朝の八時から夜の二十時までは看護婦さんが三人，付添人が四人の方々が扱っている．夜の二十時から次の朝の八時までは家族の方が病院に来て付き添ってみている，こういう状態であります．どうしても子供さんが小さいとか，年寄りがいるとか，看病のできない方は，十日間で四万五千四百四十円の金を病院に払う，一カ月にしますと，三倍で約十三万五千円．十三万五千円の金を捻出しなければやっていけない．そのために田地田畑全部売っ払っている，こういういま現状であります[11]．

ここで取り上げられていたのはその後にも通じる課題である．第一に，24時間体制での医療的ケアを含む介護が必要な状況でありながら，圧倒的に人手と財源が足りないという問題である．宮城方式として行われている仕組みをもってしても，夜間は家族が付き添いをしなければならず，それができない場合には大きな金銭的負担を負うことになる．当時の仙台市立病院では特定病院として指定を受け，43 人の患者を受け入れていた．全国的には当時，遷延性意識障害者の数は調査中であり，2 千から 3 千と推計されていたが，全国的にはこのような公的支出の例はまれであった．

第二に，痰の除去を誰の責任で行うのか，という問題である．目黒は，医療的な資格を持たない付添人が痰の吸引をせざるを得ない状況にあることを問題視し，もしもこれが原因で事故が起こってしまった場合に，誰が責任を負うのか，という質問を行っている．厚生省医務局長である滝沢正は，注意義務が病院にあり，責任を負うのも病院であると見解を述べている．

これに対して，参考人として呼ばれていた労働組合社会保険局長の片桐旬は不快感を示している．

> このケースで具体的に指摘されているような事故が起きたということは，

まだ私は把握をしておりませんので，この場合にどうかということはちょっと正確には申し上げられませんが，いま医務局長が答弁をされましたように，いろんな医療事故というのは，この問題以外の医療事故というのがたくさんあるわけでありますが，実際に事故が起きた場合には，その業務に携わった者が責任を問われるというのがこれまでのケースだと思うんです．たとえば看護婦が本来してはならないという注射等について実際にはこれやらされてしまう．そしてやった結果事故が起きた場合には，本来できないことをやらさしておきながら，実際にはやった看護婦が責任を問われる，こういうふうなケースがこれまでもたくさんあったわけでありますから，そういう意味では，いまの医務局長の答弁についてはちょっと納得がいきかねる．

このように，痰の吸引をめぐる医療的ケアをめぐっては，病院では十分な看護師の付き添いが得られず，また付き添いとして人を雇う場合には痰の吸引をさせることができず，結果的に，家族が痰の吸引もすべて担っていくという状況が長く続くことになった．これが解消されたのは，最近になって研修を受けたものの喀痰吸引が認められるようになってからのことである．

## 5 包摂――身体障害者福祉法

1980年代にはいると，これらの文脈は変化を見せる．主たる文脈が交通事故であることは同じであるが，あらたに身体障害者福祉法との関連で，「植物人間」「遷延性意識障害者」が身体障害者福祉法の対象として含まれるのか否か，が議論されるようになる．

1981年の参議院公害及び交通安全対策特別委員会において，遷延性意識障害者が身体障害者福祉法の対象外として，身体障害者福祉法の対象とならないために，身体障害者療護施設に入所することができないという問題が取り上げられた[12]．医師である共産党の沓脱タケ子は，「人間の体全体のどこの部分に障害があろうと身体障害者だと思うのだけれども，手足がとにかく麻痺も何もなくて意識だけないのだから身体障害者として取り扱わないというのは理解に苦しむ」として厚生省の姿勢を質している.

これに対して，当時の厚生省社会局更生課長であった板山賢治は，遷延性意識障害についての医局の答えを整理したうえで，疾病または事故により，三月以上の治療にもかかわらず，六つの項目を満たすものとして定義している[13].こうした意識障害者に対しては，治療という医学的な管理をきわめて重篤に行う必要があるために医療の対象になる，と回答した.

身体障害者福祉法における身体障害者とは，このような医療の域を脱して障害が固定した状態を指すため，遷延性意識障害者は病院での医学的管理のもとで生活しているため，として否定的な見解を述べているが，それと同時に，時代の変化のなかで，「新しい障害者」,「新しい福祉」を必要とする対象者が生まれていることを認めている.

> いまのような対象者の人々に対して身体障害者福祉対策で対応することが必要であるかどうか，他に制度がないから身体障害者の範疇に加えるかどうか，この辺につきましては大変むずかしい問題がある.

医療においては長時間の介護が必要な状態であることから一般の支出ではカバーすることができず，原因がはっきりしているために難病対策の対象ともなりえない.また医療の域を脱しているわけではなく，障害が固定した状態ではないと考えられることから，身体障害者福祉の対象とすることにも疑問が呈される.この板山の回答は，この時期において遷延性意識障害者は医療と福祉の谷間にあったことを示している.

この谷間の状態は，限定的ではあるが徐々に解消されてゆくことになる.身体障害者福祉審議会において，遷延性意識障害者も含めて重症心身障害者に対する施策が検討され，1982 年には身体障害者福祉審議会から「今後における身体障害者福祉を進めるための総合的方策」が提出された.この答申のなかで，遷延性意識障害者については，関連施策との調整を図りつつ，身体障害者福祉対策の観点から対応を検討することが適当とする見解が示されている.

これを受けて，具体的な施策のあり方が身体障害者福祉基本問題検討委員会において議論が行われた.身体障害者の範囲については，「専ら意識障害に起因する肢体不自由等を法の対象とすることは適当でないが，個々に身体の障害の状態に応じて法の対象とすることが適当である．なお，これらの者に対する援護措置は，例えば常時医学的管理を要しない者について，必要に応じて療護施設に収容すること等が考えられる」[14]とする報告が行われた．

この二つの答申と報告を受け，遷延性意識障害者に対して，身体障害者手帳の交付など，身体障害者の範囲として認めるための認定基準について議論されることとなったことが，1984年の衆議院予算委員会で厚生省社会局長から報告されている．福祉制度の対象者として明確に障害者の範囲に含めることが示され，包摂へと向かう動きがみられるようになったことがわかる．

この段階では身体障害者療護施設と呼ばれる医療的なケアを必要とする重度の身体障害者のための施設への入所を「弾力的に」検討する，という方針が示されたのみであった．その後，在宅での生活を可能とするサービスにも拡大されていくという方針につながっていった．現在では，障害者総合支援法のもとでの重度訪問介護が利用可能となり，喀痰吸引の研修を受けたヘルパーによる介護も認められるようになっていった．

もう一つ注目するべき点がある．質問を行っている公明党の石田幸四郎から言及された千葉療護センターでの取り組みである．1973年に設立された自動車事故対策センター（現・自動車事故対策機構）は，自動車事故被害者対策として専門病院を立ち上げて遷延性意識障害者を受け入れ始めていた．

> 千葉に事故対策センターの方で専門病院をおつくりになりまして，この十月までに約四十人の人が収容されようとしているのですね．三月に九人入院されたということです．それらの実態が新聞などに報告をされておるわけでございますけれども，そういうものを見ましても，一つは，植物状態患者と言われる人はもうだめなんだというふうに医療から見放されているように思うけれども，そうでもない，多少希望が出てきた人，治療効果の出そうな人もおる，こう病院長さんが言ってらっしゃるのですね．それからまた，ここに入院しておる九人の方々は，すべて家族が付き添っておる．そういう状態で，原則的に宿泊が認められないから，遠方からの人が多いので負担も厳しくなってくる．場合によっては，病院のそばにうちを

引っ越してこなければならぬのじゃないかというような状態が報告されておるわけですね[15].

手厚いケアの結果，いわゆる「植物状態」を脱却して改善に向かう例が見られるようになってきたのである．

障害者福祉の枠組みに完全にではないものの組み入れられるようになってきたことと，交通事故に対する被害者対策というスキームにおいて，少数の人が対象ではあるが，手厚いケアが行われるようになってきたことによって，徐々に遷延性意識障害者とその家族の生を支える環境は整ってきたと言えるのがこの時期の特徴である．

## 6 生命倫理

しかしながら，包摂に向かう動きと同時に，逆の方向に向かう言説も1980年代に見られるようになる．すなわち生命倫理の文脈からの言及である．

公明党の石田が千葉療護センターでの取り組みに言及したまさに同じ1984年の国会質疑のなかで，厚生省医務局長が「植物状態にある方々の医療の状況でございますけれども，残念ながら今日の医学におきましては不可逆的」としつつ，以下のような「付言」を行っている．

なお，この問題は，御指摘にもございましたが，非常に重要な問題でございまして，特に人間の尊厳ということと関係がございまして，厚生省におきましては，生命と倫理に関する懇談会でも意見の交換をいただいておる状況でございます[16].

同じく1984年の第101国会参議院予算委員会において，当時の内閣総理大臣である中曽根康弘が脳死の問題との関連で言及を行っている．同年に箱根で開催された「生命科学と人間の会議」の目的と成果について公明党の塩出啓典から質問を受けた中曽根は，次のように回答している．

> これらの生化学の発展については，これはもう一国家や一大学の関心事ではない，全人類の課題である．そのほか，試験管ベビーであるとか，あるいは受胎，妊娠に関する最近のいろんな状況であるとか，あるいは安楽死の問題であるとか，あるいは植物人間に対する扱いであるとか，そういう非常に人間の尊厳や精神性を伴う問題が続々出てきておる状況です[17]．

重ねて，塩出は「脳死を含む死の判定の基準」，体外受精のガイドライン等について国内的なコンセンサスを得て一つの方向を出すべきではないかと問うている．これに応えて，厚生大臣である渡部恒三は，「厚生省の研究班では，引き続き昭和五十九年度においても，この調査結果をもとに現在の医学的知見に基づいた脳死の判定基準，これを検討していかなければならない」と回答している．

1990年代から2000年代にかけて，生命倫理の文脈はさらに具体的な法案となり，脳死及び臓器移植に関する法案との関連において，言及が行われるようになるのである．

## 7 家族会

一方で，1990年代の中ごろから，徐々に遷延性意識障害者のもっとも身近にいる家族たちが声を上げ，当事者と家族の会を組織するようになってきた．

冒頭で取り上げた桑山雄次もまた家族会から声を上げてきた一人である．桑山の次男・敦至（「あっちゃん」）は，小学校2年生だった1995年に，友達の家に遊びに行った帰り道に，車にはねられ，頭部を強打した．一時は「全脳が壊死する可能性があり，予断は許されない」（山口・桑山 2000: 100）と医師から説明される状態にまで至った．

事故から5年後の2000年に，桑山は脳外科医の山口研一郎と共に一冊の本を出版している．『脳死・臓器移植拒否宣言――臓器提供の美名のもとに捨てられる命』と題された本のなかで，桑山は「あっちゃん」が事故に遭い，「遷延性意識障害」となってから執筆当時に至るまでの4年間で経験したことを絞り出すような筆致で記している．

> 敦至は今でも言葉も出ず，立つこともできない．けれど元気だったころの地元の普通小学校に通っているし，ミキサー食ではあるが経口摂取で食事をしている．イヤな時には不快な顔をするし，心地よいときには笑顔も出る．それでも敦至は未だに「遷延性意識障害」（いわゆる「植物人間」の学術用語である．私は「植物人間」という言葉が大嫌いである）から脱却できていない（ibid.：100）．

事故後3，4日目に看護師から「本人の好きだった音楽のテープや家族や友達の声を録音したテープを持ってきてください」といわれ，アニメ番組のテーマソングや，小学校の担任の教師に頼み，クラスメートの励ましの声などを録音したテープを作った．15分と限られた面会時間のなかで，呼びかけた．「牛の歩み」のような回復スピードと表現しているが，数年の時間をかけて，少しずつ回復していった．

回復とともにあったのは，絶え間ない医療的な処置である．事故直後には脳死を防ぐために脳を冷やし，脳幹部への圧迫を防ぐために頭蓋骨の一部を除去した．1か月後に転院した際には，全身状態を管理するための気管切開が行われた．50日後には水頭症を発症し，シャントチューブの埋め込み手術を行った．頭部外傷によるけいれん発作を抑えるために，抗てんかん薬の投与が行われた．副作用による眠気と，起きた時の硬直により，すさまじい量の発汗があったという．桑山と妻が交代で朝から晩まで付き添う日々が続いた．事故後，体温が落ち着き，頭蓋形成手術が行われるまでに4か月を有した．そして，追視を看護師と確認し，発声を医師と確認するに至った．気道切開の穴を閉鎖したのは，事故から8か月がたったのちであった．

このころ，桑山は1992年放送のNHKスペシャル「あなたの声が聴きたい」を参考にしていた．これは札幌麻生脳神経外科病院看護チームの遷延性意識障害の人に対する実践を描いたドキュメンタリーである．後に筑波大学で教鞭をとることになる紙屋克子が婦長を務めていた．紙屋の実践は，桑山をはじめとする遷延性意識障害者の家族にとって，彼らに意識があること，昏睡の状態からの脱却の可能性があることを示し，導く一つの指針となっていった．

同時に，山口をはじめとする臨床の脳外科医の実践の中からも，脳低体温療法等の新しい医療技術が確立されていくにつれて，遷延性意識障害からの脱却の事例が見られることを指摘する声が上がるようになる．山口らは，これらの脱却の事例をもとに，脳死を前提とする臓器移植に対して強く反対したのである．

こうした家族会の動き，そして医療，看護の実践による新しい臨床事例の創出と，それにまつわるナラティヴが創出されていくことによって，新たな実践が導かれ，徐々に遷延性意識障害者の状態そのものが変化していくことになる．こうした言説からは，ナラティヴとそれが導く実践によって，死の線引きをめぐる攻防が行われていた様子を見て取ることができるだろう．

## 8 公正な再分配を求める声

桑山らの家族会の動きは徐々に報道されるようになり，全国的なつながりとなり，政策決定の場への参加へとつながるようになってきた．桑山も 2000 年 2 月から 6 月にかけて運輸大臣の私的懇談会「今後の自賠責保険のあり方に係（かかわ）る懇談会・後遺障害部会」に，被害者代表として参加した．

桑山は 12 月の朝日新聞の「論壇」に論考を寄せている．「今回こういった公の懇談会に，被害者代表（特に後遺障害者代表）が参加できたことの意義は大きい」としながらも，本来は被害者救済に充てられるべき損害保険会社の保険金の支払いに対する態度，そして自賠責の運用益が，十分に支出されていないことを鋭く批判している．

> 自賠責保険の運用益の黒字は二兆円近く滞留している．今回の後遺障害部会でその使途についても論議されたが，被害者に手厚い介護を求める被害者側と，所有者還元（自賠責保険料の値下げ）を主張する自動車業界・損保会社とが対立した．基本的には，自賠責保険はあくまでも「保険」なのか，特殊な「社会保障」なのかという議論である．ただし，所有者還元といっても，その金額は年間で車一台あたり五十円か百円程度と言われる．まして現在の被害者の補償制度のもう一つの任意保険への加入が 100%ではない現状を考えれば，賠償額を十分に取れず泣き寝入りする被害者が少

なくないことも考慮すべきだ．交通事故で被害に遭った人ならすぐにわかることだが，損害保険会社の保険金の「出し渋り」は明らかである[18]．

こうした公正さを欠く姿勢への疑問は，民間の損害保険会社だけでなく，国の財政に対してもむけられるようになる．前述した千葉療護センターでの緻密なケアの実践も含めて，遷延性意識障害者の生を支える財政的な基盤となっているのは，自動車損害賠償責任保険（自賠責）である．運用益は特別会計として療護センターの運営も含めて，自動車事故被害者の救済に充てられるべき特別会計として計上される．

しかしながら，自賠責の運用益が国の財政危機対策として一般会計に貸し出しされ，そのまま返還されないということが 1980 年代から起こるようになった．特別会計からの借り入れは，バブル崩壊後の景気低迷とそれに伴う税収不足を理由として 1994 年度から 95 年度にかけて行われた．その額 1 兆 710 億円である．返還期限は 2000 年度であったが，財務省は財政低迷を理由に期限を 3 回延長し，2003 年を最後に支払いが途絶えていた．

この基金は，独立行政法人「自動車事故対策機構（NASVA〈ナスバ〉）」が運営する交通事故専門に治療やリハビリを担う病院の運営費，被害者を在宅介護する家族に対する介護料として支給される原資だが，残された基金を取り崩すという事態になっていた．

桑山をはじめとする家族は，この返還も粘り強く求めていった記録が残されている．2014 年の記事である．

> 返還を求めたのは「全国遷延性意識障害者・家族の会」など 5 団体．同会代表の桑山雄次さん（58）は次男（27）が 19 年前の交通事故で寝たきりになった．「お金が戻れば病院や病床を増やせるが，期限延長が続けば基金を食いつぶしてしまう」と案じる．財務省の担当者は「財政は厳しいが，病院や在宅介護の現場を勉強したい」と話した[19]．

この要望にある一般会計から特別会計への返還は，平成 30 年度から行われるようになった．これを原資として，現在ではグループホームへの人件費の補助などが徐々に開始されるようになってきた．

## 9 尊厳死法制化の動き――名指しされることの恐怖

その一方で，遷延性意識障害者の生に対する脅威となる言説も続いている．臓器移植に関する法案が成立したのちには，新たに尊厳死をめぐる言説があらわれ，そのなかで遷延性意識障害者が名指しされている．

2006年に富山県射水市民病院において，人工呼吸器が取り外され，患者が死亡するという事件が起こった．この事件を受けて，2007年から厚生労働省では「終末期医療の決定プロセスのあり方に関する検討会」が設置され，「回復の見込みのない末期状態の患者」に対する意思確認の方法や医療内容の決定手続きなどについての標準的な考え方が検討され，「終末期医療の決定プロセスに関するガイドライン」(2014年に「人生の最終段階における医療の決定プロセスに関するガイドライン」）に改称）として取りまとめられた．

以下の質疑は，2006年に参議院で行われたものである．発言者の自民党の西島英利は，臨床を行う医師であり，尊厳死を積極的にすすめる議員連盟に所属していた[20]．

> 今回の問題は，これは延命治療の中止というところで起きた事件だろうというふうに思うんですが，この延命治療の中で問題になるのは人工呼吸器の問題であろうというふうに思っています．(中略)
>
> 今回の問題は，昭和四十年前後だと思いますけれども，人工呼吸器が開発をされたときからずっと先延ばしをされてきた問題だというふうに私は考えております．この機械そのものが非常に高いわけですね．高価でございますし，よって数も多くない時代が当時はございました．しかし，一度装着しますと，数少ない機械ですから，それずっと続けていかにゃいけない，心肺機能が停止しないわけですから．そういう状況の中で，次から次にその人工呼吸器を必要とする患者さんが入院をしてこられるわけでございます．しかし，幾ら来られても，数限りのある人工呼吸器でございますから，それを簡単に外して新しく来た患者さんにそれを装着するというこ

とができないわけでございまして，この人工呼吸器を外さない限り，救命の可能性のある人には装着をできないということでございます．

私も実は大牟田労災病院というところに勤務をしておりまして，その当時は，この人工呼吸器二台しかございませんでした．連日のように脳卒中の患者さんが入院をされてきまして，この方に人工呼吸器を付けると何とか救命できるんだがなと思いながらも，一方ではもう付けているわけでございますから，どうしてもそれを簡単に外すわけにいかないということで，非常に医師としても残念な思いをした経験がございます．

ここに，昭和四十七年の一月三日の毎日新聞に「「植物人間の生と死」いつ，だれが，見切るのか」という記事が出ております．日本で第一号の集中治療室を作られた順天堂大学の病院，この佐藤光男教授という方が，この記事の中でこのように述べていらっしゃいます．限られたベッド，これ十三ベッドしかございませんけれども，この限られたベッドにどの患者を入れるか，蘇生術をどこで打ち切るか，一切私の判断に任されています．各科の医師に任せれば，どうしてもそれぞれのエゴイズムが絡むからです．私は，だれよりも中立無私で判断を下せる立場に置かれているんですがと．つまり，突き詰めて考えれば，どの命に救いの手を差し伸べ，どの命を見限るかと，常にぎりぎりの判断を迫られているわけだと．最新のICUをつくったばかりに背負ったこれは苦痛である，苦悩であるということが書かれてあります．いかに手を尽くしても死を免れない患者，例えばがん末期のような患者さんはもう初めからこの集中治療室には入れないんだというところまで割り切っておられるということでございます．そして，この方は，七年間ずっとこの集中治療室でかかわられて，今でも解決しないということを実はこの新聞の中で述べられているわけでございます．

ここで語られているのは，限られた数の人工呼吸器を誰に優先的に使うべきか，というトリアージの問題である．この文脈の中で，自らの意思を表明することが困難な遷延性意識障害者は，優先順位の低いものとして認識されている．

桑山は，2000年にすでに，こうした事態を予見して，次のように述べている．

> 日本尊厳死協会の「理念」の一つに，「いわゆる植物人間になったときは積極的な治療を行わなくとも良い」との内容の記述がある．この考え方はもともと，「自分の生き方は自分が決定する」という自己決定の論理から出てきたものと思われるが，「リビング・ウィル」の名のもとに，生命の軽視が行われている．「植物人間」の定義の中には，3か月以上そういった状態が続くというのが条件であるが，前述のJくん（筆者注：桑山の教え子で，仕事で運転中に事故に遭い，遷延性意識障害となった）のように積極的な治療を選んだことにより，植物状態から脱却した例を，私たちの会の会員は数多く見てきた．このような事実を尊厳死協会の方々は知っているのだろうか？　臓器移植推進派の医師たちの行為を草の根から支える役目をはたしていないだろうか？　このような「理念」を覆すためには，反例＝脱却例を多く作ることしかないのかもしれないが，私たちの主張に尊厳死協会は耳を傾けてほしい．そうでなければ，ますます安易な生命軽視の風潮は続くだろう（山口・桑山 2000：147-8）

反例＝脱却例を多く作るための日々の営みが続けられる一方で，桑山が危惧するような事態も進んでいるのである．そして，人工呼吸器をめぐるトリアージの問題は，2020年において，新たな感染症の広がりのなかにも繰り返し現れているのだ．

## 10 結びに

「植物人間」という呼称は，差別的であるとして現在では公的には使われることは少なくなってきている．そこに，ある種の希望をもって意識の変化を見出すこともできるだろう．そして遷延性意識障害者へのケアも徐々に医療や福祉の領域において可視化され，制度化されつつある．しかしながら，臓器移植医療の発展や，尊厳死をめぐる議論が進むなかで，脅威はまたあらたなかたちで現れている．

> QOL（Quality of Life）という言葉が福祉や医療関係者ではよく使われる．

「生活の質」とか「人生の質」とか訳される．この言葉の名のもとにも，多くの生命軽視が行われている．「植物人間のQOLは低い」などということを平気で言う医療関係者もいる．私は仮に，敦至が現状のまま大きく変化しないとしても，敦至に奇跡が起こらないとしても，最後まで敦至に人間らしい生活をさせてやりたいと思う．地域で生き，家族や友達と暮らし当たり前に生きる．（山口・桑山 2000：148）

脅威にあらがうことはいかにして可能か．手がかりもまた，遷延性意識障害の人たちと共にある人たちが行ってきた実践の中にあるだろう．一つは，実践そのものを分析の対象としていく方法である．

遷延性意識障害者は，全身状態の管理が厳しく，意思の表示が鮮明でないため，本人がどのように感じているかが定かではありません．（中略）今回のアンケートを通じ，介護家族はたいへんな困難の中でも，いかに愛情深く当事者に接し，障害者自身もそれにこたえる努力や発信をしてきたかを改めて実感することになりました．身体の動きや，表情の変化など何らかの反応がある障害者がほとんどであることも分かりました．ただし，私たちの認識のレシーバー機能が不十分であり，あたかもテレビのチャンネルの周波数さえ合えば「砂嵐」を脱して画像が現れるのではないか？と思える事例も多くありました（山口・桑山 2000：148）．

桑山が言う「認識のレシーバー機能」をより研ぎ澄ましていく，という方法である．「言葉のない人」との共同実践による意味の創出過程についての分析は，会話分析において研究されてきた．会話分析は，身体の可視的表示を言語的実践に完全に組み込む方法を与えてきた．ジェスチャー，表情，頭の位置，これらを詳細に分析することによって，言語能力に制限がある人のコミュニケーションの可能性を示してきた．『会話と脳損傷』のなかで，チャールズ・グッドウィンは失語症および脳外傷が原因の言語障害のある人の会話の組織について着目している．失語症，そして脳損傷による神経学的な症状として見られる発話上の特徴を，会話分析の研究枠組みを用いて社会的な相互行為の文脈に置きなおす試みである．当事者が生きる社会的世界において，機能障害がどのように構築されているのかを明らかにしようとする．身体の可視的表示も手がかりとなる．ジェスチャー，表情，頭の位置などを示す．グッドウィンらの問いの出発点とみられるのは，失語症の人の言語的な能力の評価測定に対する疑問である．心理学的な評価測定においては低い能力しか持たないとされる人が，実際の相互行為の場面においては，複雑な事柄についてやりとりすることができることもある，という事実をどう理解するか，という問題である（Goodwin 2003）．こうした知見をもとに，言葉のない人と，その周囲の人たちが，いかに共同して意味を創出しているのか，という実践を分析していくアプローチが考えられるだろう．

脅威にあらがうもう一つの方法は，冒頭で述べたように，人間の尊厳や生そのものをめぐって何が争われてきたのか，政治的アクティヴィズムの観点から明らかにすることである．ローズは，生をめぐる政治過程の中であらわれる特性を現代に特有のものとして位置づけ，生物学的シティズンシップと呼んでいる（Rose 2007＝2014）．本稿で取り上げてきた家族や周辺の人たちの実践は，まさにこの文脈においてなされてきたものだと言える．何が求められ，争われてきたのか，家族会の活動や医療技術との連携も含めて，より詳細な記録の収集と分析が求められるだろう．本稿はそこへ向かう見取り図である．

**謝　辞**

本稿は令和２年度科学研究費基盤研究（C）研究課題番号 20k02251 による研究成果の一部である．

**注**

1）『毎日新聞』2013 年９月５日朝刊「生きる物語」．
2）同上．
3）同 2013 年，９月７日，朝刊．
4）全国遷延性意識障害者・家族の会，2014，『家族の歩み――遷延性意識障害者と共に生きる』「家族の歩み発刊に寄せて」全国遷延性意識障害者・家族の会．
5）『朝日新聞』1969 年６月 22 日東京朝刊．
6）『朝日新聞』1972 年１月 13 日東京朝刊．
7）第 65 回国会参議院内閣委員会第 19 号昭和 46 年５月 19 日．

8）第 71 回国会衆議院公害対策並びに環境保全特別委員会第 24 号昭和 48 年 6 月 6 日.
9）第 71 回国会衆議院社会労働委員会公聴会第 1 号昭和 48 年 6 月 18 日.
10）第 71 回国会衆議院社会労働委員会第 42 号昭和 48 年 7 月 17 日.
11）当時の厚生大臣である田中正巳が「俗に言う植物人間，これについては，この委員会でも御質疑が前にございました．いわゆる遷延性意識障害というものだろうと思います」と回答した．「遷延性意識障害」という言葉が国会で使われたのはこれがはじめてである.
12）第 94 回国会参議院公害及び交通安全対策特別委員会第 8 号昭和 56 年 5 月 27 日.
13）同上「疾病または事故により，三カ月以上種々の治療にもかかわらず，次の六つの項目を満たすと言いますか，障害を持った状態だと言われております．一つは，自力移動が不可能である．また自力摂食が不可能である．尿その他が失禁状態にある．声を出しても意味のある発言が全く不可能である．目をあけ，手を握れというような簡単な命令に辛うじて応ずることもあるが，それ以上の意思疎通が不可能である．眼球は辛うじて物を追っても，認識はできない」.
14）第 101 回国会衆議院予算委員会第四分科会第 1 号昭和 59 年 3 月 10 日.
15）同上.
16）同上.
17）第 101 国会参議院予算委員会第 9 号昭和 59 年 3 月 22 日.
18）『朝日新聞』2000 年 12 月 13 日朝刊.
19）『朝日新聞』2014 年 11 月 27 日朝刊.
20）第 164 回国会参議院決算委員会第 6 号平成 18 年 4 月 10 日.

## 文　献


朝日新聞記事データベース（縮刷版）1879 年～1999 年，朝日新聞　1985～.

Goodwin, Charles, 2003, General Perspective, *Conversation and Brain Damage*, edited by Charles Goodwin, Oxford University Press.

国会会議録検索システム　https://kokkai.ndl.go.jp/#/.

小松美彦，2012，『生権力の歴史――脳死・尊厳死・人間の尊厳をめぐって』青土社.

Rose, Nikolas, 2007, *The Politics of Life Itself*, Princeton University Press.（檜垣立哉監訳，小倉拓也・佐古仁志・山崎吾郎訳，2014，『生そのものの政治学――二十一世紀の生物医学，権力，主体性』法政大学出版局.）

山口研一郎・桑山雄次，2000，『脳死・臓器移植拒否宣言――臓器提供の美名のもとに捨てられる命』主婦の友社.

全国遷延性意識障害者・家族の会，2014，『家族の歩み――遷延性意識障害者と共に生きる』全国遷延性意識障害者・家族の会.

# abstract

## How People in Coma and Their Families Lived after the War: Narrative of postwar welfare

MUGIKURA, Yasuko
Kanto-Gakuin University

Narratives about people in coma and their families appear in a variety of contexts, including stories of family recovery, institutional inadequacy, and technological innovation in medicine. If we consider narrative as a manifestation of the social consciousness that forms the system, the legal system to support the lives of people in coma and their families is still far from sufficient.

There is a deep consciousness that people in coma disorder think that they "do not know anything" and consider approaches to themselves as meaningless. This consciousness manifests itself as a threat to their lives and dignity.

Resisting against such threats are the practice of those who are "with" the person who is in coma and the narratives. From the practices of people such as family members, nurses, and neurosurgeons and their narratives, we can see that the continuous practice of eliciting even the slightest reaction and maintaining physical health is changing the very existence of "plant humans." It can be said that the system is created from the practice, and also the new life of the person in coma. Narrative is a reflexive practice that is not only the "appearance" of the social consciousness that forms the institution, but also the "motive" that forms the institution.

Keywords：Coma, plant human, reflexivity, car accident, death with dignity

| 特集論文 |

# 仕事しよう，にあたり

立岩　真也

身体と社会を巡るアーカイブの必要性，それを構築しつつなされる研究の堆積が必要であり，急がれることを述べる．その際に留意すべきことを幾つか示す．そしてその作業は，例えば，いま国立療養所にいる人たちの生活の今後にも関わっているのだと言う．

キーワード：アーカイブ，現代史，生権力，生政治，国立療養所

※この原稿は，まず，2019 年 6 月 15 日，明治学院大学で開催された福祉社会学会の大会の自主企画セッションでの報告（立岩 2019b）の記録を使おうと作られ始めた．その報告は，わかったことの「中味」を言おうというのではなく，仕事をしようという「呼びかけ」をしているものであり，その際に基本的に押さえておくべきことを述べたものであり，今回の特集依頼に応ずるものとして意味があると思ったのだ．ただ，当初はそのまま収録し，いくらかを加えようと思ったのだが，結局，この報告の前に行なった対談の一部を加えるなど，かなり手をいれることになった．結果，2019 年 6 月〜2020 年 11 月の間で，書いている（話している）現在の時がずれているところがあるが，わかっていただけると思うから，そのままにしている箇所がある．

## 1　本×2

立岩と申します．今日何の話をしようかなっていうことでさっき考えて，麦倉（泰子）さんが話してる間にホームページを書き換えて，今作りました（立岩（2019b）→「生政治史点描——戦後・国立療養所とその周辺」で検索）．その話

たていわ しんや｜立命館大学・教授｜tae01303@nifty.ne.jp

をします．

さっき天田さんに紹介してもらったように僕は去年（2018 年）本を 2 冊書きました．1 冊は『不如意の身体』（立岩 2018a）で，もう 1 冊の，『病者障害者の戦後』（立岩 2018b）に書いたことを紹介するというのはこの「施設の戦後史」という企画の趣旨にも適っていて，一つありではあるのですが，ちゃんとやるととても長い話になるんです．なのでそれは，悪いけど本を読んでくださいということにいたしたく存じます．あとで質問あったり議論あったりしたらその時にお話しはしますけれども，中身の話は，したいけれどできないという感じです．

ただ，この本は，終わりの時に少しお話ししますけど，わりあい実践的な話に今結びついて，関連の催でごく短く紹介しています．1 つは，2018 年の 12 月 24 日クリスマスイブに京都で話をした時のもの．これは 10 分で話しました．その全文がサイトにあります（立岩 2018c）．1 つは 2019 年 6 月 1 日，西宮で 1 時間話をしました．それも，岩永さんというジャーナリスト・新聞記者が，『BuzzFeed』っていうオンラインの新聞にほぼ全文に近い形で載せてくれています（岩永 2019）．筋ジストロフィーの人たちの暮らしに関わる部分に限っては，その 10 分のバージョンと 60 分のバージョンをお読みいただけますので，それをあとで読んでねということにいたしたいと思います．

## 2　中味の代わりに

代わりに，どんな具合に仕事をしようかという話をします．まず一つ例示します．

2015 年に出た『精神病院体制の終わり』という本（立岩 2015）は，かなりの部分，病院の話，施設の話なんです．具体的には，十全会病院っていう，京都にある，一時 2000 人とかっていう人を収容した大きな病院の話なんです．その病院は，1970 年代から 80 年代にかけてマスメディアで，与党野党を問わず国会で，その他もろもろの所で，非常に強い批判を受けました．にもかかわらず，この病院は今でも現に存在し機能しています．昔のような悪辣なことはさすがに表立ってなされることはなくなった．そういう意味では改善されたんでしょうけれど．しかしそれが存続してきたというのはどういうことなのかっていう，それをどういうふうに考えるのかは本に書いてあるわけだけれども，まずそういう問いが立ちます．そして，こうしたことを考えようとするなら，一つの場所・できごとを押さえるとともに，隣にあったものを見る，全体のなかでの位置を見るってことです．言ってしまえばまったく当たり前のことなんですが．ただ次のように言うと，もう少しわかってもらえるかもしれません．

私の勤め先の院生だった人で西沢いづみさんって人が，2019 年の 3 月，博士論文が元になっている『住民とともに歩んだ医療――京都・堀川病院の実践から』（西沢 2019）っていう本を書きました．同じ京都にあった堀川病院っていう，ご存知の方いらっしゃると思いますけれども早川一光さんっていう，実は西沢さん，彼の娘，次女なんですけれども，そのお父さん達が，京都の戦後，非常にいろいろと苦労され努力されて地域医療というものを掲げて，堀川病院で実践を行なったっていう，いい話があるんです．西沢さんの本は，そういう立派なというか，実践ってものが戦後どのように行われてきたのかってことを書いた本で，なかなか頑張ったなって本なんですが，しかしですね，社会学的にはというか見なきゃいけないのは，堀川病院とそれから十全会病院が同時に京都って街に存続した，それはどういうことなのかっていう問いのほうだと僕は思っているのです．

その堀川病院に比べれば十全会病院は少なくとも一時期何十倍，百倍というような量の人たちを収容した．そのことにおいて，簡単に，簡単に言えばですけれども，求められ，そしてそのことにおいて，その地域はそれをなくすことができなかった．さんざん言われながらしかし存続した．そしてその良心的な病院であるところの堀川病院でも面倒見きれなくなったような人達が，最終的な場所としてそこで一生を終えるというような形で，実はその京都の，京都に限らないと思いますけれども，システムっていうのは作動したんだっていう．そこから例えば十全会のような，あるいは逆の試みでもあった堀川病院の試みっていうものをどういうふうに評価するのか．あるいはそのあとのことをどのように考えたらいいのか．そういう問いを考えるということが，僕は社会科学，社会学に求められている一つの仕事であろうと思うのです．そのようなことをその西沢さんの本に書かせてもらった「ここから，ときに別のものを，受けとる」（立岩 2019a）に書きました．

そうするとですね，やるべき研究調査といったものは，その現場においてそこに住む人たちのことを知る，思いを聞き取るということはもちろんだけれども，そこに作動する様々な言論・言説，力・動き，政策，そうしたものの絡まりというか力の交錯あるいは集合，あるいは反発，そうしたものを見ていくという，そういう仕事が求められてるんだろうということになります．

## 3 一つ一つを合わせる，ために一つを見る

例えば障害学っていうのやってる人って，たぶん，なんだかんだ言って，障害者好きなんだよね．なんか人間好き，みたいな人たちなんですよ．なんかゴチャゴチャした，なんかおっきい話ってそんなに得意じゃない，あんまり好きじゃないから，人間を見ることにする，みたいな，そういうスタンスの人が多いように思います．それはよいことだとは思うんですよ，なんか優しくてね．だけれども，そういうのだけで現実ができてるわけじゃないじゃないですか．

とは言っても，まずは，全然難しいことじゃないですよ．僕はこの頃，素朴に，とか，当たり前のとか，言ってるんだけれども，複数あるんだったら一つずつ見ていって，それを合わせるといったことです．例えば『病者障害者の戦後』に書いたのも，親たちが，医師たちが，政治家が，マスメディアがどういうことを言い，どういうことを訴え，どういうことをやってきて，それが回り回ってというか合わさりに合わさってどういう現実ができ，その時は熱かったけれども，やがて熱が冷めたけれども，でも現実はそのまま残ってきたんだよね，っていう，そういう類いのことを一つ一つ確認する作業というものが必要なんではないか，そのためにはそれを調べて書くことを可能にするような資料の集積，整理というものが必要であり，それを我々はぼつぼつとこれまでやってきたし，今後もやっていく所存でございます，ということなんです．

この社会に起こっていることを言うのに，生政治とか生権力といった語り方があるけれど，実際の世の中はもっと平凡にできてきたのではないかと思うんです．あるいは，生政治・生権力といったもの自体がまずはまったく凡庸なものであると[1)]．そう言った方がよいでしょうね．例えば，自分の利得のために

縄張り争いをしたり，保身に走ったりする中で，陳腐な仕組みが出来上がり，保持されている，とかね[2)].

そしてその仕事の全体を一人の人がやるべきだとは私は思っていないのです．ものごとを追っていけば，たいがいはまずまず大きな，いくらかは複雑な話になります．ただそのややこしい全体を把握するためにも，あれこれ組み合わせて全体を描くための部品がしっかり記述されていなければなりません．だから，すくなくとも「最初の仕事」に限れば，なにか気の効いたことが言えていなくても，記述がしっかりしていればそれでよい．私はそう思っています．査読論文になると，一つひとつまとめみたいなものが必要とされる．まあ仕方がないのだろうとは思いますが，まとめようとし，「理論的含意」「社会学的含意」って言うんですが，そういうものを言おうとしても，たいがい，理論とされるものの多くがたいしたことないからというところもありますが，たいしたことはない．同じ文字数であれば，むしろ記述を厚くしてほしい，と，私は思っています[3)]．この論文はここまで，そのうえで，次の論文，あるいは次の人が引き継いで次を言うみたいなのでよいと思うのです．そしてその場合には，文献参照とかについての学界の煩雑なきまりも役には立ちます．ここまでは誰それのこの論文に書いてある，さてそれを継いで私がこの論文で，というわけで，各々がどこまで言っているかはっきり示せるのです．

ないよりあった方がよいものはまずはあった方がいい，ってこのごろ僕はよく言います．僕のこんな本でもないよりあった方がいい．悲しいかな，社会学の現状は，基礎的なものごとについて，事実をきちんとおさえた基礎的な書き物を揃えられていないのです．

## 4 わりあい単純な構造のこと，であっても

そういうことの研究を今さらにやらなきゃいけないって，今さら言わなきゃいけないっていうことが，私はなにか悲しく思えるんです．社会科学，社会学っていうのがこういう当たり前の仕事をどれだけやってきたのかってことに関して，まだまだだな，ってずっと思ってきましたし，そのうちなんとかなるのかなと思ってきましたけれども，なかなかだなっていう感じは続いています．

まず一つ，そんなにややこしい構造のことではないのに，研究がないという話をします．

2冊の本の刊行記念ということで，(2019年) 3月29日，名前をご存知の方多いと思いますが，熊谷晋一郎さんと東京堂で対談をして，それが7月号の『現代思想』に載ります（立岩・熊谷 2019，当方のサイトにも掲載）．その対談のなかで脳性まひを「なおす」ことについて熊谷さんと話をしています．「『不如意の身体』の方で，二〇年以上前から「脳性まひの治療についてみなさん調べてください」と言っているのに，このかん熊谷さん以外誰も書いていないと恨みがましいことを書いています．昨年 (2018年) も，九州で，かつて脳に電流を流すといった「療法」が行われたといった話を聞きました．自分で調べたりまとめたりできないけれど，そのインタビューの記録は公開したいと思ってたりしています.」そんな小言を言ってます．

ここで言っている九州でのインタビューは2つあって，1つは福岡県の中山善人さんへのインタビュー，1つは宮崎県の永山昌人さんへのインタビューでした．私が話をうかがって，その録音記録を文字化してもらい，許可を得て，HPに掲載しています．さっき，(つまらない) 考察なんかいいからきちんと書いてくれと言いましたけど，しばしば「不適切」にきれぎれのインタビューからの断片が並べられる下手な論文を読まされるより，その「もと」を読んだ方がよいこともあります．だから記録の全部を掲載する．そしてそれは，まずは話した人のものでしょう．ですから私は，ひとまずの工夫として，文献表には中山 (i2018) とか永山 (i2018) といった具合に記すといったことをやり始めています．

この2人は1950年代の生まれで，まだまだ活躍中の人たちです．しかし，中山さんは今年 (2020年) 突然亡くなってしまいました．そのことを知ったのは尾上浩二さんへのインタビューの時，尾上さんからでした．尾上さんは私と同じ年ですが，彼からも「なおされる」話を聞きました (尾上 i2018)．これで3つです．私自身はこの主題について調べて書くだけの余裕はありません．ただ，機会があれば話を聞いてその記録を他の人たちが役に立ててほしいと思うのです．

これはそうややこしくない話です．一方に，治療・リハビリテーションを受けた人たち，そしてその家族がいる．その人たちはほぼそのことを書いてはいない．だから話を聞く．他方に，やった側の人たちがいて，その人たちには書いたものがあったりします．だからそれをまず全部集めて全部読む．両方を組み合わせて，いったい何があってきたのか，それをどう考えたらよいのかを示すことができるだろうということになります．あまりに誰もやらないので，話を聞くだけはしよう，その記録を公開することはしよう，というのが私です．ようやく，その仕事をこちらの大学院生である小井戸恵子さんが始めました．まずひとつ論文になるだろうと思います（小井戸 2021）．

## 5 さらに複雑な輻輳・断裂・停滞・等々

もうすこしややこしい話もあります．

熊谷さんとの対談の翌日，3 月 30 日，今司会をなさっている天田さんと対談をさせてもらいました．それは『週刊読書人』に掲載され，全文が読書人のウェブサイトに載っています（立岩・天田 2019→掲載終了→当方のサイト）．障害とか病っていうものに関わることを，社会学，社会科学がどういうふうにやっていったらいいのかなっていうような話をしてみたつもりです．そこで，そしてさっきの熊谷さんとの対談でも，なおす／なおらない…といった話よりはややこしい話をしています．

例えば 1990 年に僕らは『生の技法』っていう本を書きました（現在は第 3 版→安積他 2012）．そこに 1970 年に始まった「府中療育センター闘争」が日本の障害者運動の一つの画期をなすということを書きました．実際その通りだと思っています．その後，わずかの数の文献がなくはないですけれども，いったい府中療育センターっていうのは何であったのか，そこの闘争っていうものは何であったのか，1990 年から，やはり 30 年の時間が経ったにもかかわらず，やはりよくわからないままになっています．

青い本（『病者障害者の戦後』）では，この府中療育センター闘争がどういう文脈の中にあったのか，すこし書いてみました．当時の東京都政の動きであるとか，幾つかの絡まりの中で，あれはもともとは「重症心身障害児」の施設，言葉を発せられない，かつ重度の身体障害の子どもの施設のはずだったのですが，諸般あって，そこに新田勲をはじめとする，話ができてしまう，文句が言えてしまう大人の入所者もいてしまい，であるがゆえにそこで文句を言い，それがその闘争につながる，その対応に東京都当局は苦慮するといった流れがあったようです．

そしてそのことにより，その場を一つの象徴的な場として，そこを治療・活動の拠点としつつ闘争など知らないあるいは語らない人たちと，文句を言った人たちそこから出ていった人たちが分かれ，前者が「難病」の医療・看護の方に流れ，後者は障害者運動を作っていく一翼となる，両者はほぼまったく交わらない，結果，「難病」の人にとって不利益な事態が生じ，続いていくことにもなります．

私は，不遜にも言いますが，こうした話は，すぐに，誰にでもできることだとは思っていないのです．見える，書けるためにはそれなりの年季がいるのだろうと考えます．

例えばここには幾人かの人物が出てきますが，人物を捉えることは実際にはなかなか難しい．あるところまで知ることで見えてくるものと，その先を捉えた時に見えるものとが異なるのです．オセロゲームのようなところがあります．白黒がひっくり返るわけです．いやこの喩えはよくないかもですね．善人が悪人に，といった単純な話ではないわけで．

さきの早川さんが「いい人」であったというのとはまた別の「いい人」の言論ときには思想といったものをどう位置づけるかです[4]．その「いい人（たち）」の存在と思想と行動は，「難病」に関わるこの国の体制と，そしてその「難病」の人たちを巡る困難に関わっていると私は考えています．それはそれで長くなるが，やはり仕方がない．青い本にいくらかのことを書きました．

そして，そうした具体的な諸々は一切省略した構図のようなものを，分担執筆を依頼された本に収録される「難病」という文章（立岩 2021c）に書きました．長いものと短いもの，両方が必要だと思っています．私はこれからしばらくは，本は，何を書いても誰も読んでくれないし，新書のような短い安いものにしようと思います．一冊めが，意外に手間取っていますが，介助・介護についての本（立岩 2021b）になります．ただ短いものを出せるためにも，そこに書けない細かな長い話をどこかには置いておく必要があり，私はそれがHP，ウェブだと思っているのです．

そしてさきに話したことの繰り返しですが，安易に，よくよく考えるその手前でまとめるよりは，一人ひとりについて，一つひとつについて調べられるだけ調べて，その結果を示したほうがよいと思います．

調べられるだけ調べたわけではなく，そのための時間がかかったわけでもないのですが，時間はひどく経ってしまった後，ここのところ，私にも，人について書こうとして書いたものがあります．福島県でまた一時期関東で活動した白石清春という人と，新潟県出身で東京・立川で活動・運動した高橋修という人のことを書きました[5)]．ちなみにやはり 2 人の 1 人，高橋さんは，彼は 1999 年ですからもう 20 年前ですが，亡くなっています．1980 年代にインタビューできてよかったと思っています．

その人たちは，人として十分に魅力的な人たちでもあり，だから書いたのでもありますが，ただ伝記を書こうとか賛歌を歌おうということではありません．その人たちは，私から見て，道が分かれていくその分かれ目みたいなところにいた人たち，あるものとあるものが接して拮抗するその境界のようなところにいた人たちで，そしてどちらかに踏み出して進んだ，そしてそのことで，その後の道の道筋，空間の編成が変わった，そんな人たちだと思います．すると，その人のことを書くことは社会や社会の変化を記述したりすることになります．こういう位置にいる／いた人はそうたくさんいるわけではありません．だから誰のことを書いても社会学的・社会科学的なものになるとは限らないです．それでもなんでも書けばよいとは言えましょうが，平穏無事な日常をうまく書くのは難しいが対立や困難を書くのは実はそうでもないのと同様，ややこしい人のことを書く方がじつはうまくいくということもあるのです．そしてそんな人は多くの場合「おもしろい人」でもある，それにもまたもっともな事情があるわけです．

## 6 集めること保つこと，ことを知らせる

こうして，社会学，社会科学ってものが今までどれほどのことができてきたのか，あるいはむしろできてこなかったかっていうことに関して，自覚する，

というかな，そういうところから始めなきゃいけないっていうようなことを，方々で言ってみたりしてるわけです．なんだか偉そうですが，本当なんだから仕方がありません．

そういうことを調べる仕組みというかあるいは調べることが可能であるための前提というか，そういうことを最後にすこしお話しします．

坂田（勝彦）さんはハンセン病施設のことをお話になったわけですけれども，もちろんご存知の方はご存知のように，戦後何十年という年が経って，今どこの施設でも入居者は次々に高齢になって亡くなられている．最盛時の10分の1をもう切っている．残られてる方は若くて80，90だっていうような状況です．ここから素朴に，今調べとかないとそのうち何も，少なくとも話を聞く相手はいなくなるよっていう，当たり前と言えば当たり前のことがわかるわけです．

私の本ではまったく触れていないハンセン病の人たち用の国立療養所があります．我々の大学院では，愛楽園っていう沖縄の療養所でのことを調べた鈴木陽子さんが博士論文を書きました（その後書籍化→鈴木 2020）．それから田中真美というやはりもと院生が，愛生園を行き来しています．

全生園は，日本を代表するという言い方は違うんだろうと思いますけども，東京という場所にあってきた施設です．資料館もあそこにすでにありますし，どうやら政府のほうでもそこは何かしら拠点というか，残していくようだ．けれども，他のところは，全てをお取り潰しっていうことにはならないかもしれないけれども，縮小していってっていうふうになってる．それでいいのかって考えてもらうためにも，愛生園のこと，これまでの愛生園の歩みを我々の大学で展示するその準備を田中さんがやってくれています．コロナで開催が延期されて，2021年2月からの開催になります．またホームページやツイッターやなんかでお知らせします．

そうしたことは，象徴的・典型的にはハンセン病の療養施設に現われているわけですが，もちろんそこだけではありません．自明に必要なことは，1945年に戦争に負けてからでもずいぶん時間が経ってるわけで，その間のことを例えば人に聞くのであれば，もうそろそろ終わりになってしまってるっていう当たり前のことです．

では文字資料は紙でできてるんだからずっと残るのか，これもそうではないです．散失していく，人が亡くなって遺族がゴミにして捨ててしまう，古紙にして捨ててしまうこともまた多々あるわけです．そうしたものを拾って集めて収集するというようなこと，こういうことが基礎にないとですね，その上に建物は建たないというか，これも考えてみれば当たり前のことなんだけれども，それは一人ひとりの努力だけでは足りず，一定の組織的な力，端的に言えばお金，そうしたものも必要になってきます．

2019 年度まで私たちがやっていたのは科研の基盤Bの「病者障害者運動史研究」で，終わってしまうんですけれども，とりあえずこの（2019 年の）秋に出るのは，福島県における 1970 年頃からの福島県の障害者運動，当然そこには 2011 年の震災，震災にどういうふうに応じたのか，対したのかってことも含まれるわけですけれども，1 冊，『往き還り繋ぐ――障害者運動 於&発福島の 50 年』が出ます（青木他 2019）．それは福島についてのたった 1 冊の本でしかないわけです．でもそこそこの手間と力はかかった，と考えると，もっとなされるべきたくさんのことをするためにはそれの何十倍・何百倍の力ってものが必要になってくるっていう，これも当然のことです．

で，我々としてはそうしたことを，お金はないので国にお金を求めつつですね，今私は大学院の教員であるとともに，立命館大学の生存学研究センターって（2019 年）3 月まで言っていて，今度研究所っていうのになりました，何がどう違うのか自分でもわかりませんけれども，そこの所長というのをやってます．そこのひとつの大きな仕事としてアーカイビングですね，ものを集めて整理して発信するという仕事が，組織の仕事として大学に課せられた使命としてですね，あると考えています．

## 7 こくりょうを&から動かす

そういう地味と言えば地味な仕事をせいぜいしながら，最初の話に戻りますけれども，やっぱり今やっとかないとっていうこともいっぱいあります．

国立療養所，旧国立療養所ですね，に，かなり多くの筋ジストロフィーの人たちが 30 年，40 年という長さで収容されて暮らしている，ということが実はあります．昔は 20 歳前で亡くなる方多かったですけれども，今は 40，50

という方たくさんおられます．ですけれどもその40，50，の人が6歳，7歳から30何年，40年暮らしてきて，今もそこから出られない，その間に40，50になるという，今そういう時期なんです．

その人たちが病院から出て暮らせるように，あるいはその病院での暮らし向きがなんぼかでもましになるように，という動きがここのところ，なぜここ2，3年なのかっていう事情も理由もあるんですけれども，私の近辺で始まっています．兵庫県，それから京都，そうしたあたりで始まって全国に広がっている動きがあるのです．そうした情報をまとめたページを作っています．「こくりょうを&から動かす」っていうので，生存学研究所には2つのサイトがありますけれども，そのうちの一つ（http://www.arsvi.com/）の表紙から行けるようにしてあります．ご覧ください．

2017年の10月に，金沢の医王病院っていう病院から，初めて，死んで退院するっていうのを業界では「死亡退院」って言いますね，その死亡退院ではない形で退院して金沢市内のアパートに移った古込さんっていう方がいらっしゃいました．40代，37年かな，施設に暮らした人です．その人のいわゆる地域移行ということに少し関わったんですけれども，その方がこの（2019年）3月に亡くなられた．青い本の何か所かにもその人出てきていて，「序」にまとめています．そういうふうにことは動いているのでもあります．

ですから一方で時間を取って長く見てゆっくり後ろに下がって調べていくってことと同時に，今やっとかないと人は死んでしまう，誰もいなくなってしまうっていうリアルもある．その両方に足をかけてというか，往復してというか，考えていったり調べていったり，あるいは運動家たち，民間で活動している本人たちと一緒に動いていくってこともまた求められているし，そしてそういうことをやってく中で我々はその歴史というものを改めて振り返る，地味に記述する，あるいはその因果について考える，そういった作業の必要性っていうものもまたリアルにわかるだろうし，その中でそういう仕事を続けていける，そういうことにもなるんだろうと思っています．その前の何十年がなんだったのか，それを記す．それを知らないと活動・運動ができないなんていうことはないです．しかし，すべての人にではなくても，知ってもらいたい．今に至る事情がわかるとともに，そのようであるしかなかったわけではなかったこと，変えてしまえばよいこと，それもわかります．

そして，この今起こっていることも，その毎日が歴史としてすでに堆積していっているのです．それを，時間が経ってしまって散逸がどうだとか言う前に，その都度その都度記録していくこと，これは，今なら，より容易です．現在をアーカイブするということです．だからそれもやろうということです．

とりあえず以上です．どうもありがとうございました．

## 8 科研費応募「生を辿り道を探る――身体×社会アーカイブの構築」

2019年に福祉社会学会の大会で話した話を編集し加えた話は以上だ．その私は，勤め先にある「生存学研究所」に関わっていて，大きな研究費に応募することはほぼ「おきて」になっているということもあり，2019年11月，科研費の基盤Aに応募したが2020年度は採択されなかった．その時の書類を掲載している（立岩 2019d）．悔しいから大口を叩くが，これがなぜ落ちるのか理解できなかったし，今もできない．それで書類の改善の仕方も思いつかなかったのだが，人の手も借りて2020年11月にまた応募した（立岩 2020c）．やはりその全体をHPに掲載しているのでご覧いただきたい――上記の研究題名で検索，あるいはHP表紙→「蔵　身体×社会アーカイブ」http://www.arsvi.com/a/arc.htm，本稿・その文献表上の文章にもこの頁からリンクされている．

冒頭は次のようになっている．正確には，なっていた――以下は2019年版．真面目に，書いた通りに，思っている．

> 人は有限の身体・生命に区切られ，他者と隔てられる．そこに連帯や支配，排斥や支援も生じる．人々は，とくにその身体，病・障害と呼ばれるもの，性的差異，…に関わり，とくにこの国の約100年，何を与えられ，何から遠ざけられたか．何を求めたか．この時代を生きてきた人たちの生・身体に関わる記録を集め，整理し，接近可能にする．そこからこの時代・社会に何があったのか，この私たちの時代・社会は何であったのかを総覧・総括し，この先，何を避けて何をどう求めていったらよいかを探る．

既にあるものも散逸しつつある．そして生きている間にしか人には聞けない．であるのに，研究者が各々集め記録したその一部を論文や著書にするだけではまったく間に合わないし，もったいない．文章・文書，画像，写真，録音データ等，「もと」を集め，残し，公開する．その仕組みを作る．各種数値の変遷などの量的データについても同様である．それは解釈の妥当性を他の人たちが確かめるため，別の解釈の可能性を開くためにも有効である．

だから本研究は，研究を可能にするための研究でもある．残されている時間を考慮するから基盤形成に重点を置く．そして継続性が決定的に重要である．仕組みを確立し一定のまとまりを作るのに10年はかかると考えるが，本研究はその前半の5年間行われる．私たちはそれを可能にする恒常的な場所・組織・人を有している．著作権等を尊重しつつ公開を進めていける仕組みを見出す．本研究では生命・生存から発し，各地にある企てと分業・連携し，この国での調査データ全般のアーカイブの拠点形成に繋げ，その試みを近隣諸地域に伝える．

このように宣した後，具体的な構図・構想を示している．

Ⅰ「研究の視座・軸」．A「不如意な身体との生」，B「身体関与の技術・装置」，C「社会の見立てとその変位」，D「社会の仕組みとその変容.」

Ⅱ　収集・整理・公開　この部分は，一部を略し，引用する．

0［制度的・倫理的な問題についての検討・方針の決定］［…］

1［調査・収集・整理の体制］　とくに2019年度までの基盤B研究「病者障害者運動史研究」で録音記録の文字化から公開の体制が整ってきた．そして，調査に赴き記録するのは，代表者・分担研究者だけでない．強い関心のある大学院生・PDが多くいる（→7頁）．その人たちに調査研究に加わってもらう．私たちはこれまでの経験や人間関係を生かし，助言する．それは学生たちにとっては，資料を集めることの意味を知り，調査の実践的な方法を学び，業績につなげる機会である．また，研究者だけでなく，例えば同じ病を生きる本人たちが自らの先輩や同輩に尋ね記録することを支援し，その記録を整理し資料とすることも行う．

2［発信の体制］ これまで24年間整備してきたウェブサイト（http://www.arsvi.com/――「生存学」で検索）があり，そこへの論考・資料・情報の収録，その整理を進めてきた．年あたりヒット数はこの3年の間にも約1000万ヒット増加し，年間3000万に達しようとしている．多くの主題・出来事・人等について，このサイトがなければまったく知ることのできないものになっている．作成・更新の人的・技術的体制もようやく整ってきた．この申請本書類自体も掲載し（「生を辿り途を探す」等で検索），文献・人・事項等，多数の関連頁（HPのページ）にそこからリンクさせてあるから，詳細はそこからご覧いただきたい．

3［貸与・提供の体制］ 可能なものはディジタル化し整理しつつも，「現物」の集積の場も少なくとも一箇所は必要だ．人文社会系の研究機関が物理的な空間を有する大きな機能はそこにある．約200平米の面積のある計2室の書庫がある．手狭になりつつあるが，今しばらく維持可能だ．これまでも資料閲覧・複写・貸借に応じてきた．その機能をより強化する．

4［連繫の体制］ アーカイブは，拠点が全国にいくつもあることでようやく全体のいくらかを覆える．美馬達哉が発案し全国の多数のアーカイブの関係者11名が報告した2018年末のシンポジウム（その記録は『立命館生存学研究』3に収録）が連携の端緒となった．そこに関係者を招いた立教大学の「共生社会研究センター」がある．また，法政大学には大原社会問題研究所に「環境アーカイブズ」，神戸大学附属図書館には「ディジタルアーカイブ震災文庫」がある．例えば薬害スモンについての資料が法政のアーカイブにあるなど，当然，収集活動に重なるところがある．だからこそ，情報の共有・分業が大切になっていく．また著作権等の問題にどう対応するかについても，検討経過・結果を伝え参考にしてもらう．

5［アーカイブの構築］ 例えば米国のUCBは反戦運動他の拠点であったこともあり，社会運動のアーカイブがたいへん充実していて，他国からも研究者が訪れる．大学院の講義にも招聘したUCBの人類学者カレン中村らを通じて連携する．調査データのアーカイブの（バーチャルな）先例として青山薫が「UK質的データアーカイブの設立経緯とその後」（『立命館生存学研究』3）で紹介している英国の「UKデータアーカイブ」，その一部をなす「クオリデータ」（創設者はエセックス大学社会学者のポール・トンプソン）がある．取り入れるべきを取り入れ，日本における（とくに質的）調査アーカイブの先鞭をつける．

Ⅲ「何を集め収め知らせるか」．①「声と姿」，②「ものとそのディジタル化」，③「ウェブサイトにおける情報収集・公開」，④「困難な収集にも取り組み散逸を防ぐ，推移を把握する」，⑤「展示」，⑥「本・論文」，⑦「近隣に伝え，協働する」．①「声と姿」だけ全文を記す．

とくに力をいれるのは，前世紀から生きてきた人たちの経験・行動の記録を集めることだ．1930年生の人は90歳を，40年生の人は80歳を超えた．既に多くの記憶が失われ，ここで力をいれないと，さらに失うものは大きい．語りが大切だとは誰もが言い，書籍や論文も増えてはいる．しかし研究者が個々に聞き取りをし，それを自らの手許だけに置き，そのごく一部を使うというのではもったいないし効率的でない．むしろその「もと」が集められ保存され公開できるものは公開されるべきである．2017～2019年度の基盤B研究「病者障害者運動史研究」の関係で350ほどの録音記録がある．現在，手を加え，許可を得ながら，文字化された記録のウェブ公開を進めている．申請時の掲載分が約160．その調査で話を聞いたのは50年代生まれの人たちが多かったが，同時期の証言の数が増えていくと，厚みが増し，人やできごとのつながりが見えてきて，時空が現われてくる思いのすることがあった．

その記録はその人自身のものだ．インタビュー記録を話し手の著作物として，承諾を得たうえで，本人が望むかたちで，公開する．それを各々が受け取り，読み解く．政治学などでは著名な政治家についていくらかそうした仕事がなされている．しかしもちろんそうした人たちに限定する必要はない．本研究はその体制を作るとともに，その内実を作っていく．動画・音声・文字記録をウェブ上の一つの画面から得られるＮＨＫの「戦後史証言プロジェクト」のような試みはより手間がかかるが，そうした企画も，協力が得られる範囲で行う．

## 注

1)『病者障害者の戦後』のあとがきより.「私は，生政治というものは，こういうふうに，つまり本書に記したように，凡庸に作動するものだと考えている．その凡庸な動きをひとつずつ，一度ずつは記述せねばならないと思って，結局ずいぶん長くなった本書を書いた.」(立岩 2018b：474)

2) それだけが存在し，それだけで説明できると言っているのではない．全体の概略をごく簡単に記した最近の文章として「とくだんかわったことはなにも」(立岩 2021a).

3) 私の勤め先の人たち（主に大学院生）の仕事を紹介し，そこにどんな脈絡をつけることができるかを示した『生存学の企て』の「補章」に以下.

「無理に丸く収める方が難しいと思うのだが，そんな癖をどこかで身につけてしまっている人がいる．というより，それは人の性質の問題というより，むしろある種の業界・学界の問題だ．何十年もあるいはもっと長くどうにもなっていないことについて，16000 字や 20000 字でなにか「展望」を示せると思うことの方が倒錯しているし，実際にそんなふうに書いてあるものの多くは，空疎である．まずは「ことに即する」ことだ．それでも，一つや二つ，なにかまとめ風に言えることはあるはずだ．そうやって雑誌論文の数を増やしながら［…］一つについての全体を書いてみようということだ.」(立岩 2016：218)

4)「『病者障害者の戦後』を書いたきっかけの一つには，結核やハンセン病者たちの収容施設として戦後つくられ，その後筋ジストロフィーと重度心身障害の子どもたちを収容した国立療養所の所長たちがつくった『国立療養所史』という本を入手して読んだということがあります．この本のなかで所長たちは自分たちがやってきたことを自画自賛している．こうした彼らの自己肯定もまたある種の閉塞をつくってきたのだろうと思います.

熊谷さんにも注目していただきましたが，東大医学部にいた人達の歴史は，大概の方がすでにお亡くなりになっていることもあって，忘れ去られようとしています．しかしきちんと覚えておいたほうがよいことも少なからずある．例えば，白木博次という神経病理学者がいます．彼は東大闘争のときに医学部長の職を追われましたが，その後も水俣病訴訟で患者側の証言人として法廷で証言したりして，「社会派」の医者として尊敬もされていました．だけれども，それだけなのか．僕は，東大闘争がほぼ終わっていた，しかしすべて消え去ってはいないといったその大学にいた人間ですが，当時関わった人たちが白木のことをよくは言わなかったというかすかな記憶がありました．この記憶を辿って調べてみると，彼が果たした役割がわかってきたわけです．そしてそれは，『造反有理』(立岩 2013）で取り上げた秋元波留夫や臺（うてな）弘もそうですが，じつはあいつは悪いやつだというだけのことではない，もう少し微妙なのですがそこが大切なところだと思ったのです.」(立岩・天田 2019)

5) 白石について『往き還り繋ぐ——障害者運動 於＆発 福島の 50 年』(青木他 2019）に収録された「分かれた道を引き返し進む」(立岩 2019c）に，高橋について『弱くある自由へ』の第 2 版（増補新版）(立岩 2020a）に新たに収録した「高橋修　一九四八〜一九九九」(立岩 2020b).

## 文　献

天田城介・樫田美雄編，2021，『社会学――医療・看護・介護・リハビリテーションを学ぶ人たちへ』（仮題），ミネルヴァ書房．
青木千帆子・瀬山紀子・立岩真也・田中恵美子・土屋葉，2019，『往き還り繋ぐ――障害者運動 於＆発 福島の 50 年』生活書院．
安積純子・尾中文哉・岡原正幸・立岩真也，2012，『生の技法――家と施設を出て暮らす障害者の社会学　第 3 版』生活書院．
早川一光・立岩真也・西沢いづみ，2015，『わらじ医者の来た道――民主的医療現代史』青土社．
岩永直子，2019，「筋ジストロフィーの人が 50 年以上病院で暮らしてきた理由」，『BuzzFeed News』2019-6-8．
小井戸恵子，2021，「なおす対象とされた障害――1960 年代に行われた脳性麻痺の治療とその体験に着目して」『Core Ethics』17．
永山昌彦，i2018，インタビュー　2018/09/28　聞き手：立岩真也　於：宮崎市・障害者自立応援センター YAH！DO みやざき事務所．
中山善人，i2018，インタビュー　2019/08/25　聞き手：立岩真也　於：福岡県久留米市・久留米市役所内．
西沢いづみ，2019，『住民とともに歩んだ医療――京都・堀川病院の実践から』生活書院．
尾上浩二，i2020，インタビュー　2020/08/07　聞き手：立岩真也　於：（NPO）ちゅうぶ．
立命館大学生存学研究センター編，2016，『生存学の企て――障老病異と共に暮らす世界へ』生活書院．
鈴木陽子，2020，『「病者」になることとやめること――米軍統治下沖縄のハンセン病療養所を巡る人々』ナカニシヤ出版．
立岩真也，2013，『造反有理――精神医療現代史へ』青土社．
――――，2015，『精神病院体制の終わり――認知症の時代に』青土社．
――――，2016，「補章」，立命館大学生存学研究センター編（2016：180–230）．
――――，2018a，『不如意の身体――病障害とある社会』青土社．
――――，2018b，『病者障害者の戦後――生政治史点描』青土社．
――――，2018c，「長い停滞を脱する」，第 33 回国際障害者年連続シンポジウム・筋ジス病棟と地域生活の今とこれから，於：京都テルサ．
――――，2019a，「ここから，ときに別のものを，受けとる」，西沢（2019）．
――――，2019b，「生政治史点描――戦後・国立療養所とその周辺」福祉社会学会第 17 回大会自主企画セッション「施設の戦後史」．
――――，2019c，「分かれた道を引き返し進む」青木他（2019：255–322）．
――――，2019d，「生を辿り道を探る――身体×社会アーカイブの構築」科学研究費基盤 A 申請書．
――――，2020a，『弱くある自由へ――自己決定・介護・生死の技術　増補新版』青土社．
――――，2020b，「高橋修　一九四八～一九九九」立岩（2020a：381–471）．

――――, 2020c,「生を辿り道を探る――身体×社会アーカイブの構築」科学研究費基盤A申請書.
――――, 2021a,「とくだんかわったことはなにも」,「うたかたと瓦礫（デブリ）：平成の美術　1989-2019」展覧会カタログ.
――――, 2021b,『介助の仕事――街で暮らす／を支える』ちくま新書, 筑摩書房.
――――, 2021c,「難病」, 天田・樫田編（2021）.
立岩真也・天田城介, 2019,「病・障害から社会を描く――『不如意の身体』『病者障害者の戦後』青土社）刊行を機に」（対談）,『週刊読書人』3285：1-2.
立岩真也・熊谷晋一郎, 2019,「「痛いのは困る」から問う障害と社会」（対談）,『現代思想』47-9（2019-7）：221-229.

## abstract

### Archive Contemporary History of Body/Society

TATEIWA, Shinya
Ritsumeikan University
Graduate School of Core Ethics and Frontier Sciences, Ritsumeikan University

I state the urgency of the need for an archive concerning the body and society, and the accumulation of research conducted in the course of creating such an archive. I illustrate several points that should be kept in mind in this undertaking. I assert that this work should also concern itself, for example, with the lives of people in national sanatoria in Japan going forward.

Keywords : archive, contemporary history, bio-power, bio-politics, national sanatoria in Japan

# 自由論文

|自由論文|

# 精神障害者の社会運動による 1987 年の精神衛生法改正への主張

桐原　尚之

従来，1987 年の精神衛生法改正は，宇都宮病院事件を契機に日本の精神医療が国際的な非難の的となり，人権に配慮した法改正がおこなわれたものと説明されてきた．こうした歴史に批判的な先行研究では，1987 年の精神衛生法改正が宇都宮病院の被害者らにとって意図しない帰結であったことと，もっぱら家族，医師，法律家を代表する利益集団の影響を受けた改正であったものと指摘されている．しかし，当事者である精神障害者がいかなる主張をしたのかまでは明らかにされていない．そのため，当事者不在の歴史が繰り返し引用されている現状がある．本稿は，1987 年の精神衛生法改正に対して精神障害者がいかなる主張をしたのかを明らかにすることを目的とする．方法は，精神障害者による社会運動の史料を用いた主張の記述と，それらの分析である．その結果，精神障害者の社会運動は，精神衛生法自体が治安的性格を有した強制入院の根拠法であり，対案はあり得ないため改正ではなく撤廃すべきという立場をとっていたことが明らかになった．こうした主張は，強制入院による排除を通じて精神障害者を危険とみなす人々の差別意識の助長こそを問題にしたものであり，精神衛生法撤廃の主張と保安処分反対の主張に共通した精神障害者の社会運動に特有の主張であった．これらの記述を通じて精神衛生法改正をめぐる当事者不在の歴史が不可視にしてきた精神障害者の主張を明らかにすることができた．

キーワード：宇都宮病院事件，1987 年精神衛生法改正，精神障害者の社会運動，保安処分，障害学

## 1　背景と目的

1987 年の精神衛生法改正は，精神医療史において地域精神保健への転換点という特別な意味を持たされてきた．従来，精神保健領域における 1987 年の

きりはら なおゆき｜立命館大学大学院先端総合学術研究科・初任研究員｜scp_kirihara@yahoo.co.jp

精神衛生法改正の歴史記述は，宇都宮病院事件[1)]を契機として日本の精神医療が国際的な非難を受け，1987年に精神衛生法が改正され人権に配慮したものになったとするものが大部分を占めてきた．例えば，精神衛生行政史の基本資料である『精神保健福祉行政のあゆみ』によると「宇都宮病院事件（中略）を契機に精神衛生法改正を求める声が国内外から強く示されるに至り，（中略）精神障害者の人権に配慮した適正な医療及び保護の確保と精神障害者の社会復帰の促進を図る観点から，精神衛生法が改正されることとなった」と説明されている（精神保健福祉行政のあゆみ編集委員会編 2000：13）．また，昭和61年（1986年）版『厚生白書』には，「厚生省では，現在，精神衛生法の見直し作業を行っているところであるが，その主要検討項目として，宇都宮病院等の事件を契機に社会問題化した同意入院制度を中心とする種々の精神障害者の人権上の問題の改善と並んで，精神障害者の社会復帰の促進を大きな柱として取り組んでいる」と記されている（厚生省編 1987：56）．法改正をおこなった年である昭和62年（1987年）版『厚生白書』には，「昭和59年〔1984年〕3月に報道されたいわゆる宇都宮病院事件をきっかけに精神障害者の人権擁護に係る問題提起が国内外において行なわれるとともに，58年〔1983年〕度精神衛生実態調査結果において，精神病院入院患者のうち条件が整えば約3割の者が退院の可能性があることが明らかになるなど，精神障害者が地域社会の中で生活できる体制を整備し，その社会復帰促進を図ることが急務であるとの声が現場の保健・医療・福祉関係者，家族等を中心に示されるに至っていた」と記されている（厚生省編 1988：73 〔〕カッコ内は筆者）．さらに改正法の施行後である平成元年（1989年）版の『厚生白書』には，「精神障害者に対する人権擁護に配慮しつつ，適正な医療及び保護を確保するため，精神衛生法が精神保健法に改正され，昭和63年〔1988年〕7月1日から施行されている」と記されている（厚生省編 1990：87 〔〕カッコ内は筆者）．

社会福祉学における精神保健領域の文献でも，行政資料に準拠した歴史記述が大部分を占めている。例えば，谷中輝雄によると「1984年に栃木県の報徳会宇都宮病院で起こった事件（宇都宮病院事件）を契機として，1987年に精神衛生法が改正され精神保健法が誕生し，精神障害者の人権擁護と社会復帰の促進が掲げられた」と説明されている（谷中 2007：81）．また，高橋一によると

「いわゆる宇都宮病院事件である．この事件は国内のみならず広く海外でも報道され，国際的批判が高まった．こうして国連人権小委員会や国際法律家委員会から視察団が来日するに至り，これを受けるかたちで 1987（昭和 62）年，精神衛生法は精神保健法に改められ，精神障害者の社会復帰施設の法定化，任意入院制度，精神医療審査会など人権に配慮した法改正が実施された」と説明されている（高橋 1998：83）．

こうした歴史認識に対して桐原尚之（2015）は，宇都宮病院被害者とその支援者らの取り組みの歴史記述を通じて，宇都宮病院被害者とその支援者らにとって精神衛生法改正は意図しない帰結であったと指摘している．この従来の歴史に批判的な先行研究によって宇都宮病院被害者とその支援者らの社会運動からは，宇都宮病院事件と精神衛生法改正を結び付ける根拠が存在しないことが明らかにされた．では，1987 年の精神衛生法改正は，宇都宮病院被害者とその支援者らの意図しない帰結であるならば，いったい誰の行為の帰結だったのか．これについて桐原（2016）は，社会復帰施設の導入を提言した全国精神障害者家族会連合会（2006 年解散），適正手続と審査会制度の導入を提言した日本弁護士連合会，診療報酬増と規制緩和を提言した日本精神病院協会（現在の公益社団法人日本精神科病院協会）の動きと政府内における医療費削減の要請，精神障害者に対する社会防衛の要請，それをささえる政治的力学との合流によって成立したものだと指摘している．このことから宇都宮病院事件から精神衛生法改正を帰結するまでの一連の政策は，宇都宮病院事件被害者をはじめとする精神障害者の動きとは無関係なところで進められてきたことが明らかになった．ならば，精神障害者は，精神衛生法改正に対していかなる主張を展開したのだろうか．

上野千鶴子と中西正司（2003）は，当事者をニーズの当事者と定義している．精神衛生法に規定された入退院手続きに基づき入退院する当事者は，精神障害者だけである．その意味で精神衛生法の当事者は，精神障害者を除いてほかにいない．しかし，筆者が知る限り精神障害者の主張を明らかにする研究はほとんどされていない．まさに，1987 年の精神衛生法改正に対して精神障害者がなにを主張したのかが不明にされたまま，当事者不在の歴史が繰り返し引用されているのが現状である．本稿は，従来の当事者不在の歴史に対して批判的な観点から，1987年の精神衛生法改正に対して精神障害者がいかなる主張をしたのかを明らかにすることを目的とする．

## 2 方　法

本稿の分析対象は，精神障害者の主張に係る言説である．とはいえ全ての精神障害者の発言を拾い集めて分析することなどできようはずもなく，分析するにあたっては，当事者である精神障害者の範囲を合理的に限定していく必要がある．そこで本稿では，精神障害者による社会運動が発した主張を精神障害者の主張を代表する言説として分析対象にする．精神障害者による社会運動は，精神障害者というアイデンティティに基づく集団の利益を代表しておこなう政治闘争という性格を有しており，精神障害者として発せられたものという点で分析対象として適格である．

具体的には，当時唯一の精神障害者団体の全国組織であった「全国『精神病』者集団」と，当該団体が中核となって精神衛生法改正問題に取り組んだ「精神衛生法撤廃全国連絡会議」の2団体を対象とする．全国「精神病」者集団は，1974年5月21日に結成された精神障害者個人及び団体で構成される全国組織である．宇都宮病院事件の被害者らを会員として抱え，抗議行動に取り組んでいた．なお，1993年に全国精神障害者団体連合会が結成するまでは，全国「精神病」者集団が日本で唯一の精神障害者団体の全国組織であった．精神衛生法撤廃全国連絡会議は，全国「精神病」者集団が中核となって精神衛生法に特化した主張をするために結成された運動団体である．準備会を経て1986年に正式に結成された．精神衛生法撤廃全国連絡会議には，精神障害者ではない成員も所属していたが，実質は全国「精神病」者集団で活動する精神障害者が意思決定の過半数を占めていたことから精神障害者の社会運動に位置付ける．1990年代中旬から事実上の活動休止状態となっている．

これら精神障害者の社会運動が発表した一次史料を使って主張の言説を分析する．具体的には，第3章で精神衛生法改正に対する主張の記述と分析をするため，精神衛生法改正が正式に決まった1985年から精神衛生法改正法案が審議された1987年までの期間に出された精神衛生法改正にかかわる声明，意見書，集会資料，会報を用いる．第4章以降では主張の核心部分である保安処分との関係を確認していくため，全国「精神病」者集団が結成した1974年から1987年までに出された刑法改正にかかわる声明，意見書，会報を用いる．本稿では，保安処分という言葉が頻繁に登場するが，保安処分とは将来犯罪行為をする危険性がある特定の対象者に対して，刑罰とは別に処分を補充する若しくは犯罪原因を取り除く治療を内容とした処分を与える刑事政策のことである．

## 3 精神衛生法改正に対する精神障害者の社会運動の主張

### 3.1 精神衛生法改正に向けた検討に対する態度

1984年3月，栃木県宇都宮市にある精神科病院，医療法人報徳会宇都宮病院において職員が患者2名をリンチにかけ死亡させた事件が新聞報道された．後に病院職員による患者への暴行，無資格者の医療行為や不必要な入院等のさまざまな不祥事が明らかにされた．宇都宮病院事件の報道を受けて世界の法律家で構成される国際法律家委員会は，1984年5月，首相宛に日本政府が精神障害者の治療及びこれに関連する法規を検討するために，独立した委員会の設置を考慮するよう望む書簡を送った．しかし，日本政府からの返答がなかったため，国際法律家委員会は国際保健専門職委員会と協力して，1984年9月に日本に調査団を派遣した（国際法律家委員会 1996）．調査団は，日本政府や日本国内の団体を対象とした聴き取りをおこない「結論と勧告」をまとめた．1985年7月31日，調査団の「結論と勧告」は，精神保健に関する国際原則の策定に向けた議論をしていた国連差別防止・少数者保護小委員会において公表された．その影響で，厚生省の小林秀資精神保健課長は，国連差別防止・少数者保護小委員会（第38回会議・ジュネーブ）において「患者の人権擁護のために精神衛生法を改正する」と精神衛生法の改正を約束する発言をした（国際法律家委員会 1996: 17）．

ここまでの歴史について，厚生省保健医療局精神保健課の『我が国の精神保健（精神保健ハンドブック）』では，「精神衛生法についても諸状況の変化に十分対応すべく，特に入院患者をはじめとする精神障害者の人権擁護と適正な精神科医療の確保という観点から見直しを行うべきであるとの機運が生ずるに至った」と法改正の機運が複数あったことが示されている（厚生省保健医療局精神保健課 1987: 11）．具体的には，「昭和58年〔1983年〕度に行った精神衛生実態調査の結果から精神病院入院患者の約3割が『条件が整えば退院できる』ということが明らかになるなど精神障害者の社会復帰の促進を図るための施策の一層の充実が強く求められ，従来からの精神障害者福祉法制の整備を求める声とも相まって，精神障害者に対する福祉的施策の法的な整備が求められるに至った」（厚生省保健医療局精神保健課 1987: 11 〔〕カッコ内は引用者）ことと，「宇都宮病院事件などの精神病院の不祥事件を契機に精神衛生法改正を求める声が国内外から強く示されるに至り，（中略）精神障害者の人権に十分に配慮して適正な医療及び保護を図るとともに，その社会復帰の促進を図る観点から精神衛生法改正に着手することを明らかにし（昭和60〔1985年〕年8月），検討が進められることとなった」（厚生省保健医療局精神保健課 1987: 11 〔〕カッコ内は引用者）ことの2点が挙げられている．

1985年の段階では，改正に向けた検討の開始が決まっただけで，法案の中身については，まだ決められていなかった．全国「精神病」者集団は，法案の中身が決まる前の1985年11月21日に「精神衛生法＝改悪＝に反対する！」と題する声明を発表した．当該声明では，精神衛生法自体が自傷他害のおそれを理由とした強制入院を定めた治安法的な性格を有しており，対案はあり得ないため精神衛生法の改正ではなく撤廃へと向かわなくてはならないとする立場が打ち出された（全国「精神病」者集団 1985）．このような立場を打ち出したのは，精神衛生法自体が治安法的な性格を有しており，精神衛生法の改正や対案が示されようとも，精神衛生法自体に内在した治安法的な性格からの脱却には至らないと考えていたためであろう．

その後，全国「精神病」者集団は，精神衛生法改正に反対するための本格的な運動を作るために赤堀中央闘争委員会，救援連絡会議，救援連絡センター，監獄法を許さない全国連絡会議の四者に働きかけをおこなった．そして，1986年2月22日には，全国「精神病」者集団を中核に，赤堀中央闘争委員会，救援連絡会議，救援連絡センター，監獄法を許さない全国連絡会議の五者主催による「2・22精神衛生法を考えるシンポ」が開催された．この会合において参加者らは，精神衛生法はいかなる対案も認められないため改正ではなく撤廃しかありえないとする主張を確認した（精神衛生法撤廃全国連絡会議準備会 1986a）．そして，同五者が中心となって精神衛生法撤廃全国連絡会議準備会が立ち上げられ，同準備会の名義で 1986 年 5 月 18 日に「精神衛生法撤廃にむけて」とする声明が出された．声明には，精神衛生法に対案はあり得ないため精神衛生法は撤廃しかありえないとする主張が明確に示された（精神衛生法撤廃全国連絡会議準備会 1986b）．

以上の記述から，精神障害者の社会運動は，法案の中身が決まる前から精神衛生法改正に反対する声明を出して，改正に向けた検討に対しても精神衛生法にはいかなる対案もあり得ないとして反対し，明確に撤廃という立場を打ち出していたことが明らかになった．

### 3.2　精神衛生法改正の法案に対する態度

それでは，精神障害者の社会運動は精神衛生法改正法案や同法案の中身に対してどのような主張をしたのだろうか．

前節で参照した「2・22 精神衛生法を考えるシンポ」では，精神衛生法撤廃の主張に加えて刑法改正保安処分反対の中心は精神衛生法改正を阻止することである，とする主張もあわせて確認された．この主張の論拠は，大きく分けて 2 つである．1 つは，刑法を改正せずともすでに精神衛生法自体が保安処分そのものとして機能しているとするものである．例えば，精神衛生法撤廃全国連絡会議準備会による 1986 年 5 月 18 日付け「精神衛生法撤廃にむけて」において精神衛生法は，精神障害者を犯罪素因者と決めつけ強制医療というかたちで予防拘禁を加えて社会から排外するものであり，その意味では保安処分と同じで保安処分の先取りとして機能してきたものと説明されている（精神衛生法撤廃全国連絡会議準備会 1986b）．もう 1 つは，保安処分新設を含む刑法改正に向けた国の政策全体の中で，今回の精神衛生法改正が刑法改正保安処分新設と対をなした精神医療の治安的再編であるとするものである．例えば，全国「精神病」者集団による，1985 年 11 月 21 日付け「精神衛生法＝改悪＝に反対する！」においては，「『人権の保護』を名目に恐るべき同意入院制の治安化が進み，保安処分と対をなした精神医療の治安的再編が押し進められるだろう」と記されている（全国「精神病」者集団 1985：1）．また，「2・22精神衛生法を考えるシンポ」では，厚生省，法務省，自由民主党が宇都宮病院事件以降の国際的な批判さえも精神医療の治安的再編の契機として使おうとしていると見なければならないとも記されている（精神衛生法撤廃全国連絡会議準備会 1986b）．

実際に自由民主党刑法改正に関する調査会は，1985年11月21日に「刑法全面改正に関する中間報告（案）」を公表し，保安処分の新設を最も重要な改正点のひとつとして挙げ，精神衛生法改正との関係についても言及している．その部分を次に引用する．

> 現在の刑法全面改正作業において最も重要な意義を有する改正点は，精神の障害による犯罪の実情等を考慮すると，保安処分制度の新設であり，その他種々の改正点はあるが，同制度を除いた刑法全面改正は，その意義を大きく減殺することとなるものと考える．（中略）保安処分制度については，前記のような状況にあることに加え，精神衛生の分野においても入院手続等の整備を図る法改正の動きもあることにかんがみると，今後さらに厚生省等関係省庁との間で，所要の意見調整を行い，精神衛生法改正の動向も見守りながら，同制度の新設を図ることが適当であろう．（自由民主党刑法改正に関する調査会 1985：1）

こうした自由民主党の文書に対して精神衛生法撤廃全国連絡会議は，精神衛生法改正の動向を踏まえつつ保安処分新設が目指されているとして反対の根拠にとりあげた．このことから精神障害者の社会運動は，保安処分に反対する運動の一環という位置づけで精神衛生法改正に反対，阻止を掲げていたことがわかる．

厚生省が精神衛生法改正に向けて本格的な検討を開始したのは，1986年4月である．同省は日本医師会，日本精神神経学会，日本精神病院協会，全国精神障害者家族会連合会，日本弁護士連合会をはじめとする24の団体に対して「精神衛生法改正に関する意見について」とする文書を出し，精神衛生法改正にかかわる意見を求めた．そして，団体関係者及び学識経験者11名からなる「精神保健の基本問題に関する懇談会」を設置して24団体の意見を集約し，論点整理をおこなった．なお，桐原（2016）で詳述されている全国精神障害者家族会連合会や日本弁護士連合会，日本精神病院協会についても，このときに厚生省に意見を求められて意見書を提出している．全国精神障害者家族会連合会の主張は，社会復帰施設の整備を重点としたものであり，日本弁護士連合会は，適正手続の導入や入退院審査の整備を重点としたものであった．

こうした意見は，「精神保健の基本問題に関する懇談会」において検討が重ねられ「精神衛生法改正の基本的な方向について（中間メモ）」にまとめられた．「精神衛生法改正の基本的な方向について（中間メモ）」では，当面改正すべき事項に従って法改正がおこなわれることとされ，入院形態や処遇については，本人の意思による入院を基本とし例外的に72時間に限り退院制限する場合の診察や非自発的入院への変更の手続きを定めること，非自発的入院や行動制限の判断をできる医師を，研修をうけた精神保健指定医に限定し，非自発的入院や行動制限をおこなうにあたっての手続きを明文化することなどがもりこまれた。また，審査制度については，入院や処遇の妥当性について入院者及び保護義務者からの調査請求を受け付ける審査機関を設けること，都道府県に退院や処遇改善の命令権を設定することなどがもりこまれた．その他，精神障害者の社会復帰・社会参加の促進について規定を設け財政的な措置を講じること，国及び地方公共団体が地域精神保健対策を推進することを法律上の規定として設けること，法律の名称を変更することなどがもりこまれた．

「精神衛生法改正の基本的な方向について（中間メモ）」は，同年12月23日に公衆衛生審議会精神衛生部会に答申された．公衆衛生審議会とは，公衆衛生に関する重要事項について，厚生大臣の諮問に応じて調査審議し，意見を述べるため，厚生省に設置された諮問機関のことである．公衆衛生に関する重要事項の中には，精神障害者に関する事項が含まれるため，精神衛生法の改正にあたっては公衆衛生審議会への答申が欠かせなかった．また，精神衛生法改正の中身は，公衆衛生審議会の答申によってはじめて国民一般に公表されることになった．

答申を受けて精神衛生法撤廃全国連絡会議準備会は，1987年2月14日に「精神衛生法撤廃全国連絡会議結成集会」を開催し，精神衛生法撤廃全国連絡会議を正式に発足させ，集会基調において「精神衛生法改正の基本的な方向について（中間メモ）」についての見解と精神衛生法に対する見解の2点が示された．

「精神衛生法改正の基本的な方向について（中間メモ）」についての見解は，「医療や社会復帰の名のもとの，『精神障害者』に対する強制医療体制や地域ぐるみの監視・管理体制の強化」であるとし，それは「精神衛生法の治安法としての性格を，近代化して強化しようとするもの」であり，精神衛生法改正法案の国会上程を阻止し，精神衛生法撤廃の闘いに取り組まなければならないと主張した（精神衛生法撤廃全国連絡会議 1987a：4）．個別具体的な内容にも言及されており，自由入院の法定化に対しては，病状によって非自発的入院に変更できることや，退院制限や行動制限ができるという点でまったく自由ではないと主張しており，退院制限については，精神障害者だけが逮捕状もなく精神保健指定医の判断だけで72時間の拘束をうけることになるため認めることはできないと主張した．また，非自発的入院の判断については，主治医が精神保健指定医ではない場合，主治医の判断よりも精神保健指定医の判断が優先することになるため主治医と患者の信頼関係が壊されると主張しており，審査会制度の新設については，退院させてはならない人を行政が設置する審査機関によって決定しようとする点で，より保安処分に近いものであると主張した（精神衛生法撤廃全国連絡会議 1987a）．

そして，精神衛生法に対する見解は，精神障害者に対し犯罪素因者と決め付け強制入院させる治安法とするものであり，人々の意識に異端をつくり排除する考え方を浸透させていく法律であって保安処分そのものであるとされた（精神衛生法撤廃全国連絡会議 1987a）．そのため，治安法である精神衛生法にはいかなる対案もありえないのであり，「厚生省のもくろんでいる精神衛生法『改正』案の国会上程を阻止し，精神衛生法を撤廃させていこう」と結論付けられた（精神衛生法撤廃全国連絡会議 1987a：3）．このように「精神衛生法改正の基本的な方向について（中間メモ）」に対する見解に示された各論的な評価も，精神衛生法に対する見解とあわせて読むことで単なる個別的な批判ではなく，精神衛生法改正が刑法保安処分新設に向けた政策の一環に位置づくという見立てが実際のものになった，というまとまった主張として捉えられる．

1987年3月14日，「精神衛生法等の一部を改正する法律（案）」が第108

回国会に提出された．第 108 回国会において同法案は審査されずに継続審査とされた．そして，第 109 回国会の会期中である同年 7 月 16 日，厚生省が趣旨説明をおこなった．なお，改正の趣旨は，「国民の精神保健の向上を図るとともに，精神障害者等の人権に配意しつつその適正な医療及び保護を実施し，並びに精神障害者等の社会復帰の促進を図るため，精神医療審査会の設置，精神保健指定医制度の導入，任意入院の手続き等に関する事項，精神障害者社会復帰に関する事項その他の事項に関して所要の措置を講ずること」である．

精神衛生法撤廃全国連絡会議は，同年 9 月 5 日に唯一，永田町において同法案の成立阻止のデモを実施した．また，参議院議長藤田正明宛の精神衛生法の撤廃と同法案の成立阻止を求める「請願書」を作成し，紹介議員を募った．しかし，依頼したすべての議員から請願書の紹介議員にはなれないとして拒否された．同法案は，約二週間後の同月 18 日に参議院を可決成立した．1988 年 7 月 1 日に施行され，名称も「精神衛生法」から「精神保健法」に変更された．

以上の記述から，精神障害者の社会運動は，すでに精神衛生法自体が保安処分として機能しており，刑法改正保安処分新設に向けた治安的再編であるとして精神衛生法改正に反対，阻止する態度をかため，実際に上程されてきた精神衛生法改正法案に対しても見立て通りのものであったとして撤廃と同時に同法案の国会上程阻止を掲げていたことが明らかになった．

## 4 精神障害者の社会運動に特有の保安処分の捉え方と精神衛生法との関係

### 4.1 精神衛生法自体への評価と保安処分

前章では，精神障害者の社会運動が精神衛生法の撤廃と同法案の国会上程阻止を主張したことを確認した．また，撤廃の主張の論拠には，精神衛生法が保安処分に等しいものであることが繰り返し挙げられたことも確認した．

同時代に精神衛生法改正に対する意見は，富田（2000）によると精神衛生法撤廃を明確に打ち出す立場，政府の精神衛生法改正案を批判して全面改革を主張する立場，精神衛生法改正案を一歩前進と捉え評価する立場などがあったとされる．ちなみに，全国精神障害者家族会連合会と日本弁護士連合会は精神衛生法改正に賛成しているため，富田（2000）の分類に従えば一歩前進と捉える立場だったといえるだろう．他方で，唯一永田町でデモを実施するなどして撤廃を主張していたのは，全国「精神病」者集団や精神衛生法撤廃全国連絡会議などの精神障害者の社会運動であった．さて，精神障害者の社会運動が撤廃という特有の主張を可能としたのは，精神障害者の社会運動に特有の考え方を持ち得ていたためであろう．本章では，精神障害者の社会運動が精神衛生法に対して撤廃という主張を打ち出すに至った特有の考え方を確認していきたい．

まず，精神障害者の社会運動が精神衛生法をどのように捉えていたのかを確認していく．全国「精神病」者集団が精神衛生法に対して最初に意見を述べたのは，結成のときの決議文においてである．当該決議文では，「すべての治療条件，治療技術を総点検しよう」「精神衛生法撤廃」「刑法改正—保安処分絶対反対」「精神病院での人権無視を告発しよう」「通信・面会の自由を獲得しよう」「ロボトミーを即時廃止し，電気ショックの拒否権を獲得しよう」「入院，退院の自由を獲得しよう」「各地の医療従事者，労働者，市民を糾合しよう」「あらゆる差別条項を撤廃させよう」などが示された（東川 1974: 99；全国「精神病」者集団 1977: 2）．このことから全国「精神病」者集団は，結成当初から精神衛生法の撤廃を掲げていたことがわかる．決議文の文面には，精神衛生法の撤廃を掲げた理由までは記されていないが，他に主張を裏付ける史料として，1977年の第3回精神障害者全国総決起集会の基調に書かれた第1回全国患者集会の経過と総括がある．そこでは，精神衛生法を「法制上の人権の否定」と表現しており，「鍵と鉄格子で不当な拘禁を強制している」状態を作り出している法律と位置づけられている（全国「精神病」者集団 1977: 2）．また，全国「精神病」者集団の結成当初からのメンバーで東日本を中心に数百人の会員を有していた「友の会」の記録によると，精神衛生法に基づく強制入院を「保安処分の先取り」と表現しており，保安処分が法制化されると，患者の人権を無視した精神医療が強化され，精神障害者を危険とみなす偏見も助長されていくことになると記されている（山田 1974: 9）．このような表現は，1977年1月13日に全国「精神病」者集団が出した声明文においても「現行『精神衛生法』体制下でさえ，『病』苦の上に偏見・差別・抑圧に苦悩する『精神障害者』への差別の立法化を徹底させるものである」などと書かれており，一致点が多い

(全国「精神病」者集団 1977: 19).

このことから精神衛生法に関する全国「精神病」者集団の主張は，精神障害者が危険であるとする偏見や差別に基づいて排除する強制入院の根拠法であることから撤廃すべきだというもので，保安処分との関係から論じられてきたことが明らかになった.

では，全国「精神病」者集団が保安処分に反対してきた理由は，どのようなものであったのだろうか．全国「精神病」者集団が保安処分に対して主張したもっとも古い記録は，第3回精神障害者全国総決起集会の基調である．その中で保安処分に反対する理由は，精神障害者を危険な者であると見る差別意識にのっとって法制化されようとしており，また，保安処分が法制化されることで精神障害者の排除が進み差別意識も助長されることと記されている．ここでいう差別意識とは，同記録によれば精神障害者即ち危険な人間，社会生活不適格者であるという人物規定の不当性と，その不当な人物規定によって一般人民は精神障害者を他者化してしまい，本来全人民を対象として弾圧するものである保安処分を我がこととして考えさせなくしていることと説明されている．そうしたなか精神障害者は，精神衛生法の下での強制入院という特異な経験をしており，保安処分を先取りしている精神医療現場の体験者として，差別意識のために問題意識を持ち得ていない一般市民に向けて発言をしていく責任を担えるのだとしている (全国「精神病」者集団 1977).

同じ内容が全国「精神病」者集団の機関紙『絆』7号の巻頭にも記されている．そこに書かれた保安処分に反対する理由は，保安処分の先取りである精神衛生法のもとで差別や偏見の眼差しをうける精神障害者に対して，さらなる差別の強化，拡大，法制化をもたらすものであること，そして保安処分は精神障害者をスケープゴートとして犠牲に供することで，差別主義，排外主義に全人民を屈服させていくものであることである．また，具体的な抵抗手段に関しては，精神障害者が受けてきた事実上の保安処分に相当する精神病院への強制入院体験を対象化し，患者会活動の中で共同化していく作業をもって強化，拡大していかなければならないのだと主張した (全国「精神病」者集団 1981a).

以上の記述から，精神障害者の社会運動は精神衛生法自体を保安処分的な性格を有した強制入院の根拠法であるとして撤廃を主張し，その保安処分に対しては，精神障害者が危険であるとする差別意識に基づくものであり，保安処分が法制化されることで精神障害者の排除が進み差別意識がより助長されるのだと主張してきたことが明らかになった．

### 4.2　精神衛生法撤廃と保安処分反対の論理のつながり

ここまでで，精神障害者の社会運動が精神衛生法の問題と保安処分の問題を同一線上の問題として捉えてきたことを確認してきた．では，精神衛生法の問題と保安処分の問題は，どのような論理でつながっているのだろうか．

まず，政府の言説を確認する．1974 年 5 月，法制審議会は改正刑法草案の最終答申をした．改正刑法草案の第 1 編第 15 章（第 97 条以降）には，保安処分が規定された．改正刑法草案に規定された保安処分は，犯罪をおかしたが心神喪失等で無罪または不起訴になった精神障害者の再犯防止を目的とした治療処分と，薬物中毒者に薬物使用をやめさせることを目的とした禁絶処分の 2 つであった．法務省は，改正刑法草案における保安処分を「精神障害とかアルコール中毒などが原因となって殺人や放火のような一定の重い犯罪を実際に行い，しかもこのような犯罪を再び犯すおそれがある人たちを，刑務所ではなく病院に類似した特別の施設に収容し，そこで犯罪の原因となった精神障害とかアルコール中毒などを治療して，再びそれが原因で犯罪に陥ることがないようにしようとするもの」と説明している（法務省刑事局 1974: 74）．法務省は，保安処分が必要とされる立法事実として，心神喪失で無罪放免になるか心神耗弱で軽い刑罰をうけて，かつ精神疾患や依存症といった疾病を原因として犯罪行為を繰り返す者がいることを挙げている．こうした場合は，精神衛生法の措置入院[2)] では対応できず，そのために「危険な精神障害者が野放しにされているとか，酔っ払い天国であると」世論から非難を受けるのだとしている（法務省刑事局 1974: 75）．

その後，改正刑法草案は多くの批判が集中したため，国会上程は見送られることとなったが，1980 年 8 月 19 日に発生した新宿西口バス放火事件によって，再び法務省による保安処分の法制化が検討された[3)]．テレビや新聞では，新宿西口バス放火事件の容疑者に精神科病院入院歴があったことが報道された．同年 8 月 26 日，奥野誠亮法務大臣（当時）は閣議において刑法改正作業への着手を表明し，1981 年 1 月には，保安処分新設を軸とする刑法改正作業が方針化された．法務省の動きに対して全国「精神病」者集団は，1981 年 4 月付で「保安処分新設阻止に向けて――『精神障害者』の立場から」と題する保安処分阻止を大衆に呼びかける文書を公表し，同年 6 月 30 日付で「声明文」と法務大臣宛の「抗議文」を公表した．これら 3 つの文書において刑法改正保安処分新設への反対理由は，次の 3 点にまとめられている．1 つ目は，社会の矛盾が精神障害者を生み出しているにもかかわらず，その精神障害者個人の行為のみを拘束して禁じさせることは社会の矛盾をいっそう促進すること，2 つ目は，刑法改正保安処分新設が精神障害者に対する差別の強化，拡大，法制化であり，現行の精神衛生法の強制入院での苦しみを更に拡大すること，3 つ目は，精神障害者をスケープゴートとして犠牲にすることで差別と排外を一般市民の意識に植え付けて，差別意識を促進させることである（全国「精神病」者集団 1981c 1981d 1981e）．

他方で日本弁護士連合会も，罪に応じた刑罰を成文化すべしとする罪刑法定主義が破たんすることで恣意的な刑罰の運用に司法による歯止めがかけられなくなること，犯罪をおかす可能性といった未来予測が不可能であることなどをあげて刑法改正保安処分新設に反対する態度をかためた．同連合会は，1981 年 8 月 31 日に「精神医療の抜本的改善について（要綱案）」を公表し，精神障害者による犯罪の抑制については刑法の保安処分ではなく精神医療の充実によって実現できること，刑法の保安処分では初発の防止はできないが精神医療の充実ではそれが可能であることなどを理由に保安処分の新設に反対の立場を示すと同時に精神衛生法の改正が必要であると主張した（日本弁護士連合会 1981）．こうした日本弁護士連合会の主張に対して全国「精神病」者集団は，同年 9 月 7 日に「精神医療の抜本的改善について（要綱案）に関する声明」を出し，日本弁護士連合会が主張する精神医療の充実による犯罪の防止が，精神障害者を犯罪素因者とみなす保安処分と同様の誤った前提に立脚しており，精神衛生法を活用した精神障害者への治安政策の拡大を計ろうとする差別的構想であるため認められないと主張した（全国「精神病」者集団 1981b: 1）．

以上の記述から，心神喪失等で無罪になった精神障害者の再犯にどう対応するのか，という問いに法務省は刑法改正保安処分で対応するべきとし，日本弁護士連合会は精神医療の充実で対応するべきとしたのに対して，全国「精神病」者集団は精神障害者が危険であるという誤った前提に立脚したものだと主張し，精神障害者の再犯にどう対応するのかという問い自体を否定したことが明らかになった．すなわち，精神障害者の社会運動に特有の精神衛生法撤廃と保安処分反対の両者をつなぐ論理とは，精神障害者を危険とみなし排除していく差別意識に反対した点であったことが明らかになった．

## 5「人権に配慮した改正」言説への対抗言説

1987年に上程された精神衛生法改正法案の趣旨説明には，人権に配慮した改正とある．ここで言われている人権とはどのようなものであり，精神障害者の社会運動はどのように捉えていたのだろうか．桐原（2016）には，日本弁護士連合会が適正手続や審査制度の導入を，全国精神障害者家族会連合会が社会復帰施設の導入を求める提言をおこない，いずれも精神衛生法改正法案に反映されたと述べられている．また，法案趣旨には適正手続や審査会制度，社会復帰施設の導入といった見直しをしたことを根拠に，人権に配慮した改正である旨が記されている．このことから人権に配慮した改正の含意は，適正手続や審査制度，社会復帰施設の導入のことだとわかる．では，精神衛生法改正阻止を掲げて反対していた精神障害者の社会運動は，このことをどのように捉えていたのだろうか．

精神衛生法撤廃全国連絡会議は，1987年6月付「精神保健法案を弾劾する」のなかで次のように主張している．

> 「精神障害者」の声は，「改正」作業のすべての過程から排除されてきたのである．この過程を通して生みだされたものが，精神保健法案にほかならない．われわれは，この過程そのものからして認めることはできない．なにが「人権に配慮した改正」であるのか！（精神衛生法撤廃全国連絡会議 1987b）

ここで精神衛生法撤廃全国連絡会議は，当事者の意見を聴かないで上程された精神衛生法改正法案が人権に配慮した改正と趣旨説明されたことへの疑問を呈していたことがわかる．また，先に参照した精神衛生法撤廃全国連絡会議の「請願書」には，「精神保健法案の内容は，大きな問題点がいくつもあり，『精神障害者の人権に配意』したものとは考えられません」と，人権に配慮した改正ではないという立場が明確に示されていることがわかる（精神衛生法撤廃全国連絡会議 1987c）．他方で 1986 年 4 月 18 日に全国「精神病」者集団が出した「抗議文」においては，「病院内で権力の代行行為者として機能してきた医師や，社会的に『精神障害者』排除に手を貸してきた者たちを集めて，どのように『人権』の問題を討論させようとするのか」「鍵と鉄格子と薬づけに呻吟する全国 150 万人の『精神障害者』の精神衛生法撤廃の要求を実現せよ」と記されており，人権を討論する上でどの立場に立脚するべきかが力説されていることがわかる（全国「精神病」者集団 1986）．

では，こうした主張は保安処分に反対する論理とどのような関係にあるのだろうか．全国「精神病」者集団は保安処分に反対する理由を，精神障害者を危険とみて排除する差別意識が助長されるためであるとし，保安処分に反対するための実践方法を，差別意識のために問題意識を持ち得ていない一般人民に対し，保安処分の先取りである精神衛生法の体験者として発言していくことだとした．しかし，厚生省はヒアリングの実施と有識者会議の設置をしたが，いずれも全国「精神病」者集団のような精神障害当事者の発言を保障しなかった．精神衛生法撤廃全国連絡会議は，こうした厚生省の検討の進め方に対して，精神衛生法の下で人権を侵害され，差別と抑圧を加えられてきた精神障害者の声を無視し，敵対するものであり，当事者の声を聞かずして精神衛生法改正がどうしてできるのか，と疑問を呈した．そして，当事者の声を聴くべきだと要求した（精神衛生法撤廃全国連絡会議準備会 1986a）．

精神衛生法撤廃全国連絡会議準備会は，精神保健の基本問題に関する懇談会の構成員に対して 1986 年 8 月 2 日付けの「公開質問状」を出し，精神障害者の主張に対して回答をするように要請した（精神衛生法撤廃全国連絡会議準備会 1986c）．しかし，同年 9 月 6 日付け「申入書」では，「去る 8 月 2 日付で，私たちから『公開質問状』を『基本問題懇談会』の諸氏にお送りしましたが，残念なことに誰からも回答がありませんでした」と記されており，質問に対する反応がないことを問題にしていたことがわかる（精神衛生法撤廃全国連絡会議準備会 1986d）．また，精神衛生法撤廃全国連絡会議準備会は，厚生省に対しても当事者の声を聴けと要求したが，1986年3月から厚生省に対して十数回の交渉要求をおこない，同年5月16日，7月2日，9月2日，10月9日の計4回の交渉にとりくんだが，厚生省は要求に全く答えず，質問にも一言も回答できないままに終ったとしている（精神衛生法撤廃全国連絡会議準備会 1986e）．このことから精神障害者の社会運動は，精神衛生法改正にあたって政府及び関係団体が当事者の声を聞かずに進めていったものと評価していることがわかる．こうした評価は，保安処分に反対するための実践方法として繰り返し主張されてきた人々の差別意識に対して精神衛生法の体験者として発言していくこととの関係から考えると，精神障害者の主張を聴かずに差別を助長させたということになるだろう．

以上の記述から，精神障害者による社会運動は「人権に配慮した改正」という法案主旨に対して精神障害者の声を聴かない検討の進め方を指して人権に配慮していないと評価していたことが明らかになった．また，こうした評価は精神障害者の発信を聴かないことを通じて差別が助長されることへの抗議の意思のあらわれであったことが指摘できた．

## 6　まとめ――精神障害者による社会運動の主張

精神衛生法改正に対する精神障害者の社会運動の主張の構成は，次のとおりであった．

精神障害者の社会運動は，精神衛生法を精神障害者の強制入院を定めた根拠法であり，治安的な性格を有する保安処分のような法律であると評価していた．とくに強制入院は，精神障害者を危険であるとみて排除する制度と評価しており，排除を通じて精神障害者を危険とみる人々の差別意識が助長されることを問題と位置づけていた．法案の中身が決まる前から精神衛生法改正に向けた検討に対して，治安法的性格を有した精神衛生法にはいかなる対案も改正もあり得ないとして明確に撤廃という立場を打ち出した．また，精神障害者の社会運動は，当時，国が進めていた刑法改正保安処分新設の一環として精神衛生法が改正されるのだとしており，刑法改正保安処分と対をなした精神医療の治安的再編のための精神衛生法改正であると位置づけていた．そのため，刑法改正保安処分反対の中心こそが精神衛生法改正の阻止であると主張し，反対の理由も保安処分との関係から論じていった．

政府による精神衛生法改正の検討が進められ精神衛生法改正法案の中身が決まってからは，各論的な批判を通じて刑法保安処分新設に向けた政策の一環に精神衛生法改正が位置づくという見立てが実際のものになったという評価を与えていった．そして実際に上程されてきた精神衛生法改正法案に対しては，精神衛生法自体が治安的であり撤廃によって元から絶たなければならないこと，刑法改正保安処分新設に対をなした精神医療の治安的再編であることを理由に同法案の国会上程阻止を掲げていた．このように精神障害者の社会運動は，精神衛生法改正への態度として，精神衛生法自体には撤廃と主張，同法改正に向けた検討には撤廃以外あり得ないため阻止と主張し，同改正法案に対しては反対，阻止を掲げていたことを明らかにできた．

こうした態度をとるに至った理由には，精神障害者の社会運動が精神衛生法撤廃という主張を保安処分に反対する主張との関係から論じてきたことが大きく関係していた．精神障害者の社会運動が保安処分に反対した主張の構成は，保安処分の新設によって精神障害者を危険とみなし排除する差別意識が助長されるため，保安処分に反対するには保安処分の先取りである精神衛生法下の強制入院を経験した精神障害者が人々の意識に変えるべく発信していかなければならない，というものであった．これらは，保安処分の問題を差別の問題としていることがわかる．この点は，精神衛生法自体に対する評価とも同じ問題意識に貫かれている．こうした問題意識は，精神障害者が強制入院を通じた排除を含む被差別の経験者という特性から生起したものである．このように究極的には差別の問題と捉える保安処分反対の論拠は，刑法保安処分反対の主張と精神衛生法撤廃の主張の両者をつなぐ論理にもなっていった．

というのも，政府法務省は，心神喪失等で無罪になった精神障害者の再犯にどう対応するのかという問いを立てた上で刑法改正保安処分によって対応すべきだとし，日本弁護士連合会は精神医療の充実で対応すべきだとして刑法改正保安処分に反対した．これに対して精神障害者の社会運動は，いずれも精神障害者が危険であるという誤った前提に立脚したものだと主張し，精神障害者の再犯にどう対応するのかという問い自体を否定したのであった．このように日本弁護士連合会のように刑法改正法案処分には反対するが精神衛生法改正には賛成するといった主張を斥けるような精神障害者の社会運動に特有の保安処分の捉え方があったことを明らかにすることができた．

そして，精神障害者による社会運動は，保安処分に反対する実践方法として示してきた保安処分の先取りである精神衛生法の強制入院の体験者として精神障害者が発信することを実行すべく，精神衛生法改正にあたって厚生省や国会，精神保健の基本問題に関する懇談会の構成員に精神障害者の意見を聴けと主張した．しかし，精神障害者の声が反映されることはなかったため，精神障害者による社会運動は精神障害者の声を聴かない検討の進め方を指して人権に配慮した改正ではないと評価した．こうした評価は，保安処分に反対するための実践方法として繰り返し主張されてきた精神衛生法の体験者として発言していくこととの関係から考えると，精神障害者の主張を聴かずに差別を助長させたということになり得る．その意味で人権に配慮した改正ではないという評価は，精神障害者の発信を聴かずに差別を助長させたことへの抗議の意思のあらわれでもあったことを明らかにした．

以上の記述を通じて精神衛生法改正をめぐる当事者不在の歴史が不可視にしてきた精神障害者の主張を明らかにすることができた．

## 注

1）宇都宮病院事件とは，宇都宮病院の看護職員が入院患者２名をリンチして，死亡させた事件のことである（『朝日新聞』1984.3.14朝刊）

2）自傷及び他害のおそれのある精神障害者を都道府県知事の決定で入院させる制度である．

3）新宿西口バス放火事件とは，東京都新宿区の新宿駅西口バスターミナルにおいて路線バスの車両が放火され，乗客ら６人が死亡，14人が重軽傷を負った事件のことである．

## 文　献

法務省刑事局，1974，『刑法改正をどう考えるか――法制審議会の改正刑法草案とこれに対する批判をめぐって』法務省刑事局．

東川五郎，1974，「第１回全国患者集会を終って」『精神医療第一期』4(1)：98-99.

自由民主党刑法改正に関する調査会，1985，「刑法全面改正に関する中間報告（案）」自由民主党.
桐原尚之，2015，「宇都宮病院事件から精神衛生法改正までの歴史の再検討――告発者及びその協力者の意図との関係」『Core Ethics』11：47-57.
――――，2016，「1987 年精神衛生法の政策過程――利益集団の動き」『立命館人間科学研究』33：29-43.
国際法律家委員会，1996，『精神障害患者の人権――国際法律家委員会レポート』明石書店.
厚生省編，1987，『厚生白書（昭和 61 年版）』財団法人厚生統計協会.
――――，1988，『厚生白書（昭和 62 年版）』財団法人厚生統計協会.
――――，1990，『厚生白書（平成元年版）』財団法人厚生統計協会.
厚生省保健医療局精神保健課，1987，『我が国の精神保健』厚健出版.
日本弁護士連合会，1981，「精神医療の抜本的改善について（要綱案）」日本弁護士連合会.
精神保健福祉行政のあゆみ編集委員会，2000，『精神保健福祉行政のあゆみ』中央法規.
精神衛生法撤廃全国連絡会議準備会，1986a，「2・22 精神衛生法を考えるシンポ」精神衛生法撤廃全国連絡会議準備会.
――――，1986b，「精神衛生法撤廃にむけて」精神衛生法撤廃全国連絡会議準備会.
――――，1986c，「公開質問状」精神衛生法撤廃全国連絡会議準備会.
――――，1986d，「申入書」精神衛生法撤廃全国連絡会議準備会.
――――，1986e，「公開要求書」精神衛生法撤廃全国連絡会議準備会.
精神衛生法撤廃全国連絡会議，1987a，「精神衛生法撤廃全国連絡会議結成集会基調・資料」精神衛生法撤廃全国連絡会議.
――――，1987b，「精神保健法案を弾劾する」精神衛生法撤廃全国連絡会議.
――――，1987c，「請願書」精神衛生法撤廃全国連絡会議.
高橋一，1998，「精神保健福祉の歴史と概念」精神保健福祉士養成セミナー編集委員会編『精神保健福祉士養成セミナー第 4 巻　精神保健福祉論』へるす出版.
富田三樹生，2000，『東大病院精神科病棟の 30 年――宇都宮病院事件・精神衛生法改正・処遇困難者専門病棟問題』青弓社.
上野千鶴子・中西正司，2003，『当事者主権』岩波新書.
山田顕一，1974，「立ち上がる患者達」友の会編『鉄格子の中から――精神医療はこれでいいのか』海潮社.
谷中輝雄，2007，「社会福祉基礎構造改革と精神障害者福祉」日本精神保健福祉士養成校協会編『精神保健福祉士養成講座 4　精神保健福祉論』中央法規.
全国「精神病」者集団，1977，「赤堀さんを殺して私達に明日はない　11・13 第 3 回『精神障害者』全国総決起集会――基調」全国「精神病」者集団.
――――，1981a，『絆　第 7 号　特集――保安処分新設阻止』全国「精神病」者集団.
――――，1981b，「精神医療の抜本的改善について（要綱案）」全国「精神病」者集団.
――――，1981c，「保安処分新設阻止に向けて――『精神障害者』の立場から」全国「精神病」者集団.
――――，1981d，「声明文」全国「精神病」者集団.

――――, 1981e,「抗議文」全国「精神病」者集団.
――――, 1985,「精神衛生法＝改悪＝に反対する！」全国「精神病」者集団.
――――, 1986,「抗議文」全国「精神病」者集団.

# abstract

## Claims against Revision of the Mental Health Act of 1987 by Social Movements of People with Psychosocial Disabilities

KIRIHARA, Naoyuki
Ritsumeikan University

Revision of the Mental Health Act of 1987 has been framed as a law revision in consideration of human rights, caused by international criticisms to Japanese mental health system with the case of Utsunomiya Hospital as a trigger. Previous studies with critical perspective to such historical frame have pointed out that revision of the Mental Health Act of 1987 was not intended by the victims of the Utsunomiya Hospital, but reflected on intentions of organizations for families, psychiatrists, and lawyers exclusively. However, they have not described claims of people with psychosocial disabilities. So, descriptions of history without people concerned have been repeatedly quoted. This study aims to clarify the claims of the social movements of people with psychosocial disabilities against revision of the Mental Health Act of 1987. It analyzes the historical descriptions of such social movements and their claims. The analysis clearly demonstrated that the focus of social movements of people with psychosocial disabilities was on abolition rather than revision, because the Mental Health Act was an authority for involuntary hospitalization with peace preservation nature. The claims of movements highlighted promotion of discriminative opinions of citizens who alienated people with psychosocial disabilities by portraying them as dangerous and excluded them thorough involuntary hospitalization. Such claims were unique to people with psychosocial disabilities in term of pointing out commonality between abolition of the Mental Health Act and opposition of security measures. As above, this study reveals claims of social movements of people with psychosocial disabilities, which have been invisible in previous historical descriptions of a law revision on Mental Health Act with exclusion of persons concerned.

Keywords : case of Utsunomiya Hospital, Mental Health Act of 1987, social movements of people with psychosocial disability, security measures, disability studies

| 自由論文 |

# 「社会的なもの」と人口をめぐる議論
## ――社会政策におけるマルサス人口論の位置づけ

山田唐波里

本稿の課題は，日本における「社会的なもの」の系譜学的な検討作業を，人口の量的問題をめぐる議論との関連のなかであらためて行うことである．とくに，日本における「社会的なもの」の編成過程において重要な役割を果たしたとされる，1920 年前後における社会政策の生存権論を中心に，それが人口論とどのような関係にあったのかを検討する．

検証の結果，日本における「社会的なもの」の出発点であった生存権は，マルサスが示した人口法則によって限界づけられると同時に，その人口法則によって限界を拡張していくものとされていた．人口法則の帰結としての生存競争が，普遍的な生存権を否定するものであると同時に，進歩の機制をも構成していると考えられたのである．そして，社会政策の「進歩」の理念と結び付くことで，社会政策においてとりわけ後者の側面が重要視されることになった．

他方で，人口増加によって生存競争が激しくなり過ぎれば，社会秩序は破綻してしまうとも考えられた．社会政策のもう 1 つの理念である「調和」との関係において，生存権の問題は生活保障の問題として新たに位置づけられることになった．

こうして，「進歩」と「調和」の双方を同時に可能にする範囲での競争を実現するために，社会政策は競争の根本条件である人口の統制へと向かうことになった．そしてその議論の先に，社会的人口政策論が完成することになったのである．

キーワード：生存権，社会的なもの，人口論，進歩，調和

## 1　問題関心

日本で新自由主義が問題視され始めた 2000 年代から，市野川容孝や重田園江が中心となって「社会的なもの the social」をあらためて問い直す研究が進

やまだ からはり｜法政大学大学院社会学研究科社会学専攻博士後期課程｜karahariy@gmail.com

められてきた（重田 2003, 2010；市野川 2006；田中 2006；社会思想史学会 2009, 2010）．市野川や重田の基本的な問題意識としては，新自由主義の広がりを福祉国家の危機と位置づけ，新自由主義によって今まさに打ち捨てられようとしているものが一体何なのかを明らかにすることにある．それは具体的には，「社会的なもの」の思想的な系譜を辿ることで，その理念が持つ可能性を掬い上げるという手続きを通じて行われている．それにより，重田は「連帯」を，市野川は「自由と平等」を掬い上げ，鍛え直すべき理念として提示している．

市野川や重田が「社会的なもの」の思想的系譜を探求するなかで注目したのが主に西欧思想であったのに対し，その日本的展開をあらためて検討しようとした一連の研究として「社会の発見」論が挙げられる（有馬［1999］2013；川島 2005；猪原 2013）．これらの研究では，1920 年前後の日本において「発見された」社会がどのように意味付けられていたのかを，当時の社会（経済）思想を中心に検討している．「社会」という言葉自体は Society の訳語として明治期から使用されていたわけだが（柳父 1982：3），これらの研究がとりわけ 1920 年前後に注目するのは，まさにこの時期の「社会」思想こそが戦後の福祉国家／社会保障制度を形作っていく思想的基盤の 1 つだったとされるからである．「社会の発見」とは，規範性を伴った概念としての「社会的なもの」の発見でもあったとされているのである．実際にこれらの研究では，とくに社会政策論者の福田徳三が展開した「ゾチアール（社会的）」（福田 1922：147）という規範概念をめぐる議論と，その具体的内容としての生存権論に注目している．

このように，福祉国家の危機という文脈のなかで，あらためて「社会的なもの」の系譜に注目が集まってきたことがわかる．しかし，日本における「社会的なもの」の系譜学的な検討作業という課題については，西欧におけるそれと比較するとまだ始まったばかりに過ぎず，その全容が明らかになっているとはいい難い．たとえば，日本における「社会的なもの」の思想的展開あるいは制度化のプロセスは，ほとんど常に人口をめぐる議論あるいは人口に関する制度との結びつきのなかで展開されてきた[1)]．にもかかわらず，この点を検討した研究はそれほど多くないのが現状である．あるいは，人口をめぐる議論と「社会的なもの」の結びつきについて検討している場合でも，人口の質的側面など人口論において周縁的な部分に注目しているか（杉田 2010, 2013; 玉井・杉田 2015, 2016），両者の関係を否定的に位置づけたものしかない（川島 2005: 27）．いずれにしても，「社会的なもの」の思想的展開と人口をめぐる議論の結びつきについては，部分的な解明に留まっているといえるだろう．

また，もともと「社会的なもの」に関する研究は，M. フーコーの統治性研究の――とりわけ「安全装置」をめぐる議論の――延長線上でフーコー派によって展開されてきたものである（Walters 2012＝2016: 90）．つまり，「社会的なもの」は，統治性という近代的な権力形式の一形態であることを意味している．そして，あらためてフーコーの統治性論を振り返ってみると，統治性という権力の形式は人口という主体／対象との根本的な結びつきのなかで構成されたものであったとされている（Foucault 2004＝2007: 92）．そうであるなら，上記の日本における「社会的なもの」の思想的展開と人口をめぐる議論の関係についても，あらためて検討する必要があると思われる．

以上の議論をふまえ，本稿では，日本における「社会的なもの」の系譜学的な検討作業を，人口の量的問題――人口過剰，人口過少などの問題――をめぐる議論との関連のなかで行うことを課題とする．なお，具体的な分析対象については，上記の「社会の発見」論をふまえ，福祉国家論の先駆的議論として位置づけられてきた社会政策の生存権論を中心的に取り上げる．それは単に，生存権論の主唱者であった福田が「社会的」という規範概念にこだわっていたからというだけではない．フランスにおける「社会的なもの」の第一人者であるJ. ドンズロは，自由主義でも社会主義でもない中道路線を目指した統治戦略として「社会的なもの」を位置づけている（Donzelot［1984］1994＝2020: 36）．そして当時の社会政策は，そうした「社会的なもの」の位置づけをもっとも自覚的に引き受けた思想的立場として登場してきたものだったからである[2)]．

## 2 生存権論とマルサス人口論

日本において「社会的なもの」についての本格的な議論の出発点となったのは，社会政策に関わる論者を中心に展開された生存権論である．とくに福田は，

1910年代中頃から生存権に社会政策を支える哲学としての重要な位置づけを与えようとした，日本における生存権論の第一人者であった．これに対し，左右田喜一郎は社会政策を導く経済哲学を論じるなかで，生存権をその支柱に据えようとした福田の議論を批判することになる．いわゆる「生存権論争」（1913年～1924年）の勃発である．これ以降，生存権の是非／位置づけをめぐって活発な議論が行われることになる．以下ではこの論争そのものではなく，それとともに盛り上がりを見せた，生存権と人口法則の間の矛盾をめぐる議論を主に検討する．

### 2.1　生存権の限界としての人口法則

日本における生存権論の隆盛は，社会主義でもなく，自由放任主義でもない社会政策の独自の立ち位置を基礎づけるための根本思想（哲学）として，1910年代中頃から福田が生存権論を展開し始めたことに端を発する．福田自身の言葉を借りれば，「社会主義には誤謬多ししかも一個の哲学あり，社会政策は正しき事なり然れども何等の哲学を有と言ひて同学の批難を招きたることあり」（福田 1918：189-90）と述べているように，それは社会政策には哲学がないという批判への応答として展開されたものであった．

ところで，福田が展開した生存権論は，アントン・メンガーが社会権（労働権／労働全収権／生存権）の1つとして位置づけた生存権をそれ単体で取り出し，社会政策の根本思想として位置づけなおそうとしたものである．なぜ社会権そのものを社会政策の根本思想に据えなかったかというと，労働権および労働全収権を承認するためには社会制度（資本主義体制）の改造＝革命が必要となるため，現行の社会制度を改造することなく社会改良によって社会問題に対応しようとする社会政策（注2を参照）が承認できるのは生存権のみとされたからである．

しかし，この「社会的なもの」としての生存権自体も，自然法則によって制限されることは避けられないとされた（福田 1915：1234）．つまり，福田によって社会政策を基礎づける哲学としての重要な位置づけを与えられようとした生存権論は，即座に困難にぶつかることになったのである[3]．そして生存権を制限するその自然法則こそが，T.R. マルサスによって定式化された「人口法則」

であった．このように「社会的なもの」と人口をめぐる議論の結びつきは，生存権論が登場した比較的早い段階において，それも問題含みな関係として浮上していたのである．

両者の関係の検討に入る前に，当時日本で普及していたマルサス人口論がいったいどのようなものだったのか簡単に解説しておこう．マルサス人口論の本格的な理論的検討が開始されるのは 1920 年代，そしてその 1 つの到達点ともなると南亮三郎の「人口擺動（はいどう）（波動）論」（南 1943）の登場を待たなければならない．しかし，生存権論が展開され始めた時点における理解としては，人口の増加率が，その生存条件である生活資料（食糧）の増加率を超出する＝過剰人口を生じる自然的傾向を有している，というものであった．そしてさらにそこから，人口に対して相対的に過少となる生活資料をめぐって過剰人口による生存競争・自然淘汰が必然的に生じる，という論理的帰結が導き出されることになる（福田 1915: 1226）．つまり，生存権との関係において，マルサスの人口論そのものというより，その論理的帰結に議論が集中していたのである．というのも，自然淘汰が人口法則（自然法則）の必然的帰結であるとするならば，当然ながら生存権を普遍的な権利として位置づけることはできなくなってしまうからである．そのため，福田の生存権論はマルサス人口論によって制限された形で定式化されることになった（福田 1918: 209）．福田は両者の関係を「言ひ詰むれば自然と社会との矛盾なり衝突なり」（福田 1915: 1232）とまとめた．自然の側には人口法則が，**社会の側には生存権が位置づけられていた**のである．では，この矛盾のなかで福田はどのように生存権を基礎づけていたのだろうか．

福田による生存権の基礎づけは，人口法則の必然的帰結としての生存競争によってある種の二面性を内包することになる．それは，生存競争がもたらす「進歩／進化」という時間的契機の構成による生存権の二重化として理解することができる．

1 つ目の生存権の基礎づけは，いわば前提としての〈限定的生存権〉である．自然法則による自然淘汰は避けられないとしても，それが働くまでには広大な余地があり，社会権としての生存権はその余地において展開され得るとされた．「余地とは何ぞや自然法則の速度是れなり」（福田 1915: 1234）．つまり，人口法則による自然淘汰の原理が実際に働くまでには生存競争というプロセスが存在しており，せめてすべての人がその競争プロセスに参入することを可能にするための基礎として生存権を位置づけようとしたのである．こうした生存権の基礎づけについて，福田は「機会平等の主義」(福田 1915: 1235) と述べており，誰が淘汰されるべきかを前もって知ることは誰にもできないため，自然淘汰が完全な形で行われるには全ての人が平等に競争に参加する必要があるとした．別言すれば，この基礎づけにおいては「結果の平等」としての「普遍的生存権」は不可能なものとされていたといえる．

２つ目の生存権の基礎づけは，いわば目標としての〈普遍的生存権〉である．改良主義としての社会政策は，自然発展の大勢に対して自然法則の作用を利用してこれに働きかけることでよりよく人間の目的に合うようにすることを目指していた．この人間の目的の最上位にあるのが文化価値である．つまり自然法則（因果理法）の外に文化価値を立て，それに向かっていこうとする努力こそが社会政策であるとした (福田 1918: 203; 左右田 [1915] 1918: 137)．そして福田は，その最高の目標であるところの文化価値として生存権を位置づけようとしたのである[4)]．このように文化価値として基礎づけられた生存権は，上記の前提としての〈限定的生存権〉とは異なり，普遍的なものとして構想されていた．この，目標としての〈普遍的生存権〉は，以下で見るように，実現の見込みを完全に度外視した単なる理想としてのみ位置づけられていたわけではなかった．

## 2.2　生存権の限界を拡張する原理としての人口法則

人口法則はその必然的帰結として生存権を制限するとされた一方で，社会進歩の機制を構成するものとしても位置づけられていた．人口法則の必然的帰結としての生存競争こそが進歩の原動力とされたのである．そしてその生存競争は，当時にあっては階級闘争の形を取って現象していると考えられた．さらに具体的に述べるなら，労働運動／労働問題の高まりである．

前項で述べたように，社会政策は自然法則の作用を利用することで文化価値の実現を目指す立場であった．そして，その自然法則の作用というのは生存競争のことを指していた．つまり，生存権を制限する機制を生み出していたはずの人口法則が，同時に文化価値としての〈普遍的生存権〉を実現するための機制をも構成していると考えられたのである．なお，福田は人口法則によって生じる自然淘汰は，人間社会では生活程度という位相が加わることで文化淘汰＝無職者問題・離職者問題として現象する，としていた（福田［1921］1925：554-5）．そのため，当時もっとも重大な社会問題とされていた労働問題（階級闘争）についても，社会が自ら向上発展する上で必要な生みの苦しみであり成長の悩みと捉えられていた（福田 1922：28）．別の箇所ではより積極的に「社会政策は闘争の政策である．断じて妥協の政策ではない．闘争なき所，其所に進歩はない」（福田 1922：163）と述べている．このように「闘争が社会進歩の条件である」という主張は，ニュアンスの差はあれ福田以外の社会政策論者・政治経済学者にも広く共有されていた（神戸 1920：2；森本 1921：8, 1922：278；野村 1921：337；小島 1926：47-8）．つまり，生存権を制限すると考えられた，人口法則の帰結としての競争原理は，社会政策の「進歩」という理念にとって不可欠のものでさえあったのである．〈限定的生存権〉にしても，それはあくまで自然淘汰が完全な形で行われるために必要とされていたことを鑑みると，福田にとっても本質的だったのは生存権そのものというより進歩の条件としての競争原理[5]の方であったといえなくもない．

もちろん，先行研究でも指摘されているように，福田はその進歩の先に達成すべき目標として〈普遍的生存権〉を位置づけようとしていた点で，他の社会政策論者とは一線を画していた（宮島 1983）．それでも，そこに至るまでに多くの犠牲を必要とする社会進歩の目標＝〈普遍的生存権〉がいつ実現されるかも知れない抽象的な理念に過ぎず，むしろその実現のために〈限定的生存権〉に基づいた闘争論を展開していたという点で，福田の生存権論と他の社会政策論者の主張との間に実質的な違いがあったといえるのかは疑問が残る．

この点を裏付けるのが，1920 年頃からマルサス人口論の研究が進み，人口増加の「妨げ」[6]についての議論を踏まえた，過少人口論としてのマルサス人口論が展開され始めたさいの福田の反応である．詳細は省くが，西欧における出生率の減退という現象＝人口法則と矛盾する現象を目の当たりにして，つまり，〈普遍的生存権〉の成立の可能性を前にして，福田は，「人口の増加は即ち国力の増進を意味するもので，マルサスの考えた如く，畢竟天が人口の増加を許し人口に対し需要を多くする所以で，仏国の如く人口増加の遅々たる国こそ甚だ憂慮すべく，我国の如く人口増加率の殖えて行く国は大いに喜ぶべき次第であると言わねばなりません」(福田［1921］1925: 543) と『国民経済講話』のなかで述べていた．この本が出版された頃（1921年）には，米騒動や国勢調査の影響によってすでに日本では人口過剰問題が隆盛していたにもかかわらず，社会進歩の条件である闘争（生存競争）を維持するために，福田はあくまで人口増加の必要性を訴えていたのである．このように，生存競争を生じさせる過剰人口の発生がもはや人口法則の必然的帰結とは考えられなくなっていた状況のなかで，上記のように人口増加を喜ぶ福田の姿勢は，彼が生存権そのものよりも社会政策の「進歩」という理念にコミットしていたことを示している．

では，日本における「社会的なもの」の出発点として登場した生存権論は，1920年代に至り，その実質的な意義を失ってしまったということだろうか．あるいは少なくとも，「社会的なもの」を漸進的に拡張しようとする「進歩」の理念の前に，その意義が霞んでしまっていたということだろうか．

## 3 社会秩序と人口問題

前節でみたように，生存権と人口をめぐる議論のなかでは，人口増加による過剰人口の発生が生存競争を生じさせ，その競争こそが社会進歩の原動力となるとされていた．そのため，たとえ〈普遍的生存権〉と矛盾するとしても，「進歩」を理念の1つに据えていた社会政策にとって，競争そのものは不可欠であるとされていた．こうした理論的背景に基づいて人口増加に積極的な意味付けがなされていたのである．

しかしその一方で，階級闘争の激化は社会秩序を崩壊させる可能性があるとも考えられた．社会政策の目的の1つは「階級の軋轢を防ぎ社会の調和を期する」(国家学会 1899: 601) ことであり，とりわけ1918年の米騒動以降はそうした社会政策の秩序維持の役割が強調されるようになる．そして，この「調和」という社会政策のもう1つの理念との関係において，「社会的なもの」と人口をめぐる議論は新たな結びつきを得ることになる．

### 3.1 社会秩序の崩壊をもたらす生存競争

社会政策は革命ではなく社会改良によって漸進的な進歩を目指す立場であったため，進歩の原動力とされていた階級闘争が極端に激化することで，社会秩序そのものが崩壊の危機にさらされるということもまた避けるべきであるとされた．社会政策が社会主義だけでなく自由放任主義を否定していたのはこうした理由による．社会主義の平等主義は「進歩」を不可能にするのに対し，自由放任主義は「調和」を不可能にすると考えられたのである．社会進歩の原動力として闘争の必要性を訴えていた福田にしても，闘争の激化が万人の万人との戦いを惹起して社会と国家がそれに巻き込まれてしまうことを危惧していた（福田 1922: 34）．同じく社会進歩の原動力として闘争――それぞれの階級利益の追求による衝突――を位置づけていた神戸正雄は，労働者によるストライキの増加を労働者の利益の主張として重要視しつつも，その延長線上にロシア革命や米騒動を位置づけたうえで「悪化すると有害になり得る」（神戸 1920: 65）と述べていた．つまり，社会改造＝革命を回避しつつ社会進歩を可能にするためには，闘争は適度な範囲で展開されなければならないということを意味していた．この点について，人口法則と社会進歩の関係を論じた野村兼太郎は，文化価値の実現に寄与しない闘争を否定し，必要なのはあくまでも「文化淘汰」（野村 1921: 326）であるとした．いずれにしても，社会政策は，人口増加の帰結としての生存競争（闘争）の激化をただ放任するような立場ではなかったということである．

実際に，本節の冒頭で述べたように，社会政策は「階級の軋轢を防ぎ社会の調和を期する」（国家学会 1899: 601）ことを目標の 1 つとしていた．また，上記の神戸も「社会政策は元来社会階級間の関係を調整するもの」（神戸 1920: 25）と述べており，闘争のあり方を調整する必要性を訴えていた．福田も「進歩」のための社会政策論＝闘争論を展開していただけでなく，社会政策にそれとは異なる役割りを見出していた．

> 必然的運命に任せて置けば，資本増殖の勢は益々強烈となりて人生の真正の厚生幸福は全く其の為に蹂躙せらるゝ外はない，我々は必然の運命の到来に一任せず人為の政策を以つて此大勢に対抗せねばならぬと主張する

ものである．是が即ち社会政策存在の理由である．（福田 1922: 6）

このように，当時の闘争を資本と労働の対決として捉えていた福田は，闘争をただ放任するのではなく，政策という手段によって人為的に方向付ける必要性を訴えていた．そして社会政策が向かうべき方向とは，私有財産制によって保護された資本家との対等な闘争を労働者に可能にするべく，労働者を保護すること＝闘争の人格化（厚生化＝社会化）を促すことであった（福田 1922: 160–5）．

主に社会政策の「進歩」の理念との関連のなかで，限定的な形で展開されたに過ぎなかった「社会的なもの」としての生存権論は，この地点において，つまり社会の「調和」を維持するための戦略として新たに位置づけられることになったのである．そうした移行に伴い，生存権論そのものも議論の射程を変化させることになる．この変化を端的に示したのが，森本厚吉が 1921 年に出版した『生存より生活へ』であった．生存の問題は，米騒動のような社会問題の激化を経て，生活の問題へと引き継がれたのである．

では，生存の問題から生活の問題へと引き継がれた「社会的なもの」は，「調和」との関係のなかで具体的にはどのように展開されたのだろうか．それは少なくとも，社会政策の根本哲学といった，抽象的な議論の水準において展開されたわけではなかった．この点について，神戸は以下のように述べている．

> ……社会の全体の秩序と言ふ点から云えば不幸な事になって来る．一面既に生活問題に付いて痛切に困つて居る人が思想上にも自覚して其不安から逃れやうと多少でも努力すると言ふ気分になつて来たのが現在の状況であると思ひます．此等が即ち最近の暴動にも現れて来たのであります．（神戸 1920: 55）

このように，人びとの生活（不安）の問題が米騒動のような暴動を引き起こしているとして，下層階級の生活（生計）を保護する必要性を訴えたのである．そしてその具体策として，消費税の逆進性を指摘したうえで，「上流社会に偏重せる負担となりしかも生産事業に直接の関係なき相続税や，土地増価税や，所得税財産税の如きもの」（神戸 1920: 5）を活用することを提案していた．あるいは別のところでは，より抽象的に，「金持や生産者が自分の配当を出来るだけ少なくして利益をドンドン労働者に分け与へる」（神戸 1920: 57）ことを提案していた．つまり，分配／再分配による生活の保障によって社会の「調和」を図ろうとしたのである．また，南もマルサス人口論を整理するなかで，社会政策の「調和」を維持する手段について次のように述べていた．

> 近時の社会政策は改めて茲に言ふまでもなく，自由放任は最早や有能者以外に向つては用ふべからざることを悟り，自から意識して社会の円満なる発達の為に，社会の統一を維持し，階級間の衝突を弱めんとする努力である．しかして其の具体的の目標は，社会に住む一切の人間に物質上，人間らしき生活を保障せむとするに在る．（南 1928: 268）

生存権が文字通り「生存」の保障であったのに対し，ここでは「人間らしい生活」を保障することが社会の「調和」を維持するための手段として位置づけられている．社会政策の「進歩」の理念を達成するのが生産政策であったとすれば，「調和」の理念を達成するのは分配政策であったというわけである[7]．

### 3.2　闘争を調整する手段としての人口政策

しかし，このように分配政策による人びとの生活の保障という形で「社会的なもの」が新たに具体化されていたとはいえ，社会の「調和」を図るうえで分配／再分配政策を推し進めるだけでは限界があるとされた．分配／再分配政策は，生存競争を生み出す原理とされていた人口法則そのものを根本的に変更するものではなかったからである．この点について，社会学者の川邊喜三郎が非常に分かりやすい説明をしていたのでその内容を確認しておきたい．

> 貧困問題の最大原因は生産分配法の不完全にあるけれども，たとひ生産分配法を如何に公平ならしめても，若し人口が無制限に増加すれば労働過剰を来して，各労働者が受くべき平均分配額は自然と低下しない訳にはいかない．そして生活資料の不足は即ち最大の社会問題たる貧困の発生とい

ふ事になるのである．

……人口過剰の結果は激烈な生存競争に依る自然的又は人為的人口制限となる．（川邊 1922：68-9）

このように，人口問題を解決しない限り，社会問題は分配／再分配政策のみによっては解決できないとされた．それはつまり，「社会的なもの」としての生活の保障は，あくまで人口政策との関連において展開される必要があることを意味していた．

以上の社会政策の議論を踏まえるなら，階級闘争の調整のために，闘争を生み出す原理とされていた人口法則そのものに注目が集まったのは論理的な必然性があったといえる．実際に福田も，「一切の社会問題，労働問題は必ず此人口論なるものと没交渉なり能はざる」（福田 1922：398）と述べていた．あるいは別の所では，「社会問題は文化淘汰より起る」という題目のなかで，「淘汰の間に起る弊害を成るたけ少なくして，之が為に無用なる苦痛を蒙らない様にすることが人口政策の要目であります」（福田［1921］1925：555）と述べているように，人口政策は社会問題を緩和するものとされていた．ここで注目すべきは，競争の結果として生じる淘汰作用を緩和する必要があるにしても，淘汰作用そのものを消し去るべきとは述べられていない点である．あくまで競争を許容できる範囲内に統制することに注意が払われていた．また，生存の問題を生活の問題に置き換えることを主張した上記の森本も，その保障のためには「性欲と食欲の調和を保たしめる」（森本 1922：141-2）必要があるとして，人口調整の手段である新マルサス主義（産児制限）に賛同していた．最後に，この後に日本におけるマルサス人口論の第一人者となる南も，社会問題と人口の関係について次のように述べていた．

恐らく一切の社会現象はその根底を人口現象に有し，一切の社会問題はその根源を人口問題に発する．……かくて人口問題の考察は，一切の社会科学的・社会政策的研究の根本的出発点であり，同時に又，その帰着点でもある．（南 1928：6）

このように，社会の根底には人口が据えられていた．したがって階級間の闘争の激化として捉えられた社会問題の根底にも，人口問題が横たわっているとされたのである．

こうして，社会政策の根本理念である「進歩」と「調和」を同時に可能にする範囲での闘争の実現のために，社会政策論者の関心は人口の量的問題，より正確には人口と食糧のバランスの統制へと向かうことになる．人口が食糧に対して少なすぎれば，「進歩」の原動力となる生存競争は生じない．しかし，その一方で，人口が食糧に対して多すぎれば，生存競争が激化し，社会の「調和」が乱れて米騒動や革命が生じてしまう．「進歩」と「調和」のバランスそのものが，人口と食糧のバランスに基づくものであると考えられたのである．

この後に日本で隆盛することになる人口論／人口政策論の担い手の大半が，この時期の社会政策（学会）を学問的な出自としていたのは，こうした論理的必然性をその背景に持つからである[8)]．次節では，日本で最初に設置された人口問題に関する公的諮問機関である人口食糧問題調査会（1927 年設置）において，実際に社会政策論者が独自の人口政策論を展開していたことを確認する．

## 4 社会的人口政策論

すでに述べたように，1918 年の米騒動を契機として，社会問題の激化という文脈が社会政策論者に共有されはじめていた．それはつまり，社会問題の根本原因として人口問題を位置づけていた社会政策論者にとって，人口問題への取り組みの必要性が生じたことを意味していた．1918 年の米騒動とともにこの流れを決定づけたのは，1920 年に日本で初めて実施された国勢調査によって「人口増加」が広く知られるようになったからである（山田 2019: 131）．それまで主に理論的な水準において生存権と人口法則の関係が論じられていたのに対し，1920 年代後半からは，実際に日本で過剰人口が生じているという認識のもとに，人口政策をめぐる議論が隆盛することになったのである．そして，いよいよ 1927 年に至り，人口過剰問題への具体的対応策を検討するための公的諮問機関として人口食糧問題調査会が設置されると，そこで答申作成の中心的な役割を果たすことになったのは社会政策論者であった．

それらの答申案のなかでも，とくに人口の統制に関する答申案を作成するさいの起草委員（3名）の1人に選ばれたのが福田であった．ではそこで展開された福田の人口政策論とはどのようなものだったのだろうか．少し長くなるが福田が提出した答申案（「人口統制C案」）をみてみよう．

> 人口の民勢的状態健全なる諸国に在りても猶ほ数量の上に於て統制を加ふるにあらざれば，国力の発展，産業の振興に於て其の万全を期するを得ざるは古今東西の史実の明に示す所なり．況んや我邦現在の人口自然増加は死亡率著しく高きに拘らず，出生率更らに高きによりて高率を支持するものにして，所謂多産多死の奇形態に属し，これが数量的統制の必要あることは多言を待たざる所なり．此の奇形態を改善して，出生率必ずしも高からずしかも死亡率更らにはるかに低きによりて，自然増加率の高きを支持する健全なる人口状態の実現を期するは，我邦人口問題解決上一日を緩するを得ざる最緊要の事に属す．（人口食糧問題調査会 1930：46）

このように，過剰人口問題への対策を論じる場にあっても，福田の関心はあくまで「国力の発展」や「産業の振興」に集中していた．そしてその人口政策論についても，多産多死から少産少死への移行を主題としつつ，人口の自然増加率そのものは高いままであることを望んでいたのである．人口論とのつながりにおいて福田の社会政策論を捉えるとき，あくまで福田の思想が社会政策の「進歩」の理念を中心としたものであったことが明らかになるのである．別言すれば，結果的に福田は，社会政策の「進歩」と「調和」の双方の理念をバランスよく達成するための政策枠組みを具体化することができなかったということを意味している．

しかし，人口食糧問題調査会で中心的な役割を果たした社会政策論者は，実は福田ではなかった．人口食糧問題調査会が最終的に提出した答申は建議を含めて全部で8つあり，そのほとんどの原案を作成したのは社会政策論者の永井亨であった（人口食糧問題調査会 1930）．そして，永井が提出した答申案を総合的に検討すると，それらは人口問題への根本対策として位置づけられていたにもかかわらず，単に人口そのものの統制に限定されていたわけではなかった．むしろ，社会問題の激化とともに社会政策が主題とするようになった，社会の「調和」を維持するための分配／再分配政策などの論点を多分に含んだものだったのである．このことから，生存権を経て生活保障へと至る一連の社会政策論を引き継いだのは，永井であったことがわかる．

では，人口の統制以外も含めた根本対策がどのようなものだったのか見ていこう．永井が提出した「人口問題根本対策調査要綱（根本対策 A 案）」は大きく 5 つの項目から成っており，それぞれ「第 1　生産力増進に関する方策」「第 2　労働力発展に関する方策」「第 3　生産額分配に関する方策」「第 4　生活費削減に関する方策」「第 5　人口調節に関する方策」（人口食糧問題調査会 1930: 26–8）となっている．そして，これらの根本対策に関する議論の延長線上に「人口統制に関する諸方策」「生産力増進に関する諸方策」「分配及消費に関する方策答申」という 3 つの答申が作成されることになる．

まず，福田もその起草委員の 1 人に選ばれた「人口統制に関する諸方策」について，永井の当初の案（「根本対策 A 案」）では，「出生率の緩和並産児の合理的制限」（人口食糧問題調査会 1930: 28）という形で出生率の低下の必要性が明示されていた．この点は，「進歩」を第一に考え，高い人口増加率を維持しようとしていた福田の政策論とは対照的であった．また，「生産力増進に関する諸方策」についても，その名称からすれば社会政策の「進歩」の理念に関わる答申案であるかのような印象を受けるが，もともと永井が提出した原案は「労働需要増進方策に関する答申案」となっており，あくまで狙いは過剰人口（失業者）のための雇用の創出にあった．つまり，永井の提出した原案はいずれも，人口と食糧（職）とのバランスを取ることで社会の「調和」を図ろうとするものであったということを意味している．

それを明確に示しているのが，3 つ目の「分配及消費に関する方策答申」である．この答申の原案は，永井が「一般人口方策に関する答申案」（人口食糧問題調査会 1930: 66）として提出したものであり，根本対策のなかでもとくに重要視されていたものである．そのタイトルからもわかるように，「根本対策 A 案」のうちの「第 3　生産額分配に関する方策」と「第 4　生活費削減に関する方策」を統合したものであった．より具体的な方策の内容としては，「救貧制度の整備実施に努むると共に最低賃金制度，各種社会保険等生活保障に関する適切なる施設を調査実行すること」（人口食糧問題調査会 1930：140）が述べられるなど，基本的には分配政策による生活保障を主眼としていた．他にも，社会政策が重要視していた労働者の保護について，「失業保険其の他職業保障に関する適切なる施設を調査実行すること」（人口食糧問題調査会 1930：141）などが方策に含まれていた．また，神戸が中心的に論じていた税制を通じた分配／再分配の公正についても，「不労所得の制限，奢侈の防止を目的とする税法改正を期すること」（人口食糧問題調査会 1930：143）などが挙げられていた．つまり，その名称からすれば人口と食糧のバランスについて論じる場に過ぎなかったはずの人口食糧問題調査会において，それまで社会政策論者が「調和」を維持するための政策論のなかで中心的に論じてきた，「分配」と「生活」に関する方策が根本対策の 1 つとして展開されていたのである．「社会的なもの」の出発点であった生存権論を引き継ぐ形で展開された生活保障の議論は，人口問題との根本的な結びつきのなかで，いわば社会的人口政策論とでも呼びうるような総合的な政策論として結実することになったのである．

ところで，ここまで見てきた社会的人口政策論は，社会問題の激化とともに隆盛した人口過剰問題に対応するために展開されたものであり，基本的には「調和」の維持・回復を主眼としたものであった．しかし，永井の提出した人口統制に関する原案では，出生率の緩和（産児制限）の必要性が示されていた一方で，「所謂一家二児制の如き慣行は，人口過少の結果を招き民族衰退の運命に陥る処あるべき所以を国民に周知せしむること」（人口食糧問題調査会 1930：40）とあるように，人口過少に対する懸念も示されていた．つまり，人口過剰問題を論じる場において，「進歩」を主眼とした人口増加論を展開した福田の議論は極端といえるものだったにしても，永井の人口政策論においても「進歩」への明確な関心／配慮を確認することができるのである．それはつまり，社会的人口政策論の射程は，単に「調和」に限定されていたわけではなく，あくまで「進歩」と「調和」という社会政策の双方の根本理念を実現しようとするものであったことを意味している．

## 5 おわりに

以上のように，日本における「社会的なもの」の出発点であった生存権論は，人口論によって限定的な形で展開されることになった．しかしその一方で，生存権を限定していた人口法則の帰結としての生存競争は，漸進的に〈限定的生存権〉の限界を拡張していく進歩の機制をも構成していると考えられた．社会政策の「進歩」の理念との関係のなかで，結局はそうした生存競争の積極的側面が評価されることになったのである．

その一方で，人口増加によって生存競争が激しくなり過ぎれば，当時の社会秩序＝資本主義体制は破綻してしまうとも考えられた．米騒動などの社会問題の隆盛を契機として，生存競争の負の側面に再び注目が集まることになったのである．それに伴い，社会政策のもう 1 つの理念である「調和」との関係において，生存権は分配／再分配政策による生活保障として新たに位置づけられることになった．つまり，「進歩」の原動力である生存競争によって限定されていた生存権は，「調和」の理念と結び付くことでその役割を拡大することになったのである．

とはいえ，〈限定的生存権〉による生存競争の最適化にしても，生活保障による生存競争の緩和にしても，生存競争を生み出す人口法則そのものを根本的に変更し得るものではなかった．ここから，社会政策は「進歩」と「調和」を同時に可能にする適度な競争状態を生み出すために，その根本条件である人口の統制へと向かうことになったのである．1927 年に設置された人口食糧問題調査会では，社会政策論者が中心となって，人口と食糧（生産力）のバランスの統制のほかに，分配政策による生活の保障という米騒動以降の社会政策の中心的テーマを人口問題の「根本対策」として展開していた．社会政策の「進歩」と「調和」という理念を同時に可能にする政策論として，人口論と「社会的なもの」を総合した社会的人口政策論が編成されたのである．

以上を鑑みるなら，冒頭で述べた日本における「社会的なもの」の系譜学的な検討という研究課題において，人口論が無視できない位置にあるのは明らかである．本稿で取り上げた，いずれの局面においても，人口論は「社会的なもの」に対して根本的な影響を及ぼしていたからである．それは翻って，現在の福祉国家の危機という文脈のなかで，日本における「社会的なもの」の思想的系譜を掬い上げようとするさいに，同時に引き受けなければならない課題のありかを指し示している．つまり，日本における「社会的なもの」の掘り起こしは，同時に，「人口の調整」という極めてセンシティヴな問題を浮上させることを意味しているのである．ここに，日本における「社会的なもの」の系譜学的研究が，あらためて統治性研究の水準において展開されなければならない理由がある．

**※付記**　本稿は，下記の学会報告原稿に大幅な加筆修正を加えたものである．
山田唐波里，2019,「『社会的なもの』と人口をめぐる議論――社会政策における近代的人口論の位置づけ」第 92 回日本社会学会大会報告原稿.

## 注

1）1920 年に社会行政を担当する部署として内務省社会局が設置され，その 2 年後に外局となる．そしてその後の人口問題の隆盛を受けて，社会局は 1929 年に人口問題調査機関の設置に関する決議文を作成している（財団法人人口問題研究会 1983：15–6）．同じく人口問題の隆盛を受けて 1927 年に設置された人口食糧問題調査会（諮問機関）は，1930 年に「人口問題に関する常設調査機関設置に関する件」と「社会省設置に関する件」の 2 つを政府に建議している（人口食糧問題調査会 1930：106）．それらを受けて，1933 年には内務省社会局発起のもと半官半民の組織として財団法人人口問題研究会（以下人口問題研究会と略記）が設置されている（財団法人人口問題研究会 1935）．なお，人口問題研究会の事務局は内務省社会局内に置かれた．つづいて，1937 年に人口問題研究会が主催した第 1 回人口問題全国協議会における政府諮問への答申のなかで「独立社会行政機関（新省）」の設置が要望されている（財団法人人口問題研究会 1938：42）．翌年の 1938 年に行われた第 2 回人口問題全国協議会では，戦時体制の強化により半官半民の人口問題研究会では取り扱えない機密情報が増えたため，あらためて「人口問題に関する国立常設調査機関設置の建議」（財団法人人口問題研究会 1939：55–8）が提出されている．そして，1938 年には厚生省が，1939 年には厚生省人口問題研究所がそれぞれ設立されることになった．なお，内務省社会局が厚生省に移管されたことを受けて，人口問題研究会の事務局も厚生省社会局内に移されている．その後，総力戦体制の強化による研究所の統合にさいして，厚生省人口問題研究所は厚生省研究所に統合され，厚生省研究所人口民族部となっている．
　そして戦後になり，厚生省人口問題研究所は 1946 年に再び独立している．しばらく間が空き，1965 年に特殊社会法人社会保障研究所が設置されている．そして，

1996 年に厚生省人口問題研究所と特殊社会法人社会保障研究所が統合され，国立社会保障・人口問題研究所となって現在に至る．

2) 社会政策学会の趣意書には，「余輩は放任主義に反対す，何となれば極端なる利己心の発動と制限なき自由競争とは貧富の懸隔を甚しくすればなり．余輩は又社会主義に反対す，何となれば現在の経済組織を破壊し資本家の絶滅を図るは国運の進歩に害あればなり．余輩の主義とする所は現在の私有的経済組織を維持し其範囲内に於て個人の活動と国家の権力とに由つて階級の軋轢を防ぎ社会の調和を期するにあり」(国家学会 1899: 601) とある．ここから，社会政策が自由放任主義と社会主義の双方に対抗する立場であり，その理念として「進歩」と「調和」の 2 つを掲げていたことがわかる．

3) 左右田との論争が生存権の哲学的な位置付け（文化価値）をめぐって生じた抽象度の高い議論であったのに対し，この人口法則による生存権の制限については，ほとんど反論の余地のないものとして福田および左右田も含めた同時代の多くの社会政策論者に受け入れられた．その意味では，社会政策における学説史上の位置づけはともかくとして，生存権論に対してより根本的な影響を及ぼしたのは生存権論争ではなくマルサス人口論であったといっても過言ではない．

4) 左右田は文化価値として生存権を位置づけることを否定していた（左右田 [1915] 1918: 138, [1918] 1922: 28)．その理由としては，文化価値は先験的形式を指すものであるにもかかわらず，生存権はそれに内容的制約を与えようとすることにほかならないから，あるいは「である（存在)」から「であるべき（当為)」は演繹できないからといった，文化価値の哲学的な位置付けをめぐるものが中心であった．

5) 社会主義がもたらす完全な平等は，この進歩の機制と相容れないため社会政策において否定されていた（左右田 [1918] 1922: 28; 神戸 1920: 2–3)．平等に分配される富の生産力そのものが増加しなければ，全体の幸福（福祉）は増進しないと考えられたからである．そしてこのことは，おそらく社会政策がいわゆる「生産主義」の側面を強くもっていたということを示している．

6) マルサスが論争のなかで「道徳的抑制」という人為的な人口制限（「妨げ」）の可能性を示していたことが注目されるようになる．これにより，マルサス人口論は人口過剰の必然性を示す自然法則に関する理論ではなく，人為的に変更可能な社会法則の側面を持つ理論と考えられるようなる（藤村 1924: 31; 南 1928: 65)．なお，人口法則の人為的な変更可能性についての議論のなかで注目されたのは，マルサスの「道徳的抑制」ではなく，新マルサス主義的な「産児制限」であった（藤村 1924: 559)．

7) その一方で，分配政策による生活保障は，単に「調和」に資するものと考えられていただけではなく，それにくわえて生産力の向上に繋がるものであるとも考えられていた（神戸 1920: 85; 森本 1921: 208–9)．

8) この社会政策と非常に近い役割を果たした学問として，社会学が挙げられる．米田庄太郎やその弟子の高田保馬，日本社会学院の創設者の 1 人である建部遯吾などが 1920 年前後から積極的に人口論／人口政策論を展開していた（米田 1921; 建部 1925; 高田 1927)．しかし，そのさい，どちらかといえば「進歩」に傾倒した人口増加論を支持する論者が多かった．

また，この時代に社会政策と同じく「社会」を主題とした思想として社会主義が挙げられる．しかし，社会主義は社会問題の原因を生産体制（資本主義）に限定する立場であったため，人口の統制によって社会問題を解決しようとする上記の流れには与しなかった．

## 文　献

有馬学，［1999］2013，『日本の近代――「国際化」の中の帝国日本 1905～1924』中央公論新社．

Donzelot, Jacques, ［1984］1994, *L'invention du social: Essai sur le dēclin des passions politiques*, Paris: Ēditions du Seuil.（真島一郎訳，2020，『社会的なものの発明――政治的情熱の凋落をめぐる試論』インスクリプト．）

Foucault, Michel, 2004, *Sēcuritē, territoire, population: Cours au Collēge de France 1977–1978*, Paris: Seuil/Gallimard.（高橋和巳訳，2007，『安全・領土・人口　コレージュ・ド・フランス講義　1977–1978 年度』筑摩書房．）

藤村信雄，1924，『人口論――「マルサス」説の研究』中屋書店．

福田徳三，1915，『経済学研究』同文館．

――――，1918，『経済学考証』佐藤出版部．

――――，1922，『社会政策と階級闘争』大倉書店．

――――，［1921］1925，『経済学全集　第 2 集　国民経済講話』同文館．

市野川容孝，2006，『思考のフロンティア　社会』岩波書店．

猪原透，2013，「『社会の発見』再考――福田徳三と左右田喜一郎」『立命館大学人文科学研究所紀要』96：25–56．

人口食糧問題調査会，1930，『人口食糧問題調査会人口部答申説明』人口食糧問題調査会．

神戸正雄，1920，『社会問題』日本図書出版．

川邊喜三郎，1922，『病める社会』実業之日本社．

川島章平，2005，「福田徳三における『社会の発見』と個人の生」『相関社会学』15：18–33．

小島憲，1926，『文化の特質と社会問題』有斐閣．

国家学会，1899，『国家学会雑誌　第 150 号』東京大学大学院法学政治学研究科．

南亮三郎，1928，『人口法則と生存権論』同文館．

――――，1943，『人口原理の研究――人口学建設への一構想』千倉書房．

宮島英昭，1983，「近代日本における『社会政策的自由主義』の展開――福田徳三の『生存権論』の史的分析」『史学雑誌』92(12)：1894–920．

森本厚吉，1921，『生存より生活へ』文化生活研究会出版部．

――――，1922，『新生活研究』文化生活研究会出版部．

野村兼太郎，1921，『社会生活と理想哲学』下出書店．

重田園江，2003，『フーコーの穴』木鐸社．

――――，2010，『連帯の哲学 I ――フランス社会連帯主義』勁草書房．

左右田喜一郎，［1915］1918，「経済政策の帰趣」『左右田喜一郎論文集　第 1 巻　経済哲学の諸問題』佐藤出版部，125–48．

――――，［1918］1922,「価値哲学より観たる生存権論」『左右田喜一郎論文集　第2巻　文化価値と極限概念』岩波書店，3-30.
杉田菜穂，2010,『人口・家族・生命と社会政策――日本の経験』法律文化社.
――――，2013,『〈優生〉・〈優境〉と社会政策――人口問題の日本的展開』法律文化社.
社会思想史学会，2009,『社会思想史研究　No.33　特集・福祉国家・社会国家の思想再訪』藤原書店.
――――，2010,『社会思想史研究　No.34　特集・〈社会的なもの〉の概念再考』藤原書店.
高田保馬，1927,『人口と貧乏』日本評論社.
建部遯吾，1925,『現代社会問題研究　第6巻　食糧問題』同文館.
玉井金五・杉田菜穂，2015,「戦前日本社会政策論史の転換点――福田から大河内へ」『愛知学院大学論叢経済学研究』2(2)：1-16.
――――，2016,『日本における社会改良主義の近現代史――生存への希求』法律文化社.
田中拓道，2006,『貧困と共和国――社会連帯主義の誕生』人文書院.
Walters, William, 2012, *Governmentality: Critical Encounters*, London: Routledge.（阿部潔・清水知子・成実弘至・小笠原博毅訳，2016,『統治性――フーコーをめぐる批判的な出会い』月曜社.）
山田唐波里，2019,「近代的統治戦略としての〈均衡化〉――『人口方程式』の編成と政策論への導入」『社会学評論』70(2)：128-45.
柳父章，1982,『翻訳語成立事情』岩波書店.
米田庄太郎，1921『現代人口問題』弘文堂書房.
財団法人人口問題研究会，1935,『財団法人人口問題研究会要覧』財団法人人口問題研究会.
――――，1938,『第1回人口問題全国協議会報告書』刀江書院.
――――，1939,『第2回人口問題全国協議会報告書』刀江書院.
――――，1983,『人口問題研究会50年略史』財団法人人口問題研究会.

# abstract

## Relationship between “The Social” and Population Theory in Japan: Positioning of Malthusian Population Theory in Social Policy

YAMADA, Karahari
Hosei University

This paper aims to reexamine the genealogical study of “The Social” in Japan in relation to the debate over population. Specifically, it focuses on discussions regarding the right to existence in social policy and examines its relationship to population theory.

It was believed that the right to existence, the starting point of “The Social” in Japan, was limited by Malthus’ law of population, and concurrently, that the limit was extended by the law of population. This is because it was considered that the struggle for existence resulting from the law of population denies the universal right to existence and, at the same time, constitutes the mechanism of progress. Then, by connecting to the idea of the “progress” of social policy, the latter aspect was especially emphasized in social policy.

Conversely, it was believed that social order would be broken if the struggle for existence became too intense due to population increase. In relation to “order,” another concept of social policy, the issue of the right to existence became newly positioned as an issue of life security.

Thus, to create a state of competition in the compatibility of “progress” and “order,” social policy attempted to control the population, which is the fundamental condition of competition. Subsequently, a comprehensive population policy, which should be called “the social population policy,” was instituted.

Keywords：Right to existence, The Social, population theory, progress, order

| 自由論文 |

# 大人の発達障害者のコミュニティにおけるメンバーシップの構成

御旅屋　達

子どもの発達障害への関心の高まりを追うような形で，大人の発達障害もまた社会的課題となっているが，その需要に比して大人の発達障害者向けの支援の整備は十分とはいえず，それを代替するような形で当事者活動へのニーズが高まっている．しかし，多様な特性を有した発達障害者同士が，困難を共有し，解決する方法については不明な点が多い．本稿は，発達障害者のコミュニティにおいて，利用者がいかなる方法で相互に「信頼」を担保し，互いのメンバーシップを確認しているのかについて検討を行った．

本稿で得られた知見は次のとおりである．第一に，当事者コミュニティのメンバーシップの確認において「発達障害」という診断があることそれ自体は大きな意味を持たない．第二に，発達障害の当事者であることが，専門家が支援者として信頼される条件となっている．第三に，当事者同士のコミュニティにおいては，同じような困難を経験しているという信頼に基づいて，儀礼的な行為が免責されている．第四に，コミュニティのメンバーは，メンバー同士の身体状況を参照しながら自身の身体の状況を確認していることがわかる．第五に，儀礼的行為が免責されることにより，対人関係上のリスクの無効化が図られている．

キーワード：発達障害，当事者活動，メンバーシップ，信頼

## 1 はじめに

### 1.1 問題の所在

本稿の目的は，大人の発達障害者のピアサポートやセルフヘルプを行うコミュニティにおいて，その成員がどのように構成・維持されているのかについて明らかにすることにある．

おたや さとし｜立命館大学・准教授｜otaya@fc.ritsumei.ac.jp

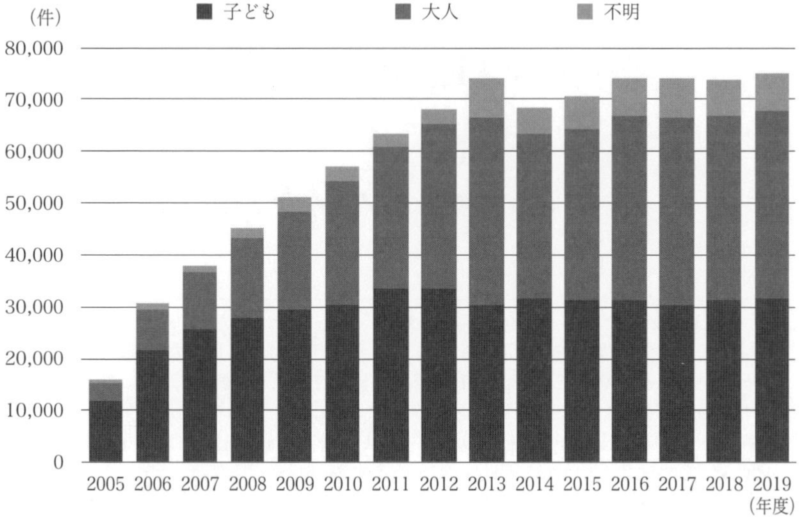


図 1　全国発達障害者支援センターにおける相談・発達・就労支援数の年齢別推移

出所：発達障害情報・支援センター（2019）より作成

子どもの発達障害への関心の高まりを追うような形で，大人の発達障害への関心が，徐々にではあるが高まってきた．図 1 は全国の発達障害者支援センターにおける支援件数の推移を示したものである．2005 年度から 2019 年度にかけて，子どもの支援件数の増加率が 2.5 倍程度であるのに対し，大人の支援件数は約 10 倍の増加を示していることがわかる[1)]．この間大人の発達障害についてのメディアの報道や関連する書籍の出版も相次いでおり，学校空間における問題として注目された発達障害は，現在では世代を問わない関心事となってきたといえよう．

しかし，一方で学校現場（とその周辺）における支援に比べ，大人の発達障害者に対するそれは未だ過渡期にあり，「モデル事業的な地域限定のものや研究段階のものもあり，広く一般化し，質・量ともに十分用意されている事業は少ない」（山岡 2014：824）という指摘もなされている．また，障害者職業総合センター（2013）や佐藤・原（2015）などによって，地域若者サポートステーションの利用者に一定数の発達障害を疑われる者が含まれ，若者支援の現場が無業状態にある発達障害を抱えた若者の事実上の受け皿となっていることが示唆されているなど，その関心の高まりに比して，大人の発達障害者への支援が十全に制度化・整備されているとはいいがたい状況にある．

支援が不足する状況下において当事者の取りうる選択肢の一つに，当事者同士によるセルフヘルプやピアサポート活動への参加がある．ただし，大人の発達障害者の当事者活動について，その活動実態や全貌についての研究は現段階ではほとんど行われておらず，制度的支援のどのような部分を代替しているのか，独自の機能はいかなるものなのかといったことについての情報も十分ではない．確認できる調査の一つに，発達・精神サポートネットワーク（2017）が行なった，全国の発達障害者支援センターおよび各センターが把握している当事者会への質問紙調査がある．同調査によると，「発達障害者又はその家族から当事者会について質問を受けた経験」の有無について尋ねた質問に対して，回答を行なった全ての支援センターが「ある」と回答している．また，当事者会を対象とした実態調査では，その活動内容は茶話会（76%）や交流会（49%）が中心であり，当事者会を始めた理由については「苦労や悩みの共有」（86%）「当事者同士の繋がり」（64%）が挙げられている．照山・堀口（2012）もまた，発達障害者のコミュニティについて「日常生活におけるさまざまな『困り感』を共有し，仲間内で相談しあったり情報を交換したりすることを目的」（照山・堀口 2012：1167）とまとめている．これらの調査からは，当事者同士による活動の場へのニーズは，仲間を獲得し，困難経験を共有することによるエンパワメントと道具的知識の獲得にあることがわかる．

しかしながら，当事者活動，とりわけ大人の発達障害者のそれにおいては，しばしば対人関係上のトラブルによって活動の維持が困難になることも報告されている．山田（2011）は，自身も当事者活動を主催する立場から，発達障害当事者によるグループの維持が難しいことを指摘し，その原因として「目的意識の共有の難しさ」「障害特性の多様性，単純な誤解による信頼関係構築の困難」「格差による羨望や嫉妬」「スタッフのキャパシティを超えた過大な役割期待」の４点を挙げている．こうした原因により，様々なトラブルを通じて参加者に「発達疲れ」という現象が起きるとし，「『当事者だからわかり合えるはず』という期待が，より落胆を大きくしてしまう」という．また，精神科医の高岡健も，「勝手な推論である」と前置きした上で，自閉スペクトラム症者は「集団や圧力団体を作ることができません」（村瀬ほか 2008：37）とするなど，特性と活動の相性の悪さも指摘されている．

たしかに発達障害には，コミュニティを形成しようとする際に課題となる特徴を何点か指摘することができる．

第一に，山田も述べているように，発達障害がいくつかの障害特性を内包したカテゴリーであり，障害特性が多様であることが挙げられる．それゆえ「苦労や悩み」，「困り感」もまた多様である．多様な参加者を内包したコミュニティにおいて，自身の抱える「苦労や悩み」，「困り感」を共有することは容易ではないだろう．また，当事者によるコミュニティが多様な成員を内包する開放的な空間となった場合，そこでは異質な他者との出会いが期待できるが，その場におけるマイノリティが排除される可能性が高まるというリスクも指摘できる（南出 2015）．

第二に，発達障害の診断名の一つに自閉スペクトラム症（以下 ASD）があるように，その困難さは一様に現れるものではなく連続性をなすという特徴がある．加えて「医療的概念でありながら，科学的根拠や原因が特定されておらず，曖昧で不確実な要素を持っている」（木村 2006：8）という指摘もある．こうした曖昧さによって，同じ診断を受けていても困難経験は共有されなかったり，同じような経験を共有していても診断が異なったりする可能性を指摘できる．

第三に，発達障害はコミュニケーション・社会性の障害と呼ばれ，発達障害者――特に自閉傾向にある者――と非発達障害者の間でのコミュニケーションには困難さが指摘されてきたことが挙げられる．自閉症者の語る言葉がしばしば宇宙人の語る言葉という比喩で表現されることを示し，自閉症者と非自閉症者の関係における相互理解の難しさを指摘したハッキング（Hacking 2009）や，自閉症を「通常に期待されるコミュニケーションのあり方から著しく逸脱しているコミュニケーションを共有している異質な人々をグループ化するのに有用な名目上のカテゴリー」（Nadesan 2005：9）としたナデサンのように，特に自閉症者のコミュニケーションの様式は，非自閉症者のそれの外部に位置づくものとして認識され，また自閉症というカテゴリーは独自のコミュニケーションの様式を持つものとして理解されてきた．また，当事者同士の間においてもコミュニケーションの困難さが指摘される．先に触れた発達・精神サポートネットワーク（2017）による調査でも，「当事者会を運営していて苦労している点」に「対人関係上の問題（利用者）」(52.5%）という回答が最も多くなるなど，当事者同士の対人関係の構築は決して容易なことではない．

このように，発達障害にはその多様さと曖昧さに起因する「当事者」の弁別の難しさと，当事者間，あるいは当事者と非当事者間の対人関係構築の難しさを指摘することができる．であるならば，「苦労や悩みの共有」が可能な集団が形成されるのはいかなる条件によるのか，当事者同士はその特性の多様さや連続性，コミュニケーションの困難をどのように理解し，活動を成立させているのか，といった問いが焦点になるだろう．

以上より，本稿ではコミュニティにおけるインタビューデータの検討を通じ，「発達障害」という医療的なカテゴリーのもとで集まったコミュニティのメンバーシップがどのように構成・維持されているのか検討していくこととする．

検討の対象となるのは，発達障害者のためのコミュニティカフェ[2)]の利用者へのインタビュー調査の記録である．

## 1.2　先行研究と概念枠組み

本研究は当事者コミュニティにおけるメンバーシップのあり方について検討するものである．ここでは，当事者によるピアサポート活動やセルフヘルプグループ（以下 SHG）におけるメンバーシップについての先行研究について整理を行い，本稿の位置付けを明らかにしておく．

SHG は「何らかの問題・課題を抱えている本人や家族自身のグループである」(久保 1998: 2）と定義されるように，そのメンバーは同じ問題を抱えていることが条件の一つであるといえる．先行研究においても当事者団体には何らかの困難の経験が共有されていること，参加者にとっては同様の経験を有している（と表明する）ことがメンバーシップの条件となることが明らかにされてきた．例えばグループで語られる「共同体の物語」がグループでの居心地や継続参加に影響を与えるとする福重（2013）や，病を語ることがメンバーシップを担保するが，会の規範から外れた発言は採用されなかったとする栄（2016）などをあげることができる．こうしたメンバーシップ規範は操作的に用いられることもある．中村・浦野・水川（2018）は，精神障害者の当事者研究における会話分析を行い，その場にいるものが全員「自己病名」を宣言することで，作業療法士という専門的資格を持つ者の当事者役割を可能にしていることを指摘する．

こうした活動の内実が明らかになると並行し，メンバーの困難経験の同質性についても問い直しがなされてきた．伊藤（2000）は，「共同体の物語」への適応がメンバーシップを担保するという素朴な結論に対して慎重な姿勢を取り，「当事者の『同じ経験を分かち合う』とか『同じ仲間』といった言葉も，字義通りに何か実体的な「経験」といったものが共有されていることを意味するのではなく，語りの場への帰属感を象徴している」（伊藤 2000：96）ことを主張する．安藤（2003）もまた，「同じ」経験をしていることは，セルフヘルプ活動において規範的，メンバーシップの確保として作用するということを指摘しているが，同時に「“同じ”経験が規範的に働いているということは，“違う”経験の地盤にもなっている」（安藤 2003：221）とし，メンバー間において相談活動などの非対称な関係性を妨げるものではないと指摘している．実践面においても佐藤（2013）は，「『違い』についての学び合いがないと，批判したり比べたりしないことという，グループにおいて重要な原則の遵守が困難になり」，「ものの見方・考え方は一様ではなく多様であるということの気づき」（佐藤 2013：138）がなされないとする．

このような共同体の物語への適応によるメンバーシップの確認は，体験の分かち合い（岡 1999）を目的としたSHGにおいては有効なモデルだが，大人の発達障害者の当事者会については，上述のように茶話会や交流会といった特にテーマを設けない居場所的な活動が中心となっている．全ての「当事者」のコミュニティが「回復」に向けた物語を想定しているわけではなく，こうした物語が存在しない当事者活動についての検討も必要である．

また，当事者コミュニティのメンバーシップについて検討することは，「当事者」は誰かを問う作業に接続することにもなる．しかし，いかなる基準をもって「当事者」が確認されるかについての議論も，簡単な作業ではない．「障害者の内部においても，『当事者性』の線引きをめぐる議論が行われて」おり，「『誰が（障害）当事者なのか？』という問いには明確な回答が与えられて」いない（森岡 2009：54）．とりわけ発達障害においては，当事者とそうでない者の境界はより曖昧になり，当事者にまつわる議論が困難なものとなっていると考えられる．その理由としては，先にも述べた障害の曖昧さ，多様さに加え，現在も診断基準の改訂が重ねられていること，診断を受ける者が増加の只中にあることなどが挙げられるだろう．さらに，特に大人の発達障害に関していうならば，その診断の需要に比して診療可能な医師が不足しており，そのため医療的診断がなされない「グレーゾーン」にあたる人の増加が指摘されている（姫野 2019）など，医療的診断があることがそのまま当事者の全体像を表すわけではないことにも注意が必要である．また，上野（2011）は，「当事者」について「ニーズを顕在化させた個人」（上野 2011：79）と定義しているが，「発達障害が元々小児期の問題として専ら捉えられてきた」ため，「成人期の当事者へのニーズを集めて，提言していくといった組織も存在」せず「『親の会』や『支援者（医療機関の学会等）』が，当事者を代弁する形でニーズの提言を行ってきた」（発達・精神サポートネットワーク 2017：5）とされる大人の発達障害については，「当事者」の「ニーズ」が十分に示されてこなかったがゆえに「当事者」の輪郭を定めることが困難であるという点も指摘できる．

すでに確認したように，当事者同士の活動の主要な役割の一つは，困難経験の共有にあるが，個人的なスティグマを開示することにはリスクが伴うため，発達障害者のコミュニティは，慎重な対応を行う必要がある．重要なのは，コミュニティの成員同士の関係において，互いが傷つけられないという信頼を担保することであると考えられる．

この点について本稿では，ギデンズの「信頼」についての議論を援用しながら読み解いていく．ギデンズは「信頼」概念を《顔の見えるコミットメント》を必要とする《人間に対する信頼》と《顔の見えないコミットメント》を要求する《システムに対する信頼》に分け，近代社会は抽象的な《システムに対する信頼》によって成立していると指摘し，中でも抽象的システムに属する「専門家システム」への信頼が重要となると指摘する（Giddens 1990=1993：111-112）．「専門家システム」は，個人にとってはそれが正しいのかどうか不確実な知識についての正しさを信頼することで維持される．「発達障害」，すなわち「脳機能の障害」（発達障害者支援法）の診断は，精神科医という専門家によってなされるが，私たちは自身の脳内を観察することはできない．しかし，専門家による診断を通じて，自身に「脳機能の障害」があることを知ることはできる．特に大人の発達障害において，診断を受けることにより，自己理解が進み，安心がもたらされる効果についてはしばしば指摘される（ニキ 2002，水間 2006 など）が，こうした機能が成立するには，自身の身体状況を説明する専門家システムへの信頼が前提となるだろう．一方で「困難経験による当事者性」を確認するには，利用者相互が自身の困難体験を表出することが必要となるが，その際には相手が裏切らず，自身を傷つけることがない，という《人間に対する信頼》が必要となると整理できよう．

## 2 本研究の対象と方法

本稿で用いるのは，首都圏にある発達障害者を対象としたコミュニティカフェ X において行なったインタビュー調査の記録である．X は発達障害の当事者によって運営されているコミュニティカフェであり，スタッフも全員が発達障害者である．発達障害の診断を受けている利用者が目立つが，未診断者や精神障害（疾患）の利用も妨げていない．

X は 2010 年に運営を開始，昼間はカフェ，午後 6 時以降は自由利用のフリースペースとして活用されている．フリースペースの時間帯では，フリートークやインターネットによる番組配信など年間約 100 回のイベントが開催されているが，それらはすべて利用者によって企画・運営されている．利用者について特に制限を設けていないが，20 代から 40 代の男性が多く，また，遠方の他県からやってくる利用者もいる．一日の利用者数の統計は取られていないが，筆者の観察する限り，概ね一日 20 名程度の来客があるように見える．X はあくまで当事者が運営するカフェであり，支援団体というスタンスはとっておらず，体系的な支援活動は行われていない．しかし，上述の通り大人の発達障害者にとっての支援機関が不足しているという事情もあり，利用者の悩みや相談にスタッフが対応するなど事実上の相談支援に近いことは行われている．

筆者は 2015 年 6 月から 2019 年 11 月にかけて不定期に X を訪問している．インタビューは計 9 回，22 名に行った．検討の対象としたのは 2015 年と 2016 年に実施した 7 回のインタビュー（18 名）である．所要時間は一人当たり 30–60 分程度である．調査に際しては，直接，あるいはスタッフの仲介によって声かけをし，許可を取った上で IC レコーダーによる録音を行なった．得られた音声データはトランスクリプトを作成し，コーディングを行なった．コードから導出されたカテゴリーは第 3 節の各項と対応している．こうしたプロセスを経て，最終的には表 1 に示す 8 名のインタビューデータを取り上げることとした．利用者に対しては診断の有無や診断名，生活上の課題，X に来店したきっかけ，来店の頻度，カフェでの過ごし方，活用の仕方，実践に対する期待など，スタッフに対しては上記に加え，支援実践の理念や利用者の様子，利用者との関わり方などについての質問を軸にした半構造化インタビューを行った[3]．

表 1　本研究における調査協力者一覧[4]

| 仮名 | 性別 | 年齢 | 主な診断 | 調査実施日 | 備考 |
|---|---|---|---|---|---|
| A | 女性 | 60 代 | ASD　ADHD | 2015/6/10 | スタッフ |
| B | 男性 | 60 代 | ADHD | 2015/6/10 | |
| C | 男性 | 40 代 | ADHD | 2015/8/5 | |
| D | 女性 | 40 代 | ADHD | 2015/9/22 | スタッフ |
| E | 男性 | 30 代 | 双極性障害 | 2015/9/22 | |
| F | 男性 | 30 代 | 未診断 | 2015/9/22 | |
| G | 男性 | 20 代 | ASD　ADHD | 2016/4/28 | |
| H | 男性 | 40 代 | ASD | 2016/8/26 | |

## 3 発達障害者コミュニティにおけるメンバーシップ[5]

### 3.1 困難経験によるメンバーシップの付与（先行研究と同様　仕事上の困難　失敗）

本節では，X のスタッフや利用者の語りから，コミュニティのメンバーシップがどのように理解，構成されているかについて検討していく．

まず確認するのは，当事者のコミュニティにおいて「発達障害」がいかなる障害として理解されているのか，という点である．

B：誰でも ADHD っぽかったり，アスペルガーっぽかったりする瞬間ってあるんですよ．…困ってなければ全然発達障害じゃないってことですよ．…（発達障害の診断があっても）本人が困ってない，社会生活できてる…，だったら何の問題もないわけです．会社の社長なんかで発達っぽい人いるじゃないですか．ものすごく空気が読めない，ワンマン，そういう人がうまくぱっとはまっちゃうと，すごく出世したりするわけですよ．ここに来る人はそういう出世のルートから外れて…行き着く先がここみたいな感じの人が多いですから．…必ず問題を抱えてますし，その問題を自分で解決できない．

最初に示すのは，当事者同士のコミュニティの意義について尋ねた質問に対する利用者 B さんの語りである．当事者とは「必ず問題を抱えて」おり，「自分で解決できない」状態にあり，また「出世」や「社長」などの「ルートから外れて」いること，そして X はそうした当事者のコミュニティであることが語られている．ここでは，「困ってなければ全然発達障害じゃない」というように，コミュニティへの参加資格は，困難経験が確認された者にのみ付与される．つまり「発達障害」という医療的診断の有無よりも困難経験の有無の方がメンバーシップの確認において優先されていることがわかる．社会生活上の困難こそが障害であるという語りは他にも多く見られ，発達障害の当事者コミュニティにおける「共同体の物語」の一つとして理解できよう．

その一方で B さんは「ADHD」「アスペルガー」といった医療的概念を参照しながら，生活の中で「誰でもそういう瞬間がある」とし，当事者として経験される困難は，医療的診断の有無を問わず生じうることを主張している．メンバーシップの確認においては，医療的診断よりも生活上の困難を有していることが優先されつつも，その困難は医療的な診断名によって説明可能な困難に限定されるなど，メンバーの経験に対する信頼と専門的知識の信頼が相互に依存している状況を読み取ることができる．

### 3.2　専門職に対する困難経験の要求

前項では「発達障害」という医療的診断がなされているだけでは，当事者コミュニティにおいてメンバーシップを確認するには不十分であることを確認した．では，専門的知識を運用する主体である支援者はどうか．次に示すGさんの語りは，Xを利用する理由についての質問への回答，Dさんの語りは，ピアサポートの重要性について尋ねた質問への回答から抜粋したものである．

G：同じような悩みで悩まれてる方と話してみたいっていうのが一番大きな理由で…やっぱりどこか同じような悩みで困ってない人に，例えば大学の支援センターみたいな方は当事者じゃないんで，…何か的はずれというかあまり信用できないというか．（支援センターのアドバイスは）まず，メモ取れって言われてもメモ取ることを忘れるのと，あとメモ帳をなくしまくると．あと，メモ帳を常に確認しながらできるような仕事ばっかりじゃないので，特に接客だとリアルタイムでどんどんお客さんと話が進んでいくのでかなり現実的じゃないというか．

D：（発達障害を持たない）定型（発達者）のカウンセラーさんとかが話を聞いても，…理解してあげることはできるかもしれないんだけど，やっぱり私も前かかっていた（病院の）先生が発達障害を持ってる先生で，ああそうだよね，僕はそういうときはこうしているよとか，そういうふうに言ってくださるので，すごく実感がこもってていいなと思いますね．

社会的なリスクの高い状態での生活を強いられやすい発達障害者にとって，支援者にその生活上の困難を理解してもらうことの重要性は大きいが，DさんもGさんも非発達障害者である「医師」や「カウンセラー」によるアドバイスには不満を表明し，「現実味」を有した経験の「実感」が要求されている．つまり，支援者としての信頼を得るには「カウンセラー」「医師」といった専門家であることそれ自体では不十分であり，その人が「専門家」かつ「当事者」でもあることによって初めて付与されている．これらの語りが示すのは，支援者に対して信頼を寄せる基準において困難経験を有することが，支援職の専門性の上位に置かれていることである．

一般に当事者コミュニティにおいて，専門家はその外部に位置することが指摘されるが，専門的知識それ自体が否定されているわけではないことにも注意が必要である．困難経験に基づいた共同性を基盤とした専門的知識に対しては，「実感」や「現実味」という言葉によって一定の信頼が寄せられている．こうした「当事者」でありながら，「支援者」としての役割を担う「医師」や「カウンセラー」は，ピアサポーターとしての専門職として位置付けることができる．一般にピアサポーターの専門性には当事者の「先輩」や「お手本」としての存在である「ロールモデル」であることが挙げられる（彼谷・東海林 2019）が，上記の語りは，当事者の生活上の困難を理解し，「現実的」で「実感のこもった」当事者の言葉で語られる専門的知識が「お手本」として機能していることを意味している．

また，非発達障害者である「専門家」への不信と，発達障害を有する「専門家」への信頼は，専門家システムに対するアンビバレントな信頼の揺らぎとしても記述可能である．ここでは非発達障害者である「カウンセラー」や「医師」といった専門家に対しては「困難経験の共有」は期待されておらず，その意味で信頼は担保されていない．しかし，「医療的診断」という別様の専門的知識を媒介することによって，支援者と相談者は共に「当事者」の地位を共有することになる．そして医療的診断という専門的知識が信頼されることにより，外部の支援者との困難経験の共有が可能になっている．

ギデンズは，専門家と非専門家が「顔の見えるコミットメント」を行う場を「抽象的システムを運用する人が（誤りを犯す可能性がある）生身の人間であることを忘れさせない」(Giddens 1990＝1993：109)「アクセス・ポイント」と呼んでいる．「生身の人間」である専門家が人格的信頼を寄せられる人であれば，システムへの信頼は高まり，そうでなければシステムへの信頼は低下することとなる．発達障害者にとっての「アクセス・ポイント」である相談支援の場では，専門家の人格的信頼を支えるのは，ギデンズが例示するような威厳や堂々とした振る舞いといったものだけではなく，その人が医療的診断を有していること，すなわち，困難経験の共有可能性の高さも，その専門家が信頼に足る人物であることの確認において重要な意味を持っている．

### 3.3　儀礼的行為規範の免責とそのリスク

このように，支援者もまた医療的概念を経由した困難経験を共有することでコミュニティにおける一定の信頼を担保されることが 明らかになった．続いて，コミュテイが当事者のみで構成されていることが，利用者にどのように評価されているのかについて検討していく．

利用者がXを利用する理由の一つとして挙げるのが，Xにおいては社会的な儀礼行為，例えば「空気を読む」ことや「本音と建前」の使い分けから解放されるということである．例えば次のようなやりとりから，そのことを窺うことができる．

F：…普通のカフェだと空気を読んで行動するというか，…言っていいことと悪いこと，話しかけていい人，悪い人を読みながら過ごさなければいけないんですけど，ここの場合はそれを臆することない，言いたいことが言えるっていう点で居心地がいいです．…（発達障害を持たない人は）本音と建前で話すじゃないですか．ここ（X）に来る人は，事実を優先して本当のことを言うっていう（笑）．嘘を言わない．

Fさんは「普通のカフェ」とXを比較し，前者では「言っていいことと悪いこと」があると述べる．そして，その不確実さを「読む」ことは，Fさんには困難なことであることが語られる．Fさんはこの不確実さを「嘘」という言葉で表し，「嘘を言わない」Xの成員への信頼が示されている．

ではFさんが表明するようなコミュニティへの信頼は，どのような条件や認識によって支えられているのだろうか．

C：発達障害って，もともと自閉症っていうかたちでくくられたところもあるんだけど，やっぱり自閉的なんですよね．…僕みたいな，…規格外のタイプの人間も，…変な罪悪感みたいなものを感じることなく，自然にいられる場所って，…ありがたいですよね．

D：例えば，発達障害の人って空気が読めないとか，いろいろ言われるんですけど，ここでは空気読めない人ばっかりなんだから，あえて読まなくてもいいんだよっていうような感じ．

H：これも思い込みなんですけど，ほかの人もきっと学校とかで，…私と似たような，多かれ少なかれコミュニケーション苦手な中で，小さい頃とか過ごしてきたような気がするんで，ある程度，そこら辺は理解を示してくれるんじゃないかなっていう．

一般に，コミュニケーションにまつわる行為を苦手としているとされるのは，ASD の当事者であるが，X は ASD 当事者だけのコミュニティではない．しかし上の語りでは，発達障害者全体に対して儀礼的な行為を得意としないこと，それにより自身の困難が理解されるであろうことが前提とされているように読める．X のように多様性の高い空間では，個々人の差異が表面化しやすいが，3 名は多様な障害特性の中から一般性の高い共通項（儀礼的行為やコミュニケーションにまつわる困難経験）を抽出し，その困難をメンバーが共有していると「思い込む」ことで儀礼的行為の免責が図られている．そのため「自閉」，「コミュニケーションの障害」という医療的な言説が参照される．こうした医療的知識への信頼は，山田（2011）が指摘する「当事者だからわかり合えるはず」という当事者コミュニティに向けられる信頼と接合することで，コミュニティにおける当事者のスティグマの発露を支えている．しかし，これまで確認してきたように，困難経験によるメンバーシップの確認や，経験の共有によるコミュニティへの信頼は，当事者活動の存立基盤である．それゆえその期待が裏切られた時には，当事者コミュニティの存立自体が脅かされるリスクを孕んでいる．

当事者コミュニティにおいて回避される儀礼的行為は，石川（2004）が「よそゆきの自分を見せる身振り，感情ワーク，目的のない会話，礼儀作法によって他者を承認する身振りの交換」（石川 2004: 201）と定義している「社交」概念とも重なり合う．石川は，障害者は介護者に対して「ずっと社交的であることは不可能」（石川 2004: 206）であるとする．その上で「社交」に対して「他者を承認する身振りが存在しない」のが非社交的関係であり，「形にはこだわらず，自分を開示することで，他者を承認していることが相手に伝わるのが，脱社交的関係である」（石川 2004: 208）とし，脱社交的関係への移行が主張される．X もまた，筆者の観察する限り，具合が悪い時には席に横になるなどの（一見脱儀礼的な）自由な振る舞いを相互に見せ合うことを承認しており，極めて「脱社交的」な空間であるといえるだろう.

### 3.4 可視化される身体の異質性と不可視化される困難

前項で指摘したように，脱規範的空間としての当事者コミュニティは，医療的な言説と利用者相互の信頼によって保持されている．ではそのコミュニティに外部から参入しようとする者にとって，当事者の集団はいかなる集団として見えるのだろうか．コミュニティが当事者のみで構成されていることは，新参者に対して一見相反して見える２つの機能を有している.

> G：何か第一印象と実態って意外と変わらないんじゃないかなあって．…(Xに) 入ったときの感じで，目線とか立ち方，歩き方とか，僕もふにゃふにゃしてて変ってよく言われるんですけど…やっぱり普通の人から見ると…いびつな存在として目に映ってるんじゃないかとかって．あと，当事者同士のコミュニケーションの仕方が何かやっぱりどこか，いわゆる定型的な人たちと…すごく異なってるので．…やっぱり当事者 100%の空間ってあんまりないじゃないですか．…こういう状態になるのかっていうか.

規範的振る舞いから解放されたＸの利用者の身体は，Ｇさんの目には「いびつな存在」として映し出されており，Ｇさんは，そうした身体への違和感を表明する．先述のような脱社交的な空間では，参加者は儀礼的行為の遂行から解放される．それゆえ普段は隠しているような振る舞いが「当事者 100%」の空間で可視化されるようになる．Ｇさんは，当事者コミュニティへの出会いを通して，そこに集まるメンバーだけでなく，Ｇさん自身の身体にまつわるスティグマもまた，他者の身体を通して観察し，自身の障害を客観視する視線を獲得している．当事者コミュニティは，ゴッフマンのいう「同憂同苦の仲間から成り立つ集合」である内集団といえるが，その集団はその成員にとって「彼が本来的に所属する集団」であると同時に，「彼に面目を失わせている原因となっているカテゴリーにほかならない」(Goffman 1963＝2001：189-190) という相反する特徴を有している．それゆえ，当事者が，コミュニティやそれを構成する当事者に対して「両価的感情」(Goffman 1963＝2001：181)――当事者集団への同調と差別的感情――を持つことは自然なことであるとゴッフマンは主張する．このように，自身の身体がどのように観察されるのか，ということへの気づきもまた，当事者コミュニティへの参加の持つ機能として指摘できる．

一方でHさんはGさんとはまた異なった形でコミュニティの成員を観察している．次に示すのは，初めて参加した当事者会についての印象についての，Hさんの語りである．

筆者：(発達障害者のオフ会は）どうでした？　行ってみて．
H：いや，あんまり．何か目の前にいる人が発達障害っていわれても，あんまりピンとこないっていうか．…特に行き詰まってるような感じがしないっていうか，困ってるふうには感じられないっていうところが．
筆者：それは，ご自身と比べてっていう？
H：そうですね．

Hさんもまた，初めて参加する当事者コミュニティにおいて，他者の身体状況を観察している．Gさんと異なるのは，Gさんが成員の身体に注目しているのに対し，Hさんは成員が困難を抱えているかどうかに注目している点である．前項で確認したように，例えば儀礼的行為から免責されることで，発達障害者の困難は当事者コミュニティにおいては不可視化される．これまで確認してきたように，当事者のコミュニティにおけるメンバーシップの確認においては，「医療的診断」より「困難経験」が優先されてきた．当事者コミュニティで困難が不可視化されることは，メンバーシップの確認に問題が生じることを意味する．Hさんが当事者コミュニティに身の置き場を見つけられなかったのは，そのコミュニティにおいて困難さの低減がうまく機能していたことの証左でもあるといえよう．

### 3.5　対人関係上のトラブルへの対応

ここまで当事者コミュニティにおいて成員性が確認されるメカニズムについて検討してきた．本項では，それでも不回避的に生じる対人関係上のトラブルについて，Xではどのように受け止められているか確認していく．

D：やっぱり多少ここ，言い方は悪いんですけど，面倒くさい人っていうのは少なからずいらっしゃるので，…お客さん同士でちょっと言い合いになっちゃったりとか，それをなだめたりとか，そういうのがちょっと大変かなとは思いますけど，そんなに負担とは思ってないですけどね．

E：やっぱ人間関係の訓練みたいな場でもあるというか．まあそこでもめ事も絶対起こるのは起こるんですけど，それが問題解決の訓練にもなるんで．

A：支援とかいう言葉は大嫌いですね．（Xには）上から目線の人がいないでしょう．全部当事者なわけで．だからこそみんな来やすいし，変な人ばっかりだけど，お互い様だからっていうのね．気を使わないでいられる場所なんじゃないかって思いますね．

第1節において言及したように，発達障害の当事者活動においては対人関係上のトラブルが起きることが少なくない．Xの利用者たちは「発達障害者」という医療的カテゴリーの水準においてはそれぞれ「当事者」であるが，「発達障害」カテゴリーの内包する特性は多様である．異なる障害特性のもとでは「医療的診断によるメンバーシップ」の確認は困難になる．また，中には対人関係上のトラブルを起こしやすく，《人間に対する信頼》を得ることの難しい特性もある．トラブルを起こす利用者に対しては，「変な人」「面倒くさい人」といったように，他者化にもとづいたラベルが貼られており，利用者の中にもその人格への信頼可能性が低く見積もられ，トラブルメーカーとなりうる者が存在すること，そしてそのことによって対人関係上のトラブルは不可避的に生じる，という前提が共有されている．この前提は先に述べたように，当事者コミュニティにおける儀礼的行為の免責の延長線上にあるといえる．それゆえ，そうした前提によって生じるトラブルは相互に儀礼的行為が行われないことによって生じる「お互い様」というロジックで無効化が試みられる．誰もが儀礼的な行為が免責されるというコミュニティへの信頼により，対人関係上のリスクが「問題解決の訓練」「気を使わないでいられる場所」というようにポジティブに読み替えられている．こうした読み替えにより，当事者コミュニティの強度を高め，トラブルの発生の可能性を予期しつつも，多様な参加者を受け入れることを正当化しているといえよう[6]．

## 4 結　論

本稿は，大人の発達障害者のコミュニティにおいて，そのメンバーシップはどのように決められているのかという問いから出発した．それは，当事者のコミュニティのメンバーや支援者の間でどのように「信頼」が担保されているのか，という問いでもあった．本稿の議論で得られた知見を改めて整理すると以下のようになる．

第一に，当事者コミュニティのメンバーシップの確認において，「発達障害」という診断があることそれ自体は，大きな意味を持たないことを指摘できる．当事者であるかどうかの確認は，医療的な診断よりも何らかの困難経験を有しているかどうかが優先されている．

第二に，専門家自身が困難経験を有していることが，支援者としての信頼の獲得に役立っていることである．

第三に，当事者同士のコミュニティにおいては，同じような困難を経験している，という信頼に基づいて，儀礼的な行為が免責されている．

第四に，コミュニティのメンバーは，メンバー同士の身体状況を参照しながら自身の身体の状況を確認していることがわかる．

第五に，儀礼的行為が免責されることにより，対人関係上のリスクの無効化，価値の転換が図られる．

これらの知見からいかなる含意を引き出せるだろうか．第一には，「発達障害」というカテゴリーにおける医療的概念の地位についてである．利用者たちは，「発達障害」という医療的概念をそれが必要とされる文脈に応じて柔軟に読み替えながら，互いのメンバーシップを確認していた．「発達障害」やその下位にある諸概念は，コミュニティを維持し，結束を高めるため，困難経験と結びつけられたり切り離されたりしながら語られる．特にコミュニティ内部においては困難の原因ともいえる社会的な振る舞いを免責させるために，困難経験の語りが活用されていることがわかった．コミュニティが困難経験を有した当事者のみで構成されているという前提が共有されていることはこの点において意味がある．

また，より実践的には，次のような指摘ができるだろう．発達障害者のコミュニティにおいては，専門家による支援それ自体が敬遠されているというよりも，「経験」を経由した支援が求められていることがわかってきた．ピアサポートの活動において，仲間であることと支援者であることは等しく重要であるということが改めて確認されたといえよう．当事者活動においては，非発達障害の支援者の必要性について議論がなされるが，支援者に当事者性が期待されているという知見は今後の議論において意味を持つだろう．

現状において，大人の発達障害者への制度的支援は十分とはいえない．また，これまで見てきたように，当事者同士の活動に期待される機能が，専門家による支援からは得難いものであり，当事者同士の活動の重要性が高まっている以上，当事者活動への支援は検討される必要があるだろう．しかし留意しておかなくてはならないのは，当事者同士の活動においてしか得られない利得を損なわない形での支援の検討が求められるということである．具体的には，ピアサポーターの育成とそのための予算措置，支援の制度設計への当事者の参画，トラブルが生じた際のマネジメントの講習などについての検討が考えられる．

最後に，本稿の抱える課題について述べておく．本稿は当事者の集まるコミュニティとして，組織化されたSHGではなく，「コミュニティカフェ」を対象とした．より明確な目的を持ち，閉じられた形で開催されるSHGや当事者会に対する需要は高く，またそこでは安全な場であることへの希求がより強く働き，成員同士の関係性もまた違った形のものとなることが推察される．今後はこうした当事者会を対象とした調査を行うことで，当事者活動におけるメンバーシップのあり方を検討してく必要があるだろう．

## 注

1) 図1の「大人」「子ども」の区分については，参照元の集計方法に依存しているため，20歳で区切っていない．2012年度までは発達支援・相談支援については19歳以上，就労支援については18歳以上の支援実績を「大人」としてカウントしている．2013年度以降については集計方法が変更となり，すべて19歳以上の支援数を「大人」として表している．

2) コミュニティカフェとは「通常のカフェや喫茶店とは異なり，他の客や店の人と交流したり情報交換したりすることを目的とする『まちのたまり場』である」（田所 2017：4–5）．

3) X においては，スタッフも当事者であるため，両者を明確に区分することは難しい．さしあたり本稿ではカフェやフリースペースの運営に携わっている者をスタッフと位置づけた．

4) 発達障害や精神障害の診断に際しては，アメリカ精神医学会による「精神障害の診断と統計マニュアル」（DSM）や世界保健機関による「疾病及び関連保健問題の国際統計分類」（ICD）が基準として参照される．本稿では特に必要がない限り，一般に参照されることの多い DSM–5 による診断名を表記することとする．なお，DSM-5 より日本語版ではいわゆる「発達障害」について「神経発達症群」という訳語が与えられるようになったが，一般的には現在も「発達障害」が広く流通している．

5) 以下に挙げるインタビュー記録においては，筆者による発言の補足は（　　），省略は…で表す．プライバシーの保護，可読性向上を目的として，インタビューデータには若干の修正を行なっている．また，調査協力施設に原稿チェックを依頼し，事実誤認や倫理上の問題がないことを確認している．

6)「もちろんこういう場所だから…いつでも何かしらの問題ってのは起きてしまうんですけれども，僕だけで言えば，…問題はないんですが，そうじゃない人っていうのは，大変だよなっていう気はしますよね．だから，…健常の人のスタッフっていうのがいたほうが．（C さん）」という語りに見られるように，対人トラブルに対し「健常の人」の支援者の介入を求める声もある．本文中では，支援者も当事者であることが期待されることを論じたが，トラブルが生じるリスク低減のため非当事者の支援者が必要とされるケースももちろんある．

## 文　献

安藤太郎，2003，「セルフヘルプにおける“同じ”経験と“違う”経験」『年報社会学論集』2003(16)：212–24．

福重清，2013，「複数のセルフヘルプ・グループをたどり歩くことの意味」伊藤智樹編著『ピア・サポートの社会学――ALS，認知症介護，依存症，自死遺児，犯罪被害者の物語を聴く』晃洋書房，69–92．

Giddens, Anthony, 1990, *The Consequences of Modernity*, Stanford University Press.（＝松尾精文・小幡正敏訳，1993，『近代とはいかなる時代か？――モダニティの帰結』而立書房．）

Goffman, Erving, 1963, *Stigma: Notes on the Management of Spoiled Identity*, Prentice Hall, Inc.（＝石黒毅訳，2001，『スティグマの社会学』せりか書房．）

Hacking, Ian, 2009, “Humans, Aliens & Autism”, *Daedalus*, 138(3)：44–59.

発達障害情報・支援センター，2019，「発達障害者支援センターにおける支援実績」（各年分）発達障害情報・支援センター Web サイト（2019 年 6 月 10 日取得 http://www.rehab.go.jp/）

発達・精神サポートネットワーク，2017，『発達障害者の当事者同士の活動支援の在り方に関する調査報告書』平成 28 年度厚生労働省障害者総合福祉推進事業報告書.
姫野桂，2019,『発達障害グレーゾーン』扶桑社.
石川准，2004,『見えないものと見えるもの――社交とアシストの障害学』医学書院.
伊藤智樹，2000,「セルフヘルプ・グループと個人の物語」『社会学評論』51(1)：88-103.
彼谷哲志・東海林崇，2019,「障害領域を貫くピアサポートの専門性と有効性」岩崎香編著『障害ピアサポート――多様な障害領域の歴史と今後の展望』中央法規，119-142.
木村祐子，2006,「医療化現象としての『発達障害』」『教育社会学研究』79：5-24.
久保紘章，1998,「セルフヘルプ・グループとは何か」久保紘章・石川到覚編『セルフヘルプ・グループの理論と展開――わが国の実践をふまえて』中央法規出版，2-20.
南出吉祥，2015,「『居場所づくり』実践の多様な展開とその特質」『社会文化研究』17：69-90.
水間宗幸，2006,「成人期に発達障害を告知されたケースのライフステージからの検討――語りと手記から社会性の獲得を考える」『九州看護福祉大学紀要』8(1)：83-92.
森岡次郎，2009,「障害者解放理論から『他者への欲望』へ」『近代教育フォーラム』18：45-62.
村瀬学・田中究・松本雅彦・高岡健，2008,「座談会　発達障害概念の再検討」『発達障害という記号』批評社，11-43.
Nadesan, Majia H., 2005, *Constructing Autism: Unravelling the 'Truth' and Understanding the Social*, London: Routledge.
中村和生・浦野茂・水川喜文，2018,「当事者研究におけるファシリテーター・当事者の実践――共成員性とカテゴリー対を中心に」『保健医療社会学論集』28(2)：65-75.
ニキリンコ，2002,「所属変更あるいは汚名返上としての中途診断――人が自らラベルを求めるとき」石川准・倉本智明編『障害学の主張』明石書店，175-222.
岡知史，1999,『セルフヘルプグループ――わかちあい・ひとりだち・ときはなち』星和書店.
栄セツコ，2016,「精神障害当事者の語りがもたらす社会変革の可能性」『Core Ethics』12：89-101.
佐藤恵，2013,「『聴く』ことと『つなぐ』こと――犯罪被害者に対する総合的支援の展開事例」伊藤智樹編著『ピア・サポートの社会学――ALS，認知症介護，依存症，自死遺児，犯罪被害者の物語を聴く』晃洋書房，123-156.
佐藤洋作・原未来，2015,「地域若者サポートステーション利用者調査から」ビッグイシュー基金若者政策提案・検討委員会編『若者政策提案書』ビッグイシュー基金，24-27.
障害者職業総合センター，2013,『若年者就労支援機関を利用する発達障害のある若者の就労支援の課題に関する研究』.

田所承己，2017，『場所でつながる／場所とつながる――移動する時代のクリエイティブなまちづくり』弘文堂.
照山絢子・堀口佐知子，2012，「発達障害者とひきこもり当事者コミュニティの比較――文化人類学的視点から」『精神神經學雜誌』114(10)：1167–1172.
上野千鶴子，2011，『ケアの社会学――当事者主権の福祉社会へ』太田出版.
山田裕一，2011，「発達障害当事者会の意義と連携――熊本県発達障害当事者会立ち上げ支援と今後の展望」障害学会第8回大会報告資料.
山岡修，2014，「発達障害者の就労自立と社会参加における現状と課題」『臨床心理学』14(6)：823–826.

# abstract

## Composition of Membership in Communities of Adults with Developmental Disabilities

OTAYA, Satoshi
Ritsumeikan University

Following the growing interest in child developmental disorders, adult developmental disorders have also become a social issue, but improvements in support for adults with developmental disorders is insufficient when compared with the demand. Instead, there is a growing need for peer support. There are also many points which have not been clarified regarding methods by which persons with developmental disorders presenting various characteristics share and solve their difficulties. This paper examines how users mutually guarantee “trust” and reduce social uncertainty in communities of persons with developmental disorders.

The findings of this paper are as follows. First, the diagnosis of “developmental disorder” by itself has no significant meaning in confirming membership in a community of people with developmental disorders. Second, being a person with a developmental disorder is a condition for professionals to be trusted as supporters. Third, based on the trust that they are experiencing similar difficulties, ritualistic acts are exempted in the community. Fourth, the members of the community confirm their own physical condition by referring to the physical conditions of other members. Fifth, the exemption of ritualistic acts leads to the nullification of interpersonal risks.

Keywords：Developmental disorder, peer support, membership, trust

| 自由論文 |

# 高齢の親に対する子からの実践的援助パターン
## ――親子関係，援助内容，公的サービス利用に着目したマルチレベル分析

西野　勇人

本研究の目的は，高齢の親に対する子世代からの実践的援助がどのようなパターンを形成しているかを明らかにすることである．特に，子世代の誰がケアを担いやすいのか，公的介護サービスの利用は子世代からのケアの内容とどう関連しているのか，という２点を掘り下げる．分析には「全国高齢者パネル調査」（JAHEAD）のデータを用い，回答者と子世代からなるダイアドデータを作成した．分析においては，「援助なし」「身体的介護を提供」「家事・生活的援助のみ提供」という３つのカテゴリをアウトカムとしたマルチレベル多項ロジスティック回帰モデルによる推定を行った．分析の結果，回答者からみた続柄では，娘によるケア提供の確率が高かった．また，親の性別の効果は，２つのアウトカムで異なっていた．父親と比べ母親に対しては，子世代は身体的介護を提供する確率が低く，また家事・生活的援助のみを提供する確率が高いことが示された．次に，タスク別に分けると，身体的なケアの提供確率に対しては在宅の公的介護サービスの利用が正の相関を持っていたが，家事・生活的援助のみを提供する確率に対しては公的サービスは明確な効果が確認できなかった．

キーワード：インフォーマルケア，公的介護サービス，親子関係，マルチレベルモデル

## 1　はじめに

本稿の目的は，高齢の親に対する子からの実践的援助のパターンを明らかにすることである．高齢期の親子関係においては，親から子への援助と子から親への援助の２つの方向性があり，また，金銭的援助と非金銭的援助が行われている（保田 2004；田渕 2009）．本稿では，非金銭的援助の中でも，介護も含

にしの はやと｜東日本国際大学・特任講師｜hnishino@m.tonichi-kokusai-u.ac.jp

む，世話的な内容の援助を実践的援助と位置づけ，子から親に対し，どのようなパターンの実践的援助が行われるか，その規定要因を明らかにする．本研究では，子から高齢の親に対する実践的援助をタスクの内容によって区分する．その上で，子世代のうち誰がどのような援助を提供しやすいのか，また，公的介護サービスの利用が援助の提供にどう関連しているか，という２点の問題を扱う．

高齢期の親子関係を考える際，子から親への実践的援助として関心が集まるのは，介護の問題である．高齢者介護において家族に期待される役割は大きく，日本に限らず欧州においても，政府と家族のあいだで介護役割をどう分担するかが模索されている（Pavolini & Ranci 2008；Verbeek-Oudijk et al. 2014）．

しかし，家族にとって介護の負担が重くなる場合，社会的に様々な問題を引き起こすことが懸念される．一例として，介護離職をはじめとする経済的リスク（山口 2004；春日 2010；池田 2010；西本 2012）や，介護負担によるメンタルヘルスへの影響も指摘されている（菊澤 2017）．日本の家族研究においては，こうしたリスクをもたらすケア役割が，ジェンダーなどによって不均等に配分されていることも関心を集めてきた（春日 2001）．

介護保険の導入前は，公的な高齢者福祉の利用者は低所得者や，介護する家族がいない高齢者に限られ，介護責任はまず家族にあると想定されていた．そして介護保険が導入される際は，この家族の介護責任が論点の一つとして挙げられていた．その論点においては，家族による介護責任を社会で担うという「介護の社会化」を期待する意見がある一方で，公的サービスによって家族の介護役割が後退するという批判も出た（藤崎 2009）．その両者の主張には「介護の社会化」や「家族の絆」という違いはあるものの，公的介護サービスを利用することで，家族による介護は単純に減るということが共通して想定されている．

しかし実際に導入された介護保険は，家族による介護を完全に不要にするものとしては想定されておらず，介護する家族の仕事の一部を公的サービスが肩代わりすることで，家族の負担を減らすものであると位置づけられている（堤 2010；藤崎 2013；濱島 2018）．「介護の社会化」が期待されながら導入された介護保険は，制度の趣旨としては家族による介護を補完するものとして想定されており，さらにその後の制度改革では「介護の再家族化」（藤崎 2009）が進んだという指摘もある.

制度が家族による援助を想定しているとしても，人々の行動の面では，親子間の援助はどのような実態となっているのか．また，そのパターンの中で公的サービスはどのような機能を果たしているのか．本稿では，行動や実態の面で，日本の介護保険サービスと家族における援助にはどのような関係があるのか，明らかにする．

## 2 先行研究と分析課題

### 2.1 日本における家族の介護役割

日本において高齢者に対する家族介護を考える際，息子（特に長男）の配偶者が夫の親を介護するという規範に一定の関心が払われてきた．そして実際に，長男の配偶者にこの役割が担わされてきたことも確認されている（小山 2001；田中 2013)．一方で，親の介護役割を長男の配偶者が担いやすいという現象は，長男の配偶者といった続柄による直接の効果というよりは，親との同居という要素を通じた間接的な関連であるという指摘もなされている（菊澤 2007)．また成人の子から親・義親への世話的援助に関しては，夫は夫の親，妻は妻の親をより援助する「夫婦の個人化」の現象がみられると同時に，女性の場合は夫方・妻方両方の親に同じように援助する役割は維持しているという「女性の親族関係維持役割」も見られるという指摘もある（大和 2017)．

介護役割に関する意識の面では，介護保険導入以後，自分の介護を専門職に頼るという意向が一部で増加していることも明らかになっている（大和 2016)．そして特に女性において，自身の高齢期の世話については親族からの世話を望まない傾向があるともいわれる（大和 2008)．

### 2.2 公的ケアサービスと親子間での介護役割の関連

家族介護の負担に関しては，介護保険制度の導入前後で，いくつかの点で家族介護の負担が軽減されていることが確認されている．特に高学歴の女性において，介護に費やす時間が減少したという結果（菅・梶谷 2014）や，所得が高い層ではインフォーマルケアの時間が減少したという結果などが報告されている（Tamiya et al. 2011）．

これらの分析は，繰り返し横断調査のデータを用いたDID分析によるもので，介護保険導入前後でのケア時間を比べるというデザインを採用している．そのためこれらの先行研究は，介護をしているグループにおける介護保険導入前と導入後の差（菅・梶谷 2014）や，公的介護サービスを利用しているグループにおける介護保険導入前と導入後の差（Tamiya et al. 2011）にフォーカスしている．それに対し本稿では，議論の対象は公的介護サービスを利用している人としていない人の差を中心に扱う．

一方で，国際比較を行った研究においては，公的ケアと私的ケアの関係は，公的サービスが家族の役割を後退させるような代替関係ではなく，誘発・補完の側面があることを強調する議論も登場している（Motel-Klingebiel et al. 2005; Ogg & Renaut 2006）．さらに近年は，公的ケアと私的ケアの関係が代替関係にあるか補完関係にあるかは援助の中身によって異なるという可能性も検討されている．実践的援助といっても，身体的な介護と家事的な支援ではタスクの性質が大いに異なる．この点に着目した研究では，公的ケアが充実している国ほど，負担が重い介護を家族が担う確率は低く，逆に負担の軽い形の支援が行われる確率は高まるという結果が報告されている（Brandt et al. 2009; Brandt 2013; Verbakel 2018）．こうした見方に立てば，公的サービスは，家族による実践的援助の役割を単に後退させるのではなく，家事的な支援のような一部の性質の援助はむしろ活性化させるという可能性もある．

そこで本稿では，実践的援助のあり方を，身体的介護を行うパターンの援助と，身体的介護は行わず家事的な内容の援助のみ行っているというパターンの援助に分けて分析する．

### 2.3　本研究の仮説とリサーチデザイン

本稿では，日本において，子から高齢の親に対する実践的援助のあり方が，援助の種類によってどのように異なり，全体としてどのようなパターンを形成しているかを明らかにする．特に，親族内の続柄や公的サービスの利用という要素が，親子間での実践的援助の提供とどのように関連しているか，またその関連のあり方は援助の種類によってどのように異なるか，という点に着目する．

本稿の分析では，高齢者を対象とした質問紙調査を基に，親子関係を捉えるダイアドデータを作成し，子から親への援助関係をいくつかのパターンに分けて分析する．本稿では，子から親に対する実践的援助のパターンを「身体的介護を提供している」「家事・生活的援助のみ提供している」「援助なし」という3つのカテゴリに分け，その援助の状態をアウトカムとした分析を行う．「援助なし」を参照カテゴリとしたマルチレベル多項ロジスティック回帰分析により，親子間での援助のパターンを予測するモデルを推定する．分析においては，身体的介護を提供するような，援助提供者の負担が重くなるパターンをもたらす要素と，家事・生活的援助のみを提供するような，比較的負担が軽い関わり方を促す要素を比較する．

## 3 データと方法

本稿での分析のプロセスを説明する．分析においては，R（バージョン3.6.3）およびStan（バージョン2.21.0）を用いた．

### 3.1 分析に用いたデータ

本研究では，「全国高齢者パネル調査」（JAHEAD）のWave5（1999年），Wave6（2002年），Wave7（2006年）のデータをSSJデータアーカイブから入手し，二次分析を行った．

JAHEADは，東京都健康長寿医療センター研究所（旧東京都老人総合研究所）とミシガン大学および東京大学が実施しているパネル調査である．1987年にWave1の調査が行われてから概ね3年ごとに調査が行われ，これまでに9回の調査が行われている（JAHEAD研究グループ 2020）．

1987年10月時点で60歳以上の男女から層化二段無作為抽出によりサンプルを抽出し，Wave1では2,200人のサンプルから回答を得た．その後，Wave2（1990年），Wave4（1993年），Wave5（1999年）に新規サンプルの補充が行われながら，パネル調査として継続している．1999年に行われたWave5調査では，70歳以上の2,000人が無作為抽出により新規対象者として追加され，また，インフォーマルな支援に関する質問項目が追加された．調査は訪問面接調査により行われているが，病気などの理由により調査対象者本人が回答できない場合，家族など本人をよく知る人に回答を依頼する代行調査が実施されている．施設に入所している場合も一部のケースでは調査対象となっているが，実質的には自宅での生活者が多くを占める[1)]．

本稿では，Wave5 から Wave7 までの 3 つのデータセットを用いて分析する．Wave5 と Wave6 のデータは本調査票のデータのみ用いるが，Wave7 の調査では，本稿で分析する質問が代行調査でも尋ねられたため，Wave7 については，本調査票に加えて代行票のデータも含めて分析する．

分析にあたっては，回答から得られたデータを基に，子どもとその配偶者についてのダイアドデータを作成した．本稿で用いるダイアドデータは，観察ケースが独立ではなくグループごとにまとまっているため，マルチレベル分析の適用が望ましいと考えられる．

この構造のダイアドデータは，以下のプロセスにより作成した．まず，各観察時点の回答を基に，回答者の子どもの情報を取り出した．調査では，回答者から見て全ての子どもについて，年齢，性別，配偶者の有無，仕事の有無，居住場所の距離を尋ねている．この回答から，子ども 1 人 1 人を独立したサンプルとしてデータ化した．さらに，ここで挙げられた子どもに配偶者がいた場合，子と異なる性別で，同じ場所に住んでいる配偶者がいると想定し，子の配偶者のサンプルも作成した．

今回の分析では，子どもがいない回答者，後で述べる身体機能に関していずれの項目でも困難を抱えていない回答者，利用する変数に欠損があるサンプルは分析から除外した．最終的には，1,557 件のパーソンピリオドデータと，そのパーソンピリオドデータから作成した子どもと子どもの配偶者 7,969 件のサンプルを分析対象とした．生活動作で困難が全くないと答えた回答者を分析から除外していることもあり，複数時点の回答がある回答者はごく一部となった．そのため，回答者のパーソンピリオドデータはプールして分析を行った．

### 3.2　アウトカム

上記のデータにおいて，子どもとその配偶者の側に，「援助なし」「身体的介護を提供」「家事・生活的援助のみ提供」という 3 つの値をとりうるカテゴリ変数を作成した．分析においては，この変数をアウトカムとする．この変数は，次に述べる手順により作成した．

質問紙においてはまず，日常生活動作（ADL）と手段的日常生活動作（IADL）の支援ニーズの有無を把握する質問がなされる．質問紙では，「次にあげることを他の人の手助けなしに行うことはどの程度難しいですか」という質問のサブ項目として，合計して10項目が挙げられている．この項目は内容によって２つのパートに分けられている．ADLと位置づけられる項目として，「お風呂に入る」「衣服を着たり脱いだりする」「食べる」「寝床から起き上がったり，椅子から立ち上がったりする」「外に出かける」「トイレまでいって用をたす（自分の家のトイレ）」の６項目が挙げられている． IADLと位置づけられる項目として，「身の回りの物や薬などの買い物に出かける」「電話をかける」「バスや電車に乗って一人で出かける」「ちりを払ったり，ゴミを出すなどの軽い家事をする」の４つの項目が挙げられている．これら10項目に対してそれぞれ，「ぜんぜん難しくない」から「まったくできない」までの５段階の選択肢が設けられている．

上記の項目のいずれかの項目で，回答者が「ぜんぜん難しくない」以外の選択肢を選んだ場合，続いて，「この３ヶ月間では，必要な時にこのような動作を手助けしてくれた人はいますか．ヘルパーなど家族以外の方も含めます．」という質問がなされる．選択肢は「ほとんどいつもいた」「ときどきいた」「まれにいた」「いなかった」「必要なかった」である．ADLの動作に困難がある場合と，IADLの動作に困難がある場合の両方でこの質問が尋ねられる．

ADLとIADLのそれぞれでなされた上記の質問に対して，「ほとんどいつもいた」「ときどきいた」「まれにいた」のいずれかの選択肢を選んだ場合，その手助けをしてくれた人が誰かが質問される．そこで子どもや子どもの配偶者が挙げられた場合は，何番目の子なのか，あるいは何番目の子の配偶者なのかが質問される．この回答から，ダイアドデータとして作成した子世代のサンプルのうち，どの子どもが援助を提供しているか判断する．それにより，それぞれの子ども（とその配偶者）ごとに，ADLの支援を提供したか否か，および，IADLの支援を提供したか否か，という２つの情報を得ることができる．

そして，子どもやその配偶者がADLについて支援していた場合を「身体的介護を提供」，ADLの支援は提供しておらず，なおかつ，IADLの支援は提供していた場合を「家事・生活的援助のみ提供」，ADLとIADLのいずれでも支援を提供していない場合を「援助なし」とするカテゴリ変数を作成した．分析では，この3つのカテゴリをもつ変数をアウトカムとし，多項ロジスティック回帰分析を行う．基準カテゴリには「援助なし」を用いる．

### 3.3　説明変数

子と子の配偶者レベルの説明変数としては，回答者からみた続柄を6つに分けた変数を用いる．長男，長男以外の息子，娘，長男の妻，長男以外の息子の妻，娘の夫という6つの続柄で分けた．分析モデルにおいては，長男以外の息子をベースラインとして用いる．長男とそれ以外の息子に分ける際は，回答者の健在の息子のうち，いちばん年齢が高い息子を長男とした[2)]．これに加え，回答者との居住場所の距離も用いる．「同居」「10分未満」「1時間未満」「1時間以上」の4つの水準を，1から4までの連続変数として扱った．数値が大きいほど遠くに住んでいる．調査データからは子の配偶者の年齢や就業状況が分からないため，子の年齢や子の就業状況はコントロール変数としては用いていない．

親（回答者）レベルの説明変数は，性別（女性ダミー），生活動作の困難度（ADLとIADLの計10項目のうち，何らかの困難がある項目数の合計），回答者が配偶者と同居しているか否か（同居している場合を1とするダミー変数），公的サービスの利用の有無（利用している場合を1とするダミー変数）を用いる．公的サービス利用については，ホームヘルプ，デイサービス，ショートステイのいずれかのサービスを利用している場合を1とするダミー変数を作成した．分析においては多重共線性が強くなりモデルの推定が困難となったため，回答者の年齢は説明変数として用いていない[3)]．

各変数の記述統計は表1の通りである．先ほど述べたように，回答者に子どもがいないケース，ADLとIADLの両方で何も困難を抱えていないケース，利用する変数のいずれかに欠損があるケースは除外して分析を行った．また表2は，回答者レベルの変数について，男女別の記述統計を示している．親側の性別によって，配偶者と同居している比率は変わるが，それ以外の変数につい

表1　分析対象の記述統計

| | N | Mean | SD | Min | Max |
|---|---|---|---|---|---|
| 援助なし | 7,969 | 0.858 | 0.349 | 0 | 1 |
| 身体的介護を提供 | 7,969 | 0.081 | 0.273 | 0 | 1 |
| 家事・生活的援助のみ提供 | 7,969 | 0.061 | 0.239 | 0 | 1 |
| 続柄（長男） | 7,969 | 0.157 | 0.364 | 0 | 1 |
| 続柄（長男以外の息子） | 7,969 | 0.117 | 0.322 | 0 | 1 |
| 続柄（娘） | 7,969 | 0.267 | 0.443 | 0 | 1 |
| 続柄（長男の妻） | 7,969 | 0.133 | 0.339 | 0 | 1 |
| 続柄（長男以外の息子の妻） | 7,969 | 0.096 | 0.295 | 0 | 1 |
| 続柄（娘の夫） | 7,969 | 0.230 | 0.421 | 0 | 1 |
| 居住場所の距離 | 7,969 | 2.755 | 1.162 | 1 | 4 |
| 親の生活動作の困難度 | 1,557 | 4.580 | 3.087 | 1 | 10 |
| 親が配偶者と同居（同居＝1） | 1,557 | 0.401 | 0.490 | 0 | 1 |
| 親が公的サービスを利用（利用＝1） | 1,557 | 0.276 | 0.447 | 0 | 1 |
| 親の性別（女性＝1） | 1,557 | 0.700 | 0.458 | 0 | 1 |

表2　男女別にみた親の性質

| | 女性 | | | 男性 | | |
|---|---|---|---|---|---|---|
| | N | Mean | SD | N | Mean | SD |
| 親の生活動作の困難度 | 1,090 | 4.503 | 3.062 | 467 | 4.760 | 3.140 |
| 親が配偶者と同居（同居＝1） | 1,090 | 0.246 | 0.431 | 467 | 0.764 | 0.425 |
| 親が公的サービスを利用（利用＝1） | 1,090 | 0.283 | 0.451 | 467 | 0.257 | 0.437 |
| 親の性別（女性＝1） | 1,090 | 1.000 | 0.000 | 467 | 0.000 | 0.000 |
| 親の年齢 | 1,090 | 81.721 | 6.563 | 467 | 80.028 | 6.755 |

ては特段大きな差は見られない．

### 3.4　モデル

今回作成したダイアドデータは階層構造をもっているため，2レベルのマルチレベルモデルによる推定を行う．本稿では，「身体的介護を提供」「家事・生活的援助のみ提供」「援助なし」の3つのカテゴリから成る変数をアウトカムとするマルチレベル多項ロジスティック回帰モデルにより推定する．「援助なし」を基準カテゴリとして，残り2つのカテゴリへの相対的な帰属のしやすさを予測するモデルを用いる．モデルは以下の通りである．

$$\log\left(\frac{\pi_{1i}}{\pi_{3i}}\right)=X\beta_1+\nu_{1j[i]}$$

$$\log\left(\frac{\pi_{2i}}{\pi_{3i}}\right)=X\beta_2+\nu_{2j[i]}$$

$$\begin{bmatrix}\nu_{1j}\\ \nu_{2j}\end{bmatrix}\sim \mathrm{N}(0,\Omega_\nu)$$

$$\Omega_\nu=\begin{bmatrix}\sigma_{\nu_1}^2 & \\ \sigma_{\nu_{1,2}} & \sigma_{\nu_2}^2\end{bmatrix}$$

$$\pi_1+\pi_2+\pi_3=1$$

このモデルは，ダイアド単位での子どもとその配偶者である個人$i$と，プールしたパーソンピリオド単位の回答者$j$の2つのレベルで構成される．$\pi_1$から$\pi_3$が，アウトカムのそれぞれのカテゴリに帰属する確率である．それぞれXは説明変数のベクトルである．$\beta_1$および$\beta_2$はそれぞれの選択肢に対する係数のベクトルである．この項によって，1つの基準カテゴリ（モデル式では$\pi_3$）と比べたときの$\pi_1$や$\pi_2$の選ばれやすさを予測する．残差$\nu_{1j}$および$\nu_{2j}$がグループレベルで設定される．

上記のモデルについて，ハミルトニアンモンテカルロ法（HMC）によるベイズ推定を行った．推定にはStanを用いた．1，2，3，4をそれぞれ初期値とした4つのマルコフ連鎖を発生させ，サンプリング回数は5,000回とし，最初の2,500回をウォームアップ期間とした．事前分布は全てのパラメータで無情報事前分布を用いた．分析の結果，いずれのパラメータも$\hat{R}$の値は1.01を下回っていたため，モデルは収束したと判断した．

## 4 分析結果

モデルの推定結果を示したのが図1である．パラメータごとに，事後期待値（EAP推定量）と，95％ベイズ信用区間を表している．「援助なし」の選択肢を基準とし，「身体的介護を提供」となるオッズ比と，「家事・生活的援助の

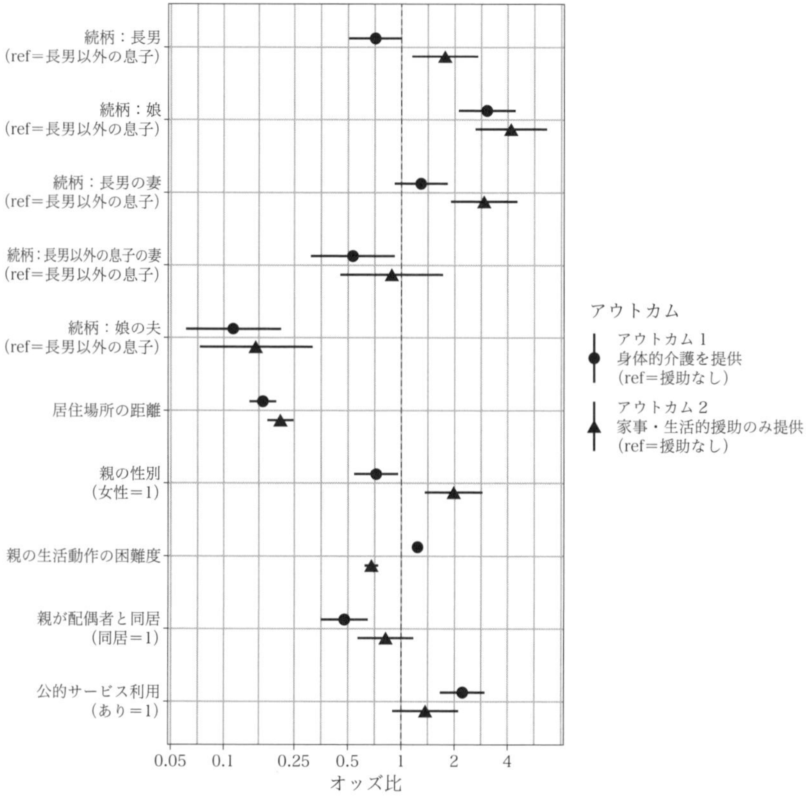


図 1　子から親への援助パターンをアウトカムとするマルチレベル多項ロジスティック回帰分析の推定結果（事後期待値と 95％ベイズ信用区間）

み提供」となるオッズ比が示されている．

続柄とタスク内容について確認すると，まず，長男とそれ以外の息子を比べた場合，長男の方が，「援助なし」と比べ「身体的介護を提供」を選びにくく (OR 0.711, 95%CI 0.508–0.993)，「家事・生活的援助のみを提供」のパターンは相対的に選ばれやすかった（OR 1.77, 95%CI 1.16–2.70）．また子世代の中では，「身体的介護の提供」においても，「家事・生活的支援のみ提供」においても，援助の提供のしやすさは娘がいちばん高かった．長男以外の息子を基準とした場合，身体的介護の提供に対する娘のオッズ比は 3.04（95%CI 2.13–

4.42)，家事・生活的援助のみの提供の娘のオッズ比は4.15（95%CI 2.64–6.59）であり，身体的介護を提供する確率も，家事・生活的援助のみを提供する確率も，ともに子世代の中で一番高い．また，息子の妻については，長男の妻と長男以外の妻の間に差がみられた．長男の妻の場合，家事・生活的援助のみを提供するというパターンの選ばれやすさは相対的に高く（OR 2.93, 95%CI 1.92–4.49），長男以外の息子の妻は，身体的介護を提供するパターンの選ばれやすさが相対的に低かった（OR 0.535, 95%CI 0.309–0.907）．また，娘の夫が妻方の親に対して身体的介護や家事・生活的援助を提供する確率は非常に低い．依然として長男や長男の配偶者には一定の役割が残っているといえるが，他の続柄と比較して身体的介護を提供する確率が突出して高いわけではないことが示された．

親の性別の効果も，２つのアウトカムで異なっている．父親と比べ母親に対する方が，子は身体的介護を提供する確率が低い一方（OR 0.721, 95%CI 0.541–0.949），家事・生活的援助のみを提供する確率は母親に対しての方が高いことが示されている（OR 1.97, 95%CI 1.36–2.86）．

親が配偶者と同居していることによる効果も，身体的介護の提供と家事・生活的援助のみの提供とで結果が異なる．親が配偶者と同居している方が，子世代が身体的介護を提供する確率は下がる（OR 0.479, 95%CI 0.353–0.664）が，家事・生活的援助のみを提供する確率に関してはそうした差が確認されない．

公的介護サービスの効果は，「身体的介護を提供」と「家事・生活的援助のみ提供」で異なる．親が公的サービスを利用している場合，子や子の配偶者が身体的介護を提供する確率は相対的に高く，公的サービスを利用していない場合と比べたオッズ比は2.20（95%CI 1.67–2.96）ほどである．一方で，身体的介護は伴わず，家事・生活的援助のみを提供するパターンに対しては，公的サービス利用の明確な効果は確認されなかった．

# 5 考　察

## 5.1 分析結果の考察

本稿では，子から親に対する援助のあり方をモデル化することで，子世代の中で誰が，どのような形で援助を提供しやすいのか，また，公的介護サービスはどのように親子間の介護と関わっているかを検証した．結果として，子世代の中では娘が援助を提供する確率が特に高いが，長男の妻という続柄による役割は部分的に残っていることも示された．

またいくつかの点で，身体的介護を提供するような比較的負担が重いと考えられるパターンと，家事・生活的援助のみで援助を提供するような，比較的負担が軽いと考えられるパターンとで，規定要因が異なる点も確認された．

まず，長男とそれ以外の息子を比べた場合，長男の方が身体的介護を提供しにくい一方で，家事・生活的援助のみの提供はしやすい．しかし，長男が身体的介護を提供する確率が低い分をその妻が代わりに身体的介護を提供しているということまでは確認されなかった．

次に，親の性別の効果が身体的介護と家事・生活的援助で大きく異なった．父親と比べ，母親に対しては家事・生活的援助のみを提供するパターンとなりやすい一方，母親に対しては身体的介護を提供するような援助は行われにくいという結果となった．これは，女性は自分自身に対する介護については家族からの介護を避けようとする意識を持ちやすい（大和 2008）という点が表れているのかもしれない．

そして公的サービス利用の観点では，親が公的サービスを利用している場合，子（やその配偶者）が身体的介護を提供しやすいことが明らかとなった．しかしこの補完的な関係は，あくまでも身体的介護に関する援助に関して効果を持っているものであり，身体的介護を伴わない形での援助提供とは明確な関係が確認されなかった．この結果から，日本の公的な居宅サービスと家族介護のあいだには部分的な補完関係があることが示唆される．この部分的な補完関係は，日本の介護保険が，家族介護を完全に置き換えるようには設計されておらず（堤 2010），むしろ家族による介護が存在することが前提とされている（下夷 2015；濱島 2018）という点が表れたのかもしれない．

なお，本稿の分析で見られた補完関係は，公的介護サービスが家族介護を「増やしている」ということを表しているとは考えづらい．そうではなく，現在の日本では高齢者が在宅で生活する限り，公的サービスを利用しても，家族は介護に関わる必要があるということを表しているのではないかと考えられる．ただし本稿の分析は厳密な因果推論を行うものではないため，家族がいることで公的サービスを使えるようになる，あるいは日頃から援助できる家族がいる高齢者が，デイサービスのようなサービスを利用しやすいといった逆の因果の可能性をコントロールしきれていない．今後は，こうした因果関係の方向性も考慮する分析も求められる．

また別の観点としては，公的な居宅サービスを利用することが，必ずしも子から親への援助を減らすという帰結をもたらすとは限らないことも明らかになった．第1節で述べた通り，介護保険の導入時には，「子どもが親の面倒をみる美風」を損なわないようにすべきというような，家族介護の価値を称揚する立場から公的サービスの拡充に懐疑的な言説が存在した（藤崎 2009；辻 2012）．このような言説の背後には，公的なサービスを利用することで親子間の援助が減少し，家族内の紐帯が弱まるという想定があったかもしれない．しかし本稿で明らかにしたように，公的なサービスを利用することは，必ずしも親子間での援助を減らすことを意味しない．この結果は，制度のあり方によっては，社会的リスクを高めるタイプの介護負担を家族から取り除きつつ，家族内の紐帯も維持できるような社会の実現可能性を示していると考えられる．

### 5.2　本研究の限界と今後の課題

本研究の分析結果は，援助の内容を分けて分析した先行研究の知見と必ずしも一致するものではなかった．マルチレベルモデルを用いた海外の先行研究においては，高齢者向けの社会サービスが発展している国ほど，子が親に対し家事的・周辺的な支援をより提供しやすい一方で，身体的介護は提供しにくいという分析結果が報告されていた（Brandt et al. 2009；Brandt 2013；Verbakel 2018）．それに対し本稿の分析結果では，親が公的介護サービスを利用している場合の方が，子世代は身体的介護を提供しやすいという結果が得られ，また，家事的・生活的援助の提供には差が見られなかった．

先行研究の分析と本稿の分析ではリサーチデザインが異なっており，分析の中心となっている説明変数の性質も異なっている．そのため，今後こうした研究が蓄積することで，国際比較を行った先行研究の知見と本稿の分析結果を整合的に理論化できる可能性はある．例えば，現在の日本では公的サービスの利用だけで介護が家族の手を離れるわけではないが，十分な量の公的サービスにアクセス可能であれば，本稿で見た部分的な補完関係のあり方が変わる可能性もある．今後は，公的なサービスの利用状況だけではなく，サービスへのアクセシビリティなど，社会的な条件も同時に考慮した分析も求められるだろう．

また，本稿の分析は，家族内での高齢者ケアの負担が誰によって担われる傾向にあり，また公的サービスはその負担にどう作用しているかという問題を背景としていた．しかし家族の負担に関しては，別の側面からも見る必要がある．今回分析をしたアウトカムは，それぞれの実践的援助が提供されるか否かという点であり，援助の提供によって，家族にどのような影響があるかは分析に含めていない．本稿では，身体的介護を伴わない家事的・生活的援助のパターンを重視したが，濱島（2018）は，行為自体が平易だったとしても援助提供者の生活に困難をもたらすことがある点なども問題視している．家族の負担という意味では，身体的介護の有無に限らず，頻度なども含めた広い観点から，どのような援助パターンがどのような負の影響をもたらすか，別途検討しなければならないだろう．

最後に，本稿で扱ったのは全て在宅の介護サービスである．特別養護老人ホームなどの施設へ入所した回答者の情報は，今回の分析では完全には追い切れていない．そのため，今回の分析では，在宅で生活をしている高齢者が分析の中心となった．このサンプルの特徴に対してどのような考慮が必要となるかは，今後の課題となる．

**※付記**　本稿は，『2019 年度参加者公募型二次分析研究会　全国高齢者パネル調査による高齢期の健康と生活に関する二次分析　研究成果報告書』(pp.108–119) をもとに，理論的な観点や分析モデルなどを再検討した上で加筆修正したものです．

また，本稿の分析で用いた統計ソフトのコードは，https://github.com/nishinoh/article_2021_jws において公開します．

**謝　辞**

本研究は JSPS 科研費 19K23251 の助成を受けたものです．

二次分析に当たり，東京大学社会科学研究所附属社会調査・データアーカイブ研究センター SSJ データアーカイブから「老研－ミシガン大－東大　全国高齢者パネル調査〈Wave5（1999），Wave6（2002）〉，〈Wave7（2006）〉」（東京都健康長寿医療センター研究所）の個票データの提供を受けました．
本稿の執筆にあたり，研究会の報告会にて，貴重なコメントをいただきました小林江里香先生，菊澤佐江子先生ほか，フロアの皆様に御礼申し上げます．

## 注

1）JAHEAD の Wave6 以降では，特別養護老人ホームなどの長期入所が想定される施設に入所した場合は本調査票による調査は行われず，欠票理由が尋ねられるだけとなった．一方で，有料老人ホームなど，施設であっても自宅同様に扱われ通常通り調査が行われる施設もある．詳細は Wave7 のコードブックを参照されたい（東京都老人総合研究所ほか 2017）．

2）厳密に考えれば，健在の息子のうちで最も年齢が高い息子は，必ずしも出生順で長男であるとは限らない．調査時点で既に長男が亡くなっており，長男でない息子が息子の中でいちばん年齢が高いというケースもありうるためである．質問紙では既に死亡した子どもについては尋ねられておらず情報がないため，本稿の分析では上記の方法で変数を作成した．

3）分析対象となったサンプルの平均年齢は，親の平均年齢は 81.21 歳（標準偏差 6.66），子の平均年齢は 53.06 歳（標準偏差 8.14）だった．子の配偶者の年齢は質問紙で尋ねられていないため分からない．

## 文　献

Brandt, M., 2013, “Intergenerational Help And Public Assistance In Europe,” *European Societies*, 15(1)：26–56.

Brandt, M., K. Haberkern, & M. Szydlik, 2009, “Intergenerational Help and Care in Europe,” *European Sociological Review*, 25(5)：585–601.

藤崎宏子，2009，「介護保険制度と介護の「社会化」「再家族化」」『福祉社会学研究』6：41–57.

――――，2013，「ケア政策が前提とする家族モデル――1970 年代以降の子育て・高齢者介護」『社会学評論』64(4)：604–24.

濱島淑恵，2018，『家族介護者の生活保障　実態分析と政策的アプローチ』旬報社．

池田心豪，2010，「介護期の退職と介護休業――連続休暇の必要性と退職の規定要因」『日本労働研究雑誌』52(4)：88–103.

JAHEAD 研究グループ，2020，「JAHEAD｜長寿社会における中高年者の暮らし方の調査」（2020 年 8 月 31 日取得，https://www2.tmig.or.jp/jahead/）

菅万里・梶谷真也，2014，「公的介護保険は家族介護者の介護時間を減少させたのか？――社会生活基本調査匿名データを用いた検証」『経済研究』65(4)：345–61.

春日キスヨ，2001，『介護問題の社会学』岩波書店．

――――，2010，『変わる家族と介護』講談社．

菊澤佐江子，2007，「女性の介護――ライフコース視点からの考察」『福祉社会学研究』

4：99–119.
――――，2017，「介護保険制度下の高齢者介護と家族の負担――ストレス過程からみた現状と課題」『家計経済研究』113：20–9.
小山泰代，2001，「世帯内外の老親介護における妻の役割と介護負担」『人口問題研究』57(2)：19–35.
Motel-Klingebiel, A., C. Tesch-Roemer, & H.-J. Von Kondratowitz, 2005, "Welfare states do not crowd out the family: evidence for mixed responsibility from comparative analyses," *Ageing & Society*, 25(6)：863–82.
西本真弓，2012，「介護のための休業形態の選択について――介護と就業の両立のために望まれる制度とは？」『日本労働研究雑誌』54(6)：71–84.
Ogg, J. & S. Renaut, 2006, "The support of parents in old age by those born during 1945–1954: a European perspective," *Ageing & Society*, 26(5)：723–43.
Pavolini, E. & C. Ranci, 2008, "Restructuring the welfare state: reforms in long-term care in Western European countries," *Journal of European Social Policy*, 18(3)：246–259.
下夷美幸，2015，「ケア政策における家族の位置」『家族社会学研究』27(1)：49–60.
田渕六郎，2009，「結婚した子と実親・義理の親とのつながり――子からみた親子関係」藤見純子・西野理子編『現代日本人の家族――NFRJからみたその姿』有斐閣，166–85.
Tamiya, N., H. Noguchi, A. Nishi, M. R. Reich, N. Ikegami, H. Hashimoto, K. Shibuya, I. Kawachi, & J. C. Campbell, 2011, "Population ageing and well-being: lessons from Japan's long-term care insurance policy," *The Lancet*, 378(9797)：1183–92.
田中慶子，2013，「きょうだい地位と実親の介護」『家計経済研究』98：25–34.
Teachman, J. & K. Crowder, 2002, "Multilevel Models in Family Research: Some Conceptual and Methodological Issues," *Journal of Marriage and Family*, 64(2)：280–94.
東京都老人総合研究所・ミシガン大学・東京大学，2017，『老研－ミシガン大－東大全国高齢者パネル調査〈Wave 7（2006)〉コードブック』東京都老人総合研究所・ミシガン大学・東京大学.
辻由希，2012，『家族主義福祉レジームの再編とジェンダー政治』ミネルヴァ書房.
堤修三，2010，『介護保険の意味論――制度の本質から介護保険のこれからを考える』中央法規出版.
Verbakel, E., 2018, "How to Understand Informal Caregiving Patterns in Europe? The Role of Formal Long-Term Care Provisions and Family Care Norms," *Scandinavian Journal of Public Health*, 46(4)：436–47.
Verbeek-Oudijk, D., I. Woittiez, E. Eggink, & L. Putman, 2014, *Who cares in Europe?: A comparison of long-term care for the over-50s in sixteen European countries*, The Netherlands Institute for Social Research.
山口麻衣，2004，「高齢者ケアが就業継続に与える影響――第1回全国家族調査

(NFR98) 2 次分析」『老年社会科学』26(1)：58–67.
大和礼子，2008,『生涯ケアラーの誕生――再構築された世代関係 / 再構築されないジェンダー関係』学文社.
――――，2016,「介護保険導入に伴う介護期待の変化――自分の介護を誰に頼るか」稲葉昭英・保田時男・田渕六郎・田中重人編『日本の家族　1999–2009――全国家族調査［NFRJ］による計量社会学』東京大学出版会，275–91.
――――，2017,『オトナ親子の同居・近居・援助――夫婦の個人化と性別分業の間』学文社.
保田時男，2004,「親子のライフステージと世代間の援助関係」渡辺秀樹・稲葉昭英・嶋崎尚子編『現代家族の構造と変容――全国家族調査［NFRJ98］による計量分析』東京大学出版会，347–65.
――――，2016,「マルチレベル分析による家族研究」稲葉昭英・保田時男・田渕六郎・田中重人編『日本の家族　1999–2009――全国家族調査［NFRJ］による計量社会学』東京大学出版会，347–59.

# abstract

## Patterns of Informal Support for Elderly Parents from Adult Children: Multilevel Modeling for Prediction by Kinship, Tasks, and Public Services

NISHINO, Hayato
Higashi-Nippon International University

This study investigates the determinants of intergenerational practical support in the Japanese context and focuses on the following sub-questions: “Who is responsible for familial care for elderly parents?” and “How do private care patterns relate to public care services?” Moreover, the study distinguishes practical support into physical care and housekeeping help. Data were derived from the Japanese Aging and Health Dynamics Study. Dyadic data composed of two levels were generated. The first-level variables include respondent's information, whereas second-level variables pertain to information about a respondent's children and child's spouse. A multilevel multinomial logistic regression model, which predicts intergenerational help from adult children to elderly parents, was estimated. The outcome consists of three categories of caregiving status, namely, “No care,” “Giving physical care,” and “Giving only practical housekeeping help.” “No care” is used as the reference category. The study observed the following points. First, daughters are the most frequent caregivers in a child generation. Second, compared with fathers, mothers receive more frequent housekeeping help, but less regular physical care from children. Third, according to tasks, Japanese public in-home services promote daily physical caregiving by a child generation. Conversely, utilizing public care services did not significantly influence practical housekeeping help by a child generation.

Keywords：informal support, public services, intergenerational relations, multilevel model

書 評

三井さよ著

# 『はじめてのケア論』

木下 康仁

本書は有斐閣の『はじめての…』のシリーズの一冊で『ケア論』である．初学者向けであるから基本的な事柄を書けばよさそうにも思えるがこの作業は研究者向けにケアを論ずるよりもむずかしく，このテーマでは第一人者のひとりである著者にして「書くのがつらい」（あとがき）ことだったとある．実際，工夫された苦心の作であり挑戦的な試みである．ケアについて知識の提供や解説を中心とするのではなく，豊富な具体例を織り込んだ記述により実際どういう問題が起きているかを知りながら読者は自分ならどうするのだろうかと考えるよう誘われる．難解な概念はほとんどなく平易な文章でつづられているが，言うまでもなく内容が平易なわけではない．読者の人生経験はまだ限られているであろうから，ケアを考えるためにまず視界を開かせ，現実感覚をもちながらケアの大事さ，奥深さ，むずかしさ，そして自分の生き方を豊かにしていく醍醐味に触れたり感じたりする．この主題に関心をもち，本書を経て自律的に学びを発展していける．読者にしてみればそれまで考えてもいなかった見方や立場に接することができ，ディスカッションの題材がたくさん提供されているから，一人で読むだけでなく授業やゼミなどで使うと自分とは異なる見方にも接し考えを深められる．ケアについての学び方，教え方について示唆に富む構成となっている．

本書は７つの章で構成され，順にケアシステム，ケア従事者⑴，ケア従事者⑵，ケアの質，地域⑴，地域⑵，新たなケアと支援のしくみをつくるために，となっている．新しい本を手にするときに読む前にまず目次をみるのは楽しみである．内容を想像したり書に託された著者のメッセージを考えたりする．部

きのした やすひと｜聖路加国際大学大学院看護学研究科・特命教授｜

分よりも全体を考えてみるわけで予想だから当たる時もあれば外れる時もあるが，著者を読むというか本との出会いを印象づけるものである．章構成から明らかなように，この点で本書の目次は十分に魅力的である．

ケアを論ずるには大著をもっての必要性もある一方で，本書は初学者にコンパクトにケアの魅力を伝えようとしており，そこに工夫と挑戦がある．ケア従事者と地域についてそれぞれ2つの章に分けている．むろんひとつの章でまとめることはできるのだが，そこを敢えて章を分けており本書の最大のキーワードがケア従事者と地域にあることをアピールしている．すべての章にサブタイトルが付けられているから，ケア従事者，地域の(1)と(2)についても内容の違いは分かりやすくはなっている．二重に重層化された構成により多様な内容を取り上げつつそれらが拡散するのではなく地域におけるケア従事者の視点に引き寄せて考える姿勢が導かれる．読者は提示される具体的問題について自分で考え行為者として現実のフィールドである地域に入っていく．そして，最後にそれぞれの読者の中に「はじめての」ケア従事者像を浮上させるかが本書の見どころとなる．

各章の内容を紹介すると，第一章「ケアシステム」は生活モデルへの転換，「生活の質」とは何か，排除という問題，ニーズ論を超えて，ケアや支援，排除／包摂の5節で構成されており，近年の変化と基本的な考え方を提示し本書全体の導入となっている．第二章「ケア従事者(1)」は4節からなり，専門職のケアとベースの支援，ベースの支援とは，「ともに生きる」という原像，そして，「ともに生きる」から仕事としてのベースの支援，へと続く．ベースとは本書独特の用語で生活のトータル性を強調し，その支援とは生活モデルを実質化するためである．狭い意味での専門職のケアでは対応しきれず，職業的ケア者を含みながらも他のインフォーマルな人たちも参加するゆるやかな社会的生活領域がケアの舞台となる．本書のいうケア従事者とは職業的ケア者でありながら重装備の機能的専門職ではなく利用者のベースの支援に柔軟でフットワークよく参加していく新しいイメージで語られる．

第二章で言わば外側からケア従事者を述べたのを受けて第三章では具体的な行為者に視点を移し，「ともに生きる」と仕事の間で，なじみがあることは「能力」のうち，日常という時間のありよう，感情をどこまで出すのか，インフォーマルでいい，わけではない，の５節からなる．ここで読者は利用者との相互作用のレベルで疑似体験的にケア従事者の世界をみていくことになる．

ケア従事者と地域をつなぐのは第四章「ケアの質」であり，ケアの質を問うということ—「質」という問いへの切実な思い，専門職のケアと質，ベースの支援と質，質を考える視点を変えてみる，権力を「薄める」というやり方—「虐待」をどう考えるか，というやや長い表現の節が続き最後が，開かれた可能性へ，の６節で構成される．質に焦点化するのはケアの評価に関わるからであるが，生活モデルにおいてはその判断が相互作用におかれるので制度化された第三者評価の形であれ個別のケアプランであれ質は評価者をめぐって相対的性格を帯びる．この章の議論は，質をめぐる渦に飲み込まれるのではなく多様で柔軟な考え方で関わるしなやかさにケア従事者としての魅力を感じさせようとしているように思える．

さて，第五章と第六章が地域についてとなるのだが，前者では本書の理論軸である排除 / 包摂の議論が学校を例に展開される．これは読者である大学生のほとんどが高校までの間にクラスに障害のある同級生がいる経験を共有しているので，具体的に考えやすいための選択である．排除と包摂が「排除 / 包摂」という形で表現されることの理解が促され，その揺れ動く境界線を静止できないところに地域でともに生活する在り方を探求し続ける問いの深さが示唆される．第六章は視点をケア従事者と地域の関係に移し，５つの節，すなわち，地域をどう考えればいいのか，人それぞれ，なのだけど，利用者と周囲との関係にどうかかわるか，連携を考える，そして，「地域」の向こうにあるもの—行政や社会規範，で構成されている．ケア従事者個人の視点から，ケアの空間としての地域とそこでの社会的関係性の特性，次いで，他のケア従事者との連携を述べ，地域でのケアの制度的背景や社会規範へと議論を拡げていく．

最後の第七章は全体の要約となっている．

以上が本書の構成であるが，最大の特徴は知識の伝授というよりも考えさせることにある．この視点は貫徹されており，単に考えることが大事だからというだけでなく，自律的に考え，判断し，行動する姿勢をもち，利用者を含め関係者とのコミュニケーションと連携のプロセスに参加していくところにケア従事者にとっての魅力，やりがいがあることが読み取れる．なぜなら，ケアに関わる現実の問題には「正解」がないからである．しかし，ケアとは関わりの継続でもある．理念や知識の理解は必要だが現実にはそのままで判断の拠り所にはならず，多様で複雑な事柄が関係している現実の「人」に対して関わっていくときの方向性は正解のないところをまずは自分で考えることを基点におかざるを得ないのであり，それはケアの関係の健全さでもある．他職種連携にしても地域包括ケアにしてもこの点を抜きには活かせない……こうしたメッセージが生活モデルをしなやかに実践していくケア従事者像として聞こえてくる．

とはいえ「考える」を強調されても読者，とくに初学者は戸惑うであろうから，本書では正解のないいろいろな問題を実に豊富に提供し異なる見方も紹介しているから読者は答えを著者に求めたくなっても立ち止まり問いを自分に引き寄せることになる．考えるべき問いが次々に出てくるからで，仮にでも自分で考えてみないと次の問題がでてくるからである．また，考えるために知っておくべき社会的背景なども詳しすぎない程度に述べられている．

ところで，ケアを論ずるには，論ずる側の個人的な経験との関係をどう考えるかという問題がある．切り離すのもひとつの立場であるが，読者と同じ目線で語りかけるにはむしろ積極的に関連付けることができる．その方が，リアリティの感覚を読者と共有できる．本書の著者の場合，たこの木クラブという知的障碍者への活動への参加経験が根底にある．言うまでもなく個人の経験は限定的であり，ケア従事者が参加するであろう世界は広く多様であるが，著者の経験は，読者に考えさせるだけでなく一人の「考える」人としての自身の実践を示すことに活かされ，そこから伝わるリアリティ感は読者をつなぐ潤滑油となる．

以上述べてきたこうした本書の特徴は，類書と比較すると入門書の作成についての新たな試みといえるであろう．型通りに書けそうにみえて，魅力をどう伝えられるかを考えると一筋縄にはいかない．多くの事柄をそぎ落とす作業を伴うから，多少なりともケアの研究や教育に関わり同時に実践にも関与している者なら「書くのがつらい」と述べた著者の気持ちは理解できるであろう．本書はその労苦に応える作品になっている．学生たちが本書のどこに，どのように反応するかにも興味をそそられるし，資格取得のための受験テキスト偏重の昨今の状況をみると本書のような地味だが骨太い入門書は歓迎したい．

最後にレイアウト上の指摘になるが，全体の議論の形式が後半に進むにつれて単調さを感じさせるところがあり，コラムなどを活用して，具体的実践例や事例の紹介，統計資料，外国の例などがあるとよかったかもしれない．ソフトなタッチの記述ではあるが取り上げている問題は重い部分もあるのでそうした工夫があると読みやすくなったと思われる．

**（A 5 判・236 頁・本体 1800 円・有斐閣・2018 年）**

書 評

榊原賢二郎編

# 『障害社会学という視座 ――社会モデルから社会学的反省へ』

堀　智久

本書は，日本において「障害社会学」という分野を新たに提示することを試みる画期的かつ重要な著書である．とりわけ，障害と社会の関係を見るという点では，すでに「障害学」で「障害の社会モデル」が提唱されてきたが，障害社会学はこの障害の社会モデル自体をも反省的に捉え直すことができると考えられている．

はじめに評者の立場を示せば，評者は基本的に本書の立場を支持するものである．評者自身，障害学という学問領域の不明瞭さや社会モデルと日本の障害者運動史との相いれなさという問題意識は以前からもっており，拙著でも詳細は省くがそのことを踏まえて議論を進めたことがある（堀 2014: 3–12）．これは評者自身の考えだが，おそらく障害学は，医療やリハビリテーションといった，いわゆる障害学が医学モデル（個人モデル）と呼ぶものの対抗言説とならざるを得ないという宿命を負っており，こうした対抗言説は依然として必要とされながらも，それゆえに今度はそこに逆に縛られてしまうという制約もまた生じてしまうのである．それは障害がその定義上，否定的なもの，不都合なものであることから，ここから障害を解消することをめぐる争いはつねに存在し，そして既存の○○の学や実践がその解消をめぐって障害者にとって抑圧的に作用するように傾いているならば，それに抵抗する学や実践が――すべてがそうである必要はないにせよ，少なくとも一部は――また必要とされるからである．

まず，本書の総論（第7章）である，きわめて秀逸かつ大作である編者の論考から論じていこう．榊原賢二郎氏が指摘するように，オントロジカル・ゲリマンダリング問題（以下，OG 問題）で知られるように，われわれは「実は社

ほり ともひさ｜名寄市立大学・准教授｜thori@nayoro.ac.jp

会問題の構築主義は，すべての前提の自明性・客観性を問い直すように見えながら，単に問い直される前提と問い直されない暗黙の前提の境界線を移動させているに過ぎない」(p. 178) ことを認識する必要がある．この指摘は，障害の社会モデルにもあてはまる．もっとも「OG 問題が不可避であるからと言って，もはや何らの常識の問い直しもおこなわなくて良いということにはならない．障害の社会モデルが，損傷を医学に委ね，自ら社会的逸脱パラダイムに立っていることは，やはり問い直すことができるし，その必要がある」(p. 182)．ここでは「常識を覆す」のではなく，「常識をうまく手放す」ことが求められる．

榊原氏によれば，障害学は一定の成功を収めた段階で，障害学それ自体の帰結に直面することとなったという．たとえば，障害者差別禁止法制は障害の社会モデルを原動力として制度化されたと考えることができるが，「それによって法的保護の対象となる『障害者』とは誰かという問いが浮上した [.] ……また障害の社会モデルは，障害を治療に還元する発想や，障害者が施設でしか暮らせない状況を批判したが，そうした批判がある程度浸透した段階では，障害者の社会的包摂のために，すなわち社会モデルで言うところのディスアビリティ解消のために，医療や施設は有害でしかないのかという問いを発することができる．こうして障害学が障害学の帰結と直面する段階で必要とされる学知を，障害社会学として再定式化しようとするのが本書の目的である」(p. 183) と榊原氏は述べている．

本章の榊原氏の議論はきわめて刺激的であり勉強にもなるが，評者としては読んでいて障害学を擁護したい気持ちにも駆られないわけではなかった．それは障害社会学の意義を説得的に論じようとするせいか，「社会モデルによって境界づけられた学問を障害学と呼ぶならば，それは反省可能性に閉ざされている」(p. 189) として，障害学の学的営為の射程を狭く見積もっており，あまりフェアではないように思えたからである．というのもまず，障害の社会モデルとの距離の置き方は論者によってさまざまであり，実際の障害学はもう少し幅がある．また，榊原氏は障害学が反省可能性に閉ざされているというが，もし社会モデル原理主義とでも呼ぶべき立場を取るのではなく，障害学においてもそれが不可避であると考えないならば，つまり反省の契機を意識的に取り込んで教条に陥らない障害学を構想できるならば，榊原氏の構想する障害社会学と限りなく接近していくのではないかということだ．さらにいえば，榊原氏の議論では，主にイギリスの障害学が念頭に置かれているが，評者には，日本の障害学の場合は，社会モデルにあまり執着せずに，緩やかに，さまざまな切り口のもとで健常者中心主義的な社会のあり方を問い直したり，身体をめぐる生きづらさを考えたりする学問領域になっているという印象である．

次に，本書の各論であるが，まず第1章で吉村さやか氏は，脱毛症で髪の毛を失った女性（と夫，息子）のライフストーリーを再構成し，彼女がどのような過程を経て，かつらの着用をやめるという選択に至ったのか，そのプロセスを描き分析している．対象となっているのは自らスキンヘッド姿で生活し，「女性にも禿げる権利が欲しい」と啓発活動を行う女性である．それだけ聞くといかにも精神的に逞しい活動家に聞こえるが，吉村氏の分析はもう少し繊細である．たとえば，「隠さない生活」を選択できたのは，「結婚，出産，子育てという，典型的なジェンダー役割に結びつけられたライフイベントを達成し得ていたからであった」（p. 35）という．本章では，「隠さない生活」に至るまでの紆余曲折が丁寧に描かれることで，髪の毛を失った女性のきわめてデリケートな「障害」の経験に迫ることに成功している．

第2章では，浦野茂氏は，社会生活技能訓練（Social Skills Training, SST）の場面を事例に，リーダーと発達障害をもつ参加者とのやりとりを詳細に分析している．具体的には，浦野氏は，リーダーは参加者によって語られた周囲とのすれ違いの経験を参加者の対人能力の問題として，すなわち参加者を医学的な発達障害概念のもとに位置づけるのに対して，参加者はこのすれ違いの経験を周囲からの誤解の被害経験として位置づけており，すなわち医学的診断を受け止めることが必ずしも医療への従属として批判的に捉えられるべき事態ではなく，新たにアイデンティティを捉え直し，既存の制度的実践の変革を求める抵抗の起点にすらなりうることを明らかにしている．こうした理解は，医学的診断に基づく障害種別ごとに障害者団体が結成されてきた，日本の障害者運動の歴史的事実にも沿うものといえよう．

第3章で，樫田美雄氏は，「思わざる効果的に，独自の面白さを持ってしまった障害者スポーツ」を〈障害者スポーツ〉と定義する．そして，「〈障害者スポーツ〉の実践においては，『非障害者スポーツとしての障害者スポーツ』の成立が起きており，その結果，しばしば『〈障害学的理想未来〉の先取り的達成』と呼べる事態が発生していることが，見出される」(p. 68) としている．たとえば，「盲人卓球における『障害者の非障害化メカニズム』は，アイマスク着用の強制とサーブ時の発声の義務づけ等で記述できる．……その一方で，おそらくは『思わざる効果』なのだろうが，競技としての『盲人卓球』は，『リズムスポーツ』および『空間スポーツ』としてのおもしろさを獲得する」(p. 76–7) という．ただし評者として気になったのは，この〈障害者スポーツ〉の場合には，結果的には能力の評価対象がAからBに変わった——たとえば盲人卓球の場合，視覚能力からリズム能力？や空間能力？に変わった——と捉えた方がよく，この場合には能力Bの価値が高まったと考えることができる．むしろこの事例からは，本来平等な社会の実現には不利益の現れ方を俯瞰的に考慮できることが重要であるが，障害の社会モデルは得てして場当たり的な障害の解消戦略に陥りがちであり，複数の能力を同時に扱えていないという限界を露呈しているように見える．

第4章では，染谷莉奈子氏は，障害者家族の親子関係に焦点を当て，「社会化できない部分が残る状況，つまり，“離れ難い”という状況が，いかにして，どのような文脈を通して形成されているのかを具体的な要因を通して捉え，親が高齢期を迎えた知的障害者の母親における“離れ難さ”がどのように形成されているのか」(p. 93) を明らかにしている．たとえば，染谷氏は，「母親は，その個々の“こだわり”に向き合い，先回りして受け止め，ときにやり過ごしたりしながら生活を送って」(p. 107) おり，専門職がこうした“こだわり”に合わせてくれるのかという懸念や，本人の表情や態度の違い，それを読み取る方向が人によって異なり，母親は自身のケアがなにものにも代えがたいと感じていることなどが，ここでの“離れ難さ”を形成していることを浮き彫りにしている．こうした染谷氏の丁寧な分析は，「母親だから」といった「規範」による説明とは異なり，きわめて現実に即しており説得力がある．

第5章では，石島健太郎氏は，障害学の議論に見られる，ある障害者の状態を肯定的に評価しようとすることが，逆に別の人びとを否定的に評価する尺度として機能してしまう——たとえば，犬食いを肯定することが口で食べることの良さを温存する——というパラドクスを指摘したうえで，この問題が顕著に表れる進行性の障害であるALS患者の事例を取り上げている．石島氏は，否定的価値づけの内面化への抵抗として，価値基準を更新し続けること，つまり能力の良さを全面的に相対化して存在それ自体を肯定する方向に向かうことが必ずしも容易ではないことを確認したうえで，能力の良さを相対化しているように見えて，実際には温存している例に着目している．たとえば，筋肉を休めるために車椅子を使うことは歩けることの良さを温存しているし，気管切開に際してALSがいつか治ることを想定して咽頭を残すことは話せることの良さを温存している．ここでは能力の良さを前提として自己肯定が図られているが，石島氏は，そのような発想を健常者中心主義的な価値観の維持として批判することは，必ずしも本人をエンパワメントすることにはならないかもしれないと指摘している．最後に石島氏が，――障害者団体ではなく――患者会の意義に触れていることは示唆に富んでいるが，おそらくこれまで障害学は健常者中心主義的な価値観を否定するあまり，健常者中心主義的な価値観を支持する，あるいは支持せざるを得ない障害者を排除してきた側面があったのであり，この点は今後障害学が十分に反省しなければならない大事なポイントであろう．

第6章では，渡辺克典氏は，ゴフマンの相互行為儀礼を吃音者の〈気詰まり〉の場面に適用し，〈気詰まり〉から回復するような「修復的交換」や〈気詰まり〉の場面を引き起こさないように努める「補助的交換」が，相互行為儀礼の実践を通して，いかにして達成されているのか，あるいは達成されていないのかを記述している．たとえば，〈気詰まり〉から回復するような「修復的交換」は「言い訳」や「謝罪」の表出によって行われるが，吃音者にはそれすらできないことがあること，また〈気詰まり〉の場面を引き起こさないように努める「補助的交換」は話しやすいことばへの言い換えなどによって行われるが，実際にはそれもうまくいかず，結果的に吃音者が自発的に相互行為から撤退してしまう場合があることが示されている．こうした渡辺氏の分析は，傍目にはごくささいな発話の失敗にすぎないように見える吃音が，われわれが自明のものとしている“滑らかな”相互行為の秩序によって，実際には吃音者の日常生活に多大な制約をもたらすことを浮き彫りにする点で，きわめて興味深いものである．

最後に本書の編者である榊原氏は，障害社会学と障害学を明確に分けているが，評者としてはむしろ障害学が反省の契機を意識的に取り込むことで，あるいは榊原氏の構想する障害社会学から多くを学ぶことで，より多様な障害者の生き方やライフスタイル，問題意識等に沿う，より柔軟な障害学が可能になるのではないかと考えている．

**（B 6 判・234 頁・本体 2400 円・新曜社・2019 年）**

## 文　献

堀智久，2014，『障害学のアイデンティティ――日本における障害者運動の歴史から』生活書院．

書　評

山田陽子著

# 『働く人のための感情資本論 ――パワハラ・メンタルヘルス・ライフハックの社会学』

榊原　圭子

本書は，働くことと感情をテーマに職場でのコミュニケーションや人間関係，その帰結であるメンタルヘルスの問題や自殺について取り扱っている．働くことと感情に関するよく知られた概念に米国の社会学者ホックシールドによる「感情労働」がある．これは対人サービス職に従事する労働者には，顧客に対して自らの感情をコントロールし，相手に合わせた言葉や態度で対応することが求められる，というものである．ホックシールドが研究対象とした客室乗務員の他，保健医療，福祉，教育職などが感情労働を要求される典型的な職種である．もともと感情労働は顧客に対するものであったが，本書では感情労働の対象者を職場のメンバーである上司や同僚にまで広げて議論をしている．

第1章「感情という資本」では，感情をコントロールすること，すなわち感情管理についての定義と，その重要性が説明される．感情管理には二つの種類があり，一つは顧客や取引先との関係性の中の感情管理であり，ホックシールドの感情労働概念に相当する．もう一つは職場の同僚や上司との関係性における感情管理である．二つ目の感情管理が重要なのは，感情管理が顧客や取引先から利益を引き出す際に必要な条件であると同時に，上司や同僚に対しても，自分がそのような人物であることを自ら提示することが，業績や人間性の評価に繋がっているためであると説明される．また社会学者イルーズの感情資本主義を引用し，その重要性を以下のように述べる．すなわち，自分の感情と他者の感情をきめ細かく感じ，察する一方で，それに没頭せずに感情をコントロールし，手続きに従って発言することで他者と状況を操作し，それらを支配する権力を有するようになる．これは出世や昇進，富や人脈の拡大，社会階層の移

さかきばら けいこ｜東洋大学社会学部・准教授｜sakakibara@toyo.jp

動に影響するため感情管理は職場においても重要であり，働く者にとっての資本であると説明する．

第２章以下では感情管理に関わる個別のテーマについての議論がなされる．第２章「メンタルヘルスという投資」では，企業がメンタルヘルス対策として導入しているEAP（Employee Assistant Program）に着目し，事業者から見ると経営上のリスクである労働者のメンタル不調を，労働者がEAPを利用して自分の感情に向きあうことで解決に導き，事業者にとってのコストやリスクを低減させていること，EAPは福利厚生施策ではなく経営上の投資であり，企業経営の効率化のために労働者の感情を利用していると述べる。

第３章，第４章は労働者の自殺について取り扱う．第３章「自殺のリスクと医療化」では，従来自殺は本人の故意のものとみなされ，社会保障の対象ではなかったが，1999年の厚生労働省の判断指針により，自殺した労働者が業務に起因する心理的負荷によって精神障害に罹患し，自殺念慮が出現する蓋然性が高いと医学的に認められる場合には労災として補償の対象となったことが説明される．そして自殺が精神医療と関連づけられることで医療化され，それにより自殺した当人は免責される．これに続く第４章「自殺の意味論」では，自殺の医療化により免責された当人に代わり勤務先であった事業主に責任が問われるようになるが，実はその責任は遺族にも及び，遺族を苦しめることを指摘する．自殺者は病死者であるが故に，援助されるべき存在である．それ故に自殺者の周囲にいた遺族は，自分たちの援助が十分ではなかったがために当人が自殺に追い込まれてしまったと考え，自責の念を長期にわたって抱える．自殺の医療化と社会的保証は評価されるべきであるが，それによって救われない人たちが存在することを指摘する。

第５章「パワーハラスメントの社会学」では，第３章，４章での議論をケーススタディに落とし込み，パワーハラスメントによって自殺に至った当人の精神が蝕まれていく過程や，遺族や同僚，上司，裁判所や精神科医などによって自殺の動機が解釈され，最終的にはうつ病であったことが原因であったと確定されるまでを，丹念なインタビューを通して紐解いている．そしてパワーハラスメントやそれに起因した自殺が，当人の子供たちである次世代の生活や労働感にも影を落とすことを指摘する．

第６章「時は金なり，感情も金なり」ではテーマが一変し，SNSを介したライフハックや時間管理術の勉強会などのコミュニティは，単に時間を管理するためのスキルや仕事術を交換するだけでなく，自分の存在を認めてもらい，自分の存在を確かめる場という意味を持つと述べる．

第７章「ワーキング・マザーの『長時間労働』」では，感情管理の適用範囲を個人の生活に広げる．ワーキング・マザーが，仕事，家事，育児をジャグリングのように回し続けながら，時間に追われる母親の状況をよそにマイペースを崩さない子供たちに苛立ちながらも，優しく対応しようと努力していること，彼女らが情報や支援の源であるママ友ネットワークの維持のために，常日頃から気働きをしながらコミュニケーションを取っていることを挙げ，ワーキング・マザーが仕事以外の生活場面でも感情管理を行っていることを説明する．

本書の意義は，感情管理を対顧客のみならず，職場や個人の生活にまで広げて適用し，私たちがいかに他者との関係性に気を遣って生きているのかを指摘していることであろう．そして感情管理が上手くいかない場合に人間関係が崩れ，メンタルヘルスの悪化，ハラスメント，そして最悪の帰結としては自殺という問題にもつながりかねないことに警鐘を鳴らす．

本書を読んで疑問を感じたのが，何故感情管理が顧客や取引先だけでなく，職場の上司や同僚に対しても必要とされるようになったのか，ということについての説明についてである．著者は感情管理ができる人間であることを示すことが業績や評価につながるから，と説明している．しかし職場の上司や同僚から評価されるのは今に始まったことではない．なぜ今，上司や同僚に対する感情管理を考えないといけないのだろうか．これについて「職場の心理化」という考え方による説明を試みてみよう．

オランダ・ユトレヒト大学，ベルギー・ルーベンカトリック大学のウィルマー・シャフリ教授によると，近年，顕著に「職場の心理化」が進んでいるという．伝統的な職場では，縦構造で人間関係は安定しており，付き合いの長い人たちと単一文化で働き，上司から指示を受けて仕事をし，その内容は詳細に決められていた．しかし現代の職場では，組織は常に変化し多様化が進み，トップダウンではなく水平方向のコミュニケーションと横のネットワークが中心となっていることから，自らが決断し，現場での対立関係に対処するために，高度なコミュニケーション能力が必要とされる．またこのような職場では，メンバーとの信頼関係の構築が難しくなる．信頼関係の築かれた職場では，誰かが感情的な発言や行動をとることがあっても関係の修復ができ，それだけで評価されることはない．しかし信頼関係の希薄な職場では，感情的になることによるデメリットが大きい．信頼が希薄な人間関係をうまくコントロールするのに職場での感情管理が必要とされているのではないだろうか。

第７章のワーキング・マザーの生活面における感情管理も同様の説明ができるであろう。ママ友ネットワークについて言えば，ママ友は正社員で働く人，非正規で働く人，専業主婦などその立場は人によって異なる．自分と異なるバックグラウンドを持つ人は，当然ながら優先事項や人との関わり方も異なる．その中で波風を立てず，かつ助けてもらえる関係を作り，維持するためには，感情管理は欠かせないと言えよう．

もう一つ疑問を感じたのは，第３〜５章の位置付けである．これらの章では，感情管理を行わない，あるいは上手くできなかったために上司や同僚との人間関係が崩れ，それがパワーハラスメントを生じさせ，自殺へと繋がることを説明しており，丁寧なインタビュー調査や事実関係の確認をもとに執筆された．緻密かつ迫力ある表現に引き込まれて読んだ．しかし当該章では，自殺やパワーハラスメントについて，感情管理というフレームを用いた説明はなされておらず，感情資本論というタイトルの本著作に含まれる内容としては違和感があった．また他章の取り扱うテーマや記述のトーンとはかなり異なっている点も気になった．

それでも本書は私たちの仕事，生活の様々な場面に感情管理が潜んでいることを気づかせてくれる．感情管理は私たちにとって大きなストレスとなる．評者の専門領域である産業保健心理学では，感情労働はバーンアウトの最大の予測因子であり，それを防ぐための様々な対処資源が検討されている．その中には，本音で話せる支援者の存在や心理的に安全な職場づくりなどが含まれる．今後，感情管理によって生じるストレスへの対処について社会的な見地からの議論を期待したい．

**（四六判・231 頁・本体 2200 円・青土社・2019 年）**

## 文　献

Schaufeli, Wilmar B, 2020, Mental energy at work: From burnout to engagement. 第 28 回日本産業ストレス学会（2020 年 12 月 4–5 日）基調講演資料

書　評

下夷美幸著

# 『日本の家族と戸籍
# ――なぜ「夫婦と未婚の子」単位なのか』

犬塚　協太

近代以降の日本において，いわゆる家族法を定めた実体法としての民法と並んで，家族に関わる制度として最も重要な役割を果たしてきたのが，手続法としての戸籍制度であったことは，いまさらことあらためて論じる必要もないほど明白な事実である．家族を直接の主題として取り扱う家族社会学や家族法学はもとより，福祉社会学分野にとっても，個人と家族，社会との関わりのなかで生じる種々の福祉問題に絡んで，戦前から現代にいたる戸籍制度のあり方が常に問われ続けてきたこともまた明らかであろう．本書は，そうしたさまざまな学問分野にまたがる広範かつ重要なテーマとしての「家族と戸籍制度」に関するエッセンシャルな課題の提起と問題点の解明に真正面から取り組んだ労作である．しかもその手法はきわめて手堅く，実証的かつ論理的で明快な問題意識と論述によって本書全体が貫かれている．評者としては，そこに顕著に示された著者の複数分野にまたがる広範な知識と膨大な資料分析への徹底した取り組み，誠実で丁寧な執筆姿勢をまず高く評価したい．

本書の特長として評者が第一に挙げたいのは，上述したように本書の端的で明確な問題意識と，緊密で堅牢な全体構成である．第１章に明示されているように，本書における著者の問題意識は，「戦後の戸籍はどうして家族単位になったのか」，そして「家族単位の戸籍は戦後の家族にどのように作用したのか」という２つの検討課題に集約されており，それを受けて第２章，第３章では前者の課題が，第４章，第５章では後者の課題が，それぞれ後述するように特徴ある資料（史料）の詳細な分析によって検討される．そして最後の第６章では，あらためて当初の問題意識，検討課題の確認と補論を通して，著者の結

いぬづか きょうた｜静岡県立大学国際関係学部・教授｜inuzuka@u-shizuoka-ken.ac.jp

論としての「家族単位の戸籍から個人単位の戸籍への転換」の意義と必要性が詳述されて全体が閉じられる．そこには，戦後1947年の戸籍法改正時に採用された，著者のいう「婚姻家族」（夫婦と未婚の子）を編成単位とする「家族単位の戸籍」に基盤を置く現行の戸籍制度が，単なる身分公証のツールとしての機能だけではなく，むしろ結果として「婚姻家族の規範化」を決定的にする家族政策としての機能を強く有してしまったことへの鋭い批判的視座が確固として存在しており，さらに，現代においてはそうした「家族単位の戸籍」の機能が消失したばかりか，むしろその弊害や矛盾が極大化していて，一刻も早い「個人単位の戸籍」への転換が喫緊の課題であることへの強い危機意識も明瞭に認められる．こうした明確な問題意識は，本書の最初から最後まで一貫して揺らぐところがまったくないため，本書の議論展開には少しの煩雑さや錯綜した印象もみられず，その結論は非常に説得力を持つものとなっていることが本書の大きな強みといえよう．そしてそうした一貫した問題意識に嚮導されて構築された本書の堅牢な全体構成は，より俯瞰してみれば，第1章（課題提示），第2・3章（第1課題の検討），第4・5章（第2課題の検討），第6章（結論）といういわば4部構成としてとらえることもでき，読後にあたかも構成美にあふれた1篇のシンフォニーを聴き終わったかのような充足感すら覚えるほどである．

本書の第二の特長は，とりわけその論述の本体部分ともいうべき第2・3章と第4・5章において，「戦後の戸籍制度に関わる当事者」の立場に可能な限り立ち，それらの人々のいわば「肉声」を極力とらえうる「口述資料」をフルに活用して，いわば時代と社会の「心性」をできるだけ掘り起こしていくという社会史的作業にこだわりぬいている点である．著者はすでに前著（下夷2015）においても同様の手法を用いて近現代日本における養育費政策の深刻な問題点の摘出に成功しているが，その手法は本書においても遺憾なく発揮されているといえる．こうした内在的な論述視点と併せて，戦後の戸籍制度を取り巻く社会状況にも十分目配りし，外在的状況も踏まえた議論展開は，本書を，従来の家族社会学，家族法学，福祉社会学的な視点による研究の蓄積に加えて，家族と戸籍制度に関する「歴史社会学」的な視座からの代表的な研究書としても新たに位置付けるに足る内容を持つものと評価することを可能にしているといえよう．しかもここで重要なことは，そうした「戦後の戸籍制度に関わる当事者」の口述資料として，戸籍法改正に直接関わった起草委員会の主要メンバー（我妻栄，中川善之助，川島武宜，村上朝一ら）に加えて，戸籍制度改正の実務に深く関わった法務官僚（青木義人ら）の座談会記録や講演記録などまでがくまなく渉猟されている（第2・3章）ばかりでなく，そうして改正され成立した戦後の「婚姻家族を単位とする戸籍」によって苦しむ人々というもう一方の「当事者」の声を，新聞の「身の上相談」欄の記事を素材として丹念に収集して（第4・5章），それらをいずれも多面的な角度から個別の問題を設定して丁寧に分析するという，社会学の本来的な実証的作業が着実に行われている点である．後者の「身の上相談」の分析については，すでに他の学術雑誌の本書への書評においてその資料上のバイアスに関する批判が示されてはいるが（野田 2020: 228），評者としては，それ以上に，こうした膨大な資料の解読と課題の視点の整理により，結婚，離婚，再婚，就職，相続といった重要なライフイベントに際して「家族単位の戸籍」制度が個人とその家族に及ぼす甚大な負の影響による生々しい苦悩の記録が明らかにされ，「嫡出子至上主義」や「戸籍＝家族」観，「戸籍の汚れ」観など，家族単位の戸籍制度が生み出し，かつそれを今日まで根底から支えている社会規範，社会意識のいわば相互補完的，循環的な関係性が明らかにされたことの一事だけをもってしても，本書の学問的意義がきわめて大きいことを重視したい．

本書の第三の特長，さらにあえていえば本書の最大の特筆すべき成果として評者が指摘したいのは，第2章，そしてとくに第3章において詳しく論じられているように，1947年の戸籍法改正に際して，家族単位から個人単位の戸籍制度への転換の実現を阻んだ最大の要因が，起草委員会レベルの議論といったいわば制度転換実施に関わる内在的要因というよりも，物的資源問題としての敗戦直後の紙不足と，人的資源問題としての戸籍担当実務現場の過重負担解消のためという，いわば「外在的」な社会状況による制約要因によるものだったという歴史的史実を克明に明らかにした点である．評者の見るところ，これまで家族と戸籍制度をめぐる諸々の議論は，評者自身も含めて，ともすれば戸籍の持つイデオロギー性，つまり戦後の「家」から「近代家族」へ，そして最近ではその「近代家族」から「個人」へと，その編成単位をめぐっていずれを中心とするイデオロギーの立場に立脚するか，という視点からなされてくることが多かったと思われる．そのことは，議論の論点や社会意識の変動との連動性を鮮明化するうえでは大きな意義があったが，一方で，戸籍をめぐる議論そのものをあまりにも観念的，抽象的なレベルに偏ったものとしてしまうきらいがあったといえよう．しかし，上記の本書の成果は，そうした従来の議論の偏向や盲点への気づきにわれわれを導いてくれた点で，まさしく観念やイデオロギーだけでなく，当該社会の物的，人的資源による状況規定性をもトータルに視野に入れた研究姿勢の重要性という社会史や歴史社会学的手法の特質を再認識させてくれたという意味において，その意義はきわめて大きいと評者は強調したい．そして，そうした視点が付加されたとき，これまで漠然としたイメージで，家制度の廃止にもかかわらず「婚姻家族」の戦後にも生き残った戸籍制度の「家族単位」的発想，ととらえられてきたこの戸籍制度のイデオロギー性をめぐる問題自体も，俄然これまでとは異なる様相を呈してくるのである．このことは，本書の第２・３章，あるいはとくに第６章において見事に整理されて論じられているが，たとえば戦後戸籍制度改正に最も深く関わった当事者である研究者の我妻栄と法務官僚の青木義人の，立場の違いを超えた「個人単位」の戸籍重視というイデオロギー的共通性が，上述した当時の物的人的資源不足という戸籍制度の外在的要因によって，それぞれの立場ごとの複雑な過程をたどりながら，身分公証機能の側面からみてむしろ「家族単位」の戸籍制度への選択に収斂していかざるをえなかった状況についての本書の論述部分を見るだけでも明らかといえよう．そして，そのような外在的な社会状況的制約が大きく変化した現在，あらためて「家族単位」から「個人単位」へと戸籍制度を転換することの意義と必要性がいかに大きいものか，という著者の結論としての問題提起は一層の説得力をもってわれわれに強く迫ってくるということができる．

最後に評者としては，本書で提起された「婚姻家族」概念と「近代家族」概念との異同を精緻に明らかにしつつ，近代家族研究がこれまで行ってきた広範な戦後日本社会の家族変動についての知見を戸籍制度との関連でさらに充実化させるような新たな研究への発展を，今後に向けて強く著者に期待したい．

**（四六判・308 頁・本体 3600 円・東京大学出版会・2019 年）**

## 文　献

野田潤，2020，「（書評）下夷美幸（著）『日本の家族と戸籍――なぜ「夫婦と未婚の子」なのか――』『家族社会学研究』Vol. 32 No. 2：227-228

下夷美幸，2015，『養育費政策の源流――家庭裁判所における履行確保制度の制定過程――』法律文化社.

| 書　評 |

エリザベス・ブレイク著・久保田裕之監訳

# 『最小の結婚
## ――結婚をめぐる法と道徳』

山根　純佳

本書は *Minimizing Marriage: Marriage: Morality and the Law* (2012) の翻訳である．政治哲学を専門とする著者は，リベラル・フェミニズムの立場から，一夫一妻で排他的な結婚だけを正統化する現行の婚姻法を批判し，結婚を同性間や友人同士の関係を含んだ「ケア関係」を保護するものとして再定義する．哲学，倫理学，政治哲学における結婚への意味づけや同棲婚をめぐる争点への批判的検証をとおして独自の議論を展開した大著で，翻訳版でも二段組み370頁に達する．日本語で読むことを可能にしてくれた翻訳チームの労力に感謝したい．

第I部では，結婚に固有の道徳的価値を主張する道徳哲学・徳倫理学を検証している．結婚の道徳的意味とされているものが実は根拠がないことを示すことで，残される結婚の価値をあぶりだす．まず第1章では，結婚は自由意志にもとづく「約束」や「配偶者役割への同意」という責務を伴う点で道徳的に重要だとする議論を扱う．ブレイクによれば婚礼の誓いは，自らが制御できない愛という感情にかかわる限り「約束」ではありえず，ゆえに離婚は約束の破棄ではない．またすべての配偶者がすべき共有された配偶者役割はないので，役割の遂行を「約束」することもできない．第2章では，結婚は与件できない未来に備えて自らを拘束する「献身 commitment」という徳かどうかを問う．非自由意志的で「ある対象に意図的に優先を与える気質」(p. 85) としての「献身」は（結婚のように）排他的でも無条件でもないし，永久であったりする必要はない（ゆえに道徳的責務は伴わない）．また献身に道徳的に価値があるかどうかは，献身の対象による（搾取的関係における献身もある）．一方，結婚制度

やまね すみか｜実践女子大学・准教授｜yamane-sumika@jissen.ac.jp

は両者に関係への献身をしつづけるような強い誘因構造となるが，結婚からの退出のオプションを排除するのは当事者にとって合理的ではないとされる．第3章で扱うのは，性行為と結婚との間に特別な道徳的関係を見出す議論である．カントは性行為にとって結婚は道徳的に適切な条件だとするが，ブレイクによれば他者を平等な人格として扱うために結婚制度は必要なく，平等な市民権の概念で十分である．また新自然法は，性行為は生殖と結婚の一部である限り善（good）であるとするが，この議論では同性間だけでなく，不妊の当事者の結婚も排除される．このように，結婚に価値を付与しようとする試みは，現実の結婚の移ろいやすさを見落とし，またその悪徳を無視している．

結婚に残された道徳的価値として，第4章で取り上げられるのが「ケア」である．ケアとは，他者への道徳的な責務や個別性な判断を伴うものであるが，ケア倫理学がいうように無条件に価値があるものではなく，公正の範囲内で他者の福利を促進し，権利を尊重する「正義にかなったケア関係」（p. 156）である限り道徳的に価値がある．こうしたケア関係の構築は，家事，性行為，生殖，お金について，当事者が事前に契約交渉することと両立する．一方で，排他的な恋愛関係こそが他の関係よりも優先され目指されるべきとする「性愛規範性 amatonormativity」は，結婚や恋愛以外の友人同士や複数当事者による結婚，ポリアモリーのケア関係の価値を貶め，またそうしたケア関係の発展を制限している．

第Ⅱ部では道徳から政治へと議論を転換し，リベラル・フェミニズムにもとづく新しい婚姻法として最小結婚 minimum marriage が提案される．まず第5章では，結婚制度への批判を検証しながら，結婚が本質的に不正義な制度かどうかを問う．フェミニストの婚姻批判によれば結婚は虐待を助長する経済的依存をつくりだし，ジェンダー化された性役割によって女性を抑圧している．これに対しブレイクは，同性同士や複婚，ポリアモリーを含む再定義された結婚は，ジェンダー化された配偶者役割から自由な結婚の可能性開く点で，女性の利益に資することができるとする（p. 209）．またこのように結婚を再定義することは，結婚を異性愛結婚に限定してきた過去の不正義への公的な修正と位置づけられる．

第6章では，政治的リベラリズムと同性婚をめぐる論争を扱う．政治的リベラリズムは，善の構想や人生に価値を与える構想に中立で，異なる善を信じる人びとにとって受容可能な公共的理由によって立法を正当化する．然るに，結婚を一夫一妻的単婚で排他的でロマンティックな関係に限定しようとする信念は特定の善（道徳的価値）にもとづいており中立性の原則に反する．すでに多くの子どもたちが結婚の外部で育てられており，子育ても異性愛のみの特権を正当化する根拠にはならない．ここで結婚に残された機能とは成人間の「自発的な」(p. 241) ケア関係であり，中立性の原則は，同性婚，複婚，ポリアモリー，友人関係を含むケア関係を支援することを要請する．

本書は，契約によって選択される成人間のケア関係を支援する法的枠組みは，親の責務を割り当てる「依存的」ケア関係を支援する法的枠組みとは，別のものだと強調する．たとえば虐待や結婚外のケア関係にいる子どもたちの保護を実現するのは，（婚姻ではなく）養育に向けた財政的支援である．成人の関係と養育関係の切り離しは，結婚を廃止し依存への責任を担うケア関係の保護を訴えるM．ファインマンの議論と重なる．しかしブレイクは成人間の自立した「非依存的なケア関係」(p. 267) は，養育とは別に保護される善があるとして，結婚の廃止には反対する．

第7章では，リバタリアニズムの最小国家同様，規制の最小化された結婚をめぐる法の詳細が論じられる．最小結婚は，その関係がケア関係であること以外には，性別や配偶者の数や関係性の性質に制約を設けない結婚である．最小結婚においては結婚に伴う権利は，ケアを提供する関係を(1)承認する権利（埋葬に関する権利，忌引き）(2)支援する権利（在留資格やケアのための休暇）に限定される (p. 272)．最小結婚を正当化する公共的理由は，ケア関係が自由，機会，所得，福祉，自尊心同様，「道徳的能力を行使し人生設計を追求するためにふつう必要とされる」(p. 296) 基本財であることに求められる．そして，ケア関係を支援するための移住や居住，遺族補償，面会権のような権利を供給できるのは国家だけである．

第8章では，理想理論（理想的な状況の仮定を通じた道徳原理の構築）にもとづいて，現実の社会で婚姻法を改革した場合に生じる弊害や不正義の是正策が論じられる．理想社会への移行段階では，結婚を通じた医療保険や年金の給付は，夫に依存する妻たちにとって必要な援助となる．また経済的に困窮した親密な関係性で生じる不平等に対処する財産分与や離婚後の支援は（契約がなくても適用される任意規定として）正当化される．

以上が各章の主要な論点である．最小結婚は，愛情や生殖，子育てから切り離され，自立した「ケア関係」を支援する法的枠組みに位置づけられる．リベラリズムの中立性原則においては結婚の価値を異性愛に限定することは正当化できず，同性間やポリアモリー，友人同士等のケア関係の保護を求めるという議論は，同性婚や同性間パートナーシップをめぐる議論において重要な位置を占めると考えられる．

一方，本書が提示している重要だが，おそらくあまり注目されない論点として，最小結婚によるジェンダー不平等の是正がある．ブレイクが論じるようにジェンダー構造化された結婚が女性たちの「選択肢や自尊心を減じている」(p. 291）のに対し，最小結婚は新しい社会関係に向けた「選択肢を与え，交渉力を増大させる」(p. 343）のだろうか．たとえば子育てや介護というケアが女性に偏っている異性愛結婚において，夫からのケアを期待する妻は少ない．ここで最小結婚が可能になった場合，妻は，友人とのケア関係を選択し，夫との関係から退出，もしくは複婚を希望するかもしれない．ではしかし，妻の退出によって残された夫は，誰かをケアする能力を発揮できる可能性はあるだろうか．

妻の退出可能性を知った夫は妻の心身の健康に気づかい，看病をするようになるとも考えられる．これは確かに妻にとって望ましいひとつの社会変革ではある．しかし退出という脅しによって動機づけられるケアは，「自己価値の感覚」(p. 299）の基盤とされる理想的なケア関係なのだろうか．どのような制度も，愛や献身同様，ケアを強制することはできない．最小結婚が現行のケア能力のジェンダー不均衡を是正できないことは，ブレイクも認める点であろう．

より論争的なのは，本書の「正義に適ったケア関係」と，フェミニズムが訴えてきた「ケアの脱家族化」の関係である．ブレイクは「依存的ケア」をめぐっては有償のケア提供の可能性にも触れてはいるが，情緒的ケアも物質的ケアも婚姻内のケア関係で提供されるほうが「よりよくなされる」(p. 293）とする．一方フェミニストのケア研究は，ケアを婚姻内で充足するべきとする規範や政策の不正義を批判してきた．婚姻内のメンバーには「ケアしない権利」もあるし，情緒的ケアを第三者に委ねたいというニーズも満たされる必要がある．「正義に適ったケア関係」の条件は，物質的情緒的ケアを婚姻外で再分配することであり，ケア関係の保護や支援だけでは整備されえない．

ブレイクはこれらの批判は，子育てや介護のような依存的なケア関係に向けられたもので，成人同士の自立的で同意を条件とするケア関係には該当しないと反論するだろう．しかし依存的ケア関係と自立的な個人の契約をとおしたケア関係の区別は自明なものではない．成人もまた障がいや病気など断続的な「依存」に直面するし，身体的・社会的条件によりケアのニーズは変わりうるため，それに応えられるかどうかは，判断能力のある個人であっても，あらかじめ契約や合意はできない．結婚の価値を「ケア関係」ではなく，自尊心の基礎となる「親密性」に求めれば，ケアの再分配とも両立する．しかし単なる「親密性」の構築だけでは，リベラリズムのいう人格に必要な「道徳的能力の発達と鍛錬」(p. 292) に必要な財とはいえず，結婚を正義（権利）の問題として扱えないのだとしたら，結婚の再定義はリベラリズムとは別の思想に期待したい．

**（四六判・384 頁・本体 4200 円・白澤社・2019 年）**

書　評

相良翔著

# 『薬物依存からの「回復」——ダルクにおけるフィールドワークを通じた社会学的研究』

加藤まどか

本書は，薬物依存者がダルク（薬物依存者のためのリハビリテーションを行う民間施設）につながり「回復」していくプロセスについての社会学的な検討の成果をまとめた労作である．著者は，社会学者からなるダルク研究会の共同研究の一環として，2011 年 4 月からダルクにおいて参与観察やインタビューなどの調査を行ってきた．ダルクは，そのスタッフの多くが薬物依存を経験しており，セルフヘルプ・グループ的な特徴を持つ組織である．

著者は，薬物依存からの「回復」を検討するためには，薬物依存者自身の人生の解釈方法について読み取る必要があり，本研究は「広義の意味でナラティヴ・アプローチの立場」をとると述べている．「ダルクメンバーは自身の状態を語ることを通じて薬物依存という経験を自分の人生に組み込み，そして新たな自分の人生を構成しようと試みる」のであり，そのような「回復」の意味内容について把握することが，本書の目的であるとされる．ダルクは「そのようなナラティヴを生成する臨床の場」として位置づけられるとされる．

本書では，序章で問題関心が示され，第 1 章でダルクについての記述がなされる．第 2 章では先行研究のレビューがなされ，「回復」について社会学的に検討する方法が論じられる．第 3 章では調査方法の概要が示され，第 4 章から第 9 章において，調査に基づいた考察がなされている．終章では，薬物依存からの「回復」を支える社会のあり方が検討され，最後の補論では，4 名のダルクメンバーのライフストーリーが詳細に紹介されている．

第 4 章から第 9 章では，ダルクメンバーが，揺らぎながらも，どのように「回復」への道を歩んできたのか，インタビューでの語りが詳しく紹介されている．

かとう まどか｜福井県立大学学術教養センター・准教授｜makato@fpu.ac.jp

著者は，それを丁寧に読み解き，興味深い考察を行っている．紙幅の制約で詳しい紹介はできないが，評者からみて主要な考察と思われる，以下の5点について，簡潔にまとめて見ていきたい．

⑴スリップ（薬物の再使用）の経験は，ダルクの仲間との関係性を育み，自分がダルクのメンバーであると改めて受け入れることで，「回復」に向けた1つの契機となり得る．

⑵ダルクメンバーは依存薬物への欲求解消のために，ミーティングで話す，サンドバッグを殴る，スリップから縁遠い仲間の側にいる，欲求についての冗談や愚痴で発散する等を実践している．これらは，欲求に苦しむ自分を受け止めてくれる仲間の側にいることで達成されている．「ダルクや仲間は，薬物の再使用や犯罪などにかかわらず，メンバーを無条件に受容する」ということを，メンバーがイメージできるような環境であることが，これらの欲求解消実践を可能にしている．

⑶ダルクメンバーが「回復」を語るうえで「今日一日」（「今日一日は薬物をつかわないようにしよう．今日一日を精いっぱい生きよう．―それを日々続けることで回復していこう．」というダルクのスローガン）が重要な「時間の感覚」として存在している．

⑷ダルクでの「棚卸し」（自分がやったことをすべて書き連ね，自身の「性格上の欠点」や「短所」について「もう一人の人」に話をきいてもらい把握すること）と「埋め合わせ」（「性格上の欠点」や「短所」のために傷つけた人々に対して直接埋め合わせを行うこと）は，迷惑をかけた他者への贖罪を通じて，薬物依存以前の「過去」と「現在」とをつなぐことで，「回復」に向けて重要な意味を持つ．しかしこれによりメンバーの「回復」の展開が困難になる可能性もある．ダルクでは，メンバーは，スポンサーと呼ばれる聴き手との間で「棚卸し」を調整・修正し，「埋め合わせ」につなげることで，「回復」の展開の困難さが回避されていた．ダルクが緩やかでありかつ多様な「回復」を保障する場であることが，「棚卸し」と「埋め合わせ」により「回復」を展開するための条件として考えられる．

⑸ダルクメンバーは「回復」をめぐって，①仲間との関係性が深まると，それに過度に囚われ，仲間との距離感が問題となる，②ダルクを退寮し「普通」

の生活を送ろうとすると，頑張りすぎて困難な状況に陥る，といった問題に直面する場合がある．ダルクはメンバーに対して，一方では仲間と近づいていくという「回復」に向けた実践を促し，他方では仲間を少し遠ざけていくという「回復」に向けた実践を促す．また一方では将来の希望に向けて「頑張る」ことを促し，他方では将来の希望に向けて焦らずに「頑張らない」ことを促す．メンバーが直面するコンフリクトはダルクでの生活を通じて生じたものだが，他方でダルクでの生活を通じて解消されていた．ダルクは，これらのコンフリクトを生み出し，これを抱え込み，解消することで，「回復」に向けた支援を行っていた．そうすることで「不安を声にするための時間と空間」を提供し，そのような不安を「臨んで聴く場」を出現させていた．

以上で5点の主要な考察と思われるものについて，取り上げてみてきた．著者は，本研究を「臨床社会学による研究群の1つ」として位置づけ，「薬物依存という現状に向き合いながら生きている人々に対して，その見通しを与える試みの1つになる」と述べている．本研究は，「回復」が紡がれていく経緯を詳細に伝えており，たしかに薬物依存で苦しむ人々に「回復」への道のりを示し，「回復」への希望を与えるものと言えよう．

また本研究は，ダルクが「回復」を支え得るためには，①「ダルクや仲間は，メンバーを無条件に受容する」というイメージをメンバーが持てるような環境であることや，②緩やかでありかつ多様な「回復」を保障する場であること，が必要だという知見をもたらしている．近年ダルクは薬物事犯者のための社会内処遇の受け皿として期待されているが，ダルクに違法薬物の再使用の通報義務が要請されることを危惧する声がある，と著者は述べている．本研究での知見は，「ダルクを社会内処遇の受け皿として司法の制度に組み込むことは，やり方によっては，メンバーの回復を支えるというダルクの基本的な機能を損ねてしまいかねない」という懸念を裏づけるものである．この点においても，本研究は薬物依存にかかわる臨床社会学の研究として有意義な貢献をなしていると言えよう．

最終章で，著者は「回復」を支える社会のあり方について，以下のように論じている．

> ダルクにおける「回復」とは「何かによって生かされているという感覚

の中で，薬物依存によって生じる不安を解消しつつ，自身を落ち着かせながら今後の生き方を模索していくプロセス」である．「何か」には目に見える仲間のような語りの聴き手や目には見えないハイヤーパワーなどによって見出される物語資源の２つの層があり，それらに身をゆだねることができるなかでダルクメンバーの「回復」が紡がれていると考えられる．

メンバーがダルク外での生活を始めようとする場合，自分は何かによって生かされているという感覚の中で紡がれた「回復」から，自分でどうにかして生きていくという感覚の中で紡がれる「回復」との間を架橋するような「接ぎ木」（さまざまな医療や支援などを受ける経験やさまざまな人との出会いによる経験から抽出される物語資源）が必要になる．

しかし，いかなる「接ぎ木」にも適応できない，「第一歩」が踏み出せないダルクメンバーも存在する．彼らを支えるためには，自分は何かによって生かされているという感覚の中で紡がれた「回復」だけでも，社会において承認されることが必要になるのではないか．自分でどうにかして生きていくことだけが存在論的な安心を得られる唯一の方法ではなく，何かによって生かされていることも方法としてある社会への変化が求められている．

（以上，評者による要約）

最終章での著者の議論の全体的な方向性については理解することができる．ただ「回復」を支える社会のあり方についての具体的なイメージは，本書では，まだ示されていないように思う．自分でどうにかして生きていくことが求められるダルク外では，「回復」を紡ぐことを妨げるような力がどのように働いているのか．その中で「回復」していった人たちは，どのようにして「回復」を紡ぎ続けることが可能だったのだろうか．退所者が語る「回復」に至るまでの経緯から，これらを見ていくことで，薬物依存者の「回復」を支える社会のあり方について，より具体的に考察する手掛かりを得られるのではないかと考える．

著者自身も本研究の限界の１つとして，「退所者やダルクへの入退所を繰り返すメンバーへの調査から得られたデータをもとにダルクで生活してきた人々が社会において自分でどうにかして生きていく実践をいかに行っているのかという観点をもとに記述する必要があった」ということを述べている．インタビュー調査の対象を広げていくことで，さらなる研究の進展が可能となるのではないだろうか．

本書の最後で著者は，現代社会では様々な不安が生じやすく，それを抱え続けることで様々な生きづらさが生じ，薬物依存はその表れの 1 つだとする．そのような不安が語られ，それに耳を傾ける場所や時間が，あまり存在しない中で，ダルクは「生きていくうえでの不安を掬い取る」貴重な場であると著者は指摘する．そのような不安にいかに社会的に対処していくかを考察することが必要だと著者は論じている．このように本研究は，現代社会の基本的な問題の解明へとつながる方向性を持つものであり，今後の展開が期待される．

**（A 5 判・288 頁・本体 4600 円・ちとせプレス・2019 年）**

書　評

三井さよ・児玉雄大編著

# 『支援のてまえで——たこの木クラブと多摩の四〇年』

時岡　新

この名篇には，ひとつ（だけ）とても“喧しい”箇所がある．わずか４ページのあいだにくりかえし，著者らの「書き方」についての釈明（？）が記される．「どうも学術研究の書き方に馴染むような気がしない」「そのやり方では，私はどうしても書くことができなかった」「（そのような）書き方をしたくなかった」「だから，この書き方しかできなかったのだと思う」「私には，こういう書き方しかできなかった」（「おわりに」）．著者らがふだん身をおく界隈は，たいそう窮屈な暮らしにくいところであるらしい．これほどのビッグネームでさえそのようならば，いったい，ほかの誰が「主観を丸出しにして，あくまでも私が見たもの／私が面白かったものとして書く」ことができるのか．この評を載せると決めた本誌に，何よりもそれを問いたい．

書き方についてはそのようなものであるとして，では各章には何が書いてあるか．

副題曲「第１章　たこの木クラブと多摩の四〇年」は「はじめに」とともに歴史パートを務め，たこの木クラブが「子どもたち同士の関係づくり」から始めて，やがて「障害を持つ青年たちの自己選択・自己決定・自己実現の保障」（すなわち「支援」）を中心課題としたなりゆきを描く．評者が意図して「描く」とまとめたのは，章の全体を絵巻のように読み，味わったからである．多摩の四〇年をともに過ごしてきたかと感じさせる彩りゆたかな出来事の叙述を，簡潔に与えられた書き手の説明が繋いで物語はすすむ．いや，それは簡潔というよりむしろ申し訳，蛇足のていどにと言うべきか．詞書のひとつ“子どもたちのすごさ”について見よう．障害児とそうでない子どもの姿（かかわり）に

ときおか あらた｜金城学院大学国際情報学部・教授｜atok@kinjo-u.ac.jp

くりかえし添えられた「すごい」の語（p. 25, 45, 66）の意味は，それに「感銘を受けた」大人の説明によれば，障害児でない子どもたちの生活や暮らしのなかに，障害児が確かに存在していることであるという（p. 67）．たったいまその説明を書き写しながら評者は，声を出して笑ってしまった．つい二分前にすぐ右のページで，評者じしん「すげぇなあ」と潤んだほどの子どもたちの姿が，その説明には一文字もつかみ取れていないからである．章のそこかしこで付せられたいくつかの説明（「学術研究」的な分析？）は，紙幅の多くをしめる絵（エピソード記述）無しにはまったく用に足りないが，その逆ではない．

もうひとつ評者の目を引いた添え書きは，たこの木クラブやその周辺では障害名を重視しないありさまを教える．書き手の三井もその人たちの障害名を知らないし，たこの木クラブ代表，岩橋さんも殊更に「私はそれらの障害名には全く疎い」と記す．少し違う文脈ではあるが，三井は子ども会の中心的スタッフの一人について「真剣に『この人，障害者と健常者の区別がついていないのではないか』と『心配』した」こともあるという．これに付せられる説明のひとつは「たこの木クラブ界隈の人たちは，その人の『障害特性』から入ろうとはしない」（p. 14）になるのであろうが，それもやはり，のちに観るささやかなエピソードが含むたこの木の「蓄積された経験知」（p. 207）の一端をも表し得ない．

障害者と健常者の区別がついていないかのような，そのスタッフの一人については，前段の大づかみな説明のほかに，それがたこの木クラブの子ども会活動の本質にかかる要諦であるとも附言されていた．附言というのはコメントがそれきりのもので終わっているからである．すなわち，障害者と健常者を区別しないありさまについて「そんなことが，人から外れた子，ちょっと浮いてしまう子，悪さしかしないと言われている子たちにとって持っていた意味は，決して小さくなかっただろう」，と．事象，状況の意味が小さくないであるとかあるいは大きいというコメントは他にもあり，曰く「支援ネットワークの中心人物たちが，いまは大人となっている障害のある人たちを子どもの頃から知っていたということは，小さくない意味を持っているように思う．（中略）理念や主義主張を越えたエネルギーの源として，子どもの頃の『かわいさ』を知っていることは案外と大きいように思う」．……なんだそりゃ．淡泊にすぎるコメントに苦笑しながらも，本書の全体を味読しおえた評者には，三井がその短い言葉（「小さくない意味」）に込めた具体的な場面とそのなかにいる人びとの心もちがビシバシと伝わってきて，「これがたこの木クラブの空気か」と得心したのだった（この一文，76ページの盗用です．ごめんなさい）．

これら“「理解」よりも前に「かかわる」姿勢”と“生活や暮らしを努めて意識に上らせる”傾向が，たがいに因果となって結びつき，たこの木の面白さが醸成されていく．

あたりまえに「暮らしている」ということがどういうことなのか，ふだん，私たちはあまり意識していない（p. 11）．それをこそ言うために，書き手は筆を尽くして「多摩の支援ネットワークにとっては自明なのだろうが，一般の福祉事業所からすれば，かなり異なる視点」を描きつづける．それが書き手にとって「社会とは何かということを，根底から問い直させられるような経験」（p. 14）だったから．たとえば，「暴力をふるう知的障害と自閉の男性がいて，その人とのかかわり方に悩んでいると言われて，『お昼ご飯を一緒に食べるといい』と回答」するような「多摩っぽい言い方」．書き手はこれを「象徴的な例」と言うのだが，評者にはそれが（社会学辞典や広辞苑が教えるような）“象徴”すなわち抽象の具象化とは思われない．多摩には初めに具象（本評ではのちに見る「〈やりとり〉」）があった．「○○さん」とのかかわり方に悩んでそれを相談するならば「○○さんって，なんでいつもあんなふうなのかなあ」と言うのが“ふつう”である．私たちはみな，そうしている．「ご飯でも一緒に食べてみたら？」もありふれた応えである．その描写にわざわざ「これが，多摩のやり方なのだと思う．現にこれでやってきたのであり，いまもこれでやっているのである．そして，ここからしか生まれないものはきっとある」と断りが入るのは，かれが知的障害と自閉の人だからである．けれど，障害名や病歴はどうでもいい．多摩では，ずっとそうしてきた．その具象を抽象化して説明すればこうなるだろう．すなわち「その人がなぜそのような行動をするのかについて，ああでもないこうでない（ママ）と議論することはある．だがそれはいわゆる『障害特性』というより，その場でその人がどんな思いを抱いていたか，そのふるまいはどのような経緯で生まれるのか，なぜ他の人間にとっては問題として意識されるのか，といったことである」（p. 14）．この説明は先述“子どもたちのすごさ”に付された説明に比べればいくらかの補助線にはなるが，たこの木の「実際の様子」（p. 249）の十全とは，なお言いがたい．

それは表題曲，いや表題を超えた名を与えられた「第４章　支援のその先へ」の文中に紹介されている．紹介されたエピソードを評者がかいつまむのは本意でないのだが，紙幅の制約を言い訳にしてあらすじを示せば，ある人が太鼓の上に置かれたマグカップを除けたり，太鼓の上に置かれた楽譜を除けたりした．別の日には電子ピアノの鍵盤の上に置かれたスマホを除けた．以上である．それがなぜエピソードになるかというと，その人はコーヒーの入ったマグカップを投げてしまい，カップの持ち手が欠けたり辺りがコーヒーだらけになってしまったからである．さらに言えば，その人が障害当事者だったからである．このエピソードを読みながら評者は，一緒に暮らし始めて間もない二人がアンダーウェアの干し方で口げんかしている場面を想像した．太鼓の上にマグカップを置かれて，それを除けるのは奇異でない．ただ，それを投げてしまった．しわを伸ばして干してと囁けば戯れでおわったものが，無言でハンガーに掛け直せば諍いになる．それだけのことだ．別の章に別の書き手が「人間同士のつき合いは，いつまでも『わかり合おうとする過程』でしかないとすれば，〈やりとり〉は続けるしかない」と述べているが，評者にはこのコメントが，マグカップを投げた障害当事者とそこにいた人びとにも，アンダーウェアの二人にも，ひとしく的確であると判じられた．私の大発見は学究が嗤うに任せるとして，このように本書は，われわれに，暮らしのあたりまえを意識に上らせて人と自分を捉えかえす契機（「おわりに」）をあまた与える．どのようにしてこそ，それは書かれ得たのか．

ひとつの手がかりが「第５章　諦めることを諦める」にある．たこの木クラブに来てから十年になる横田さんは，今週の餅つき大会で子どもたちからちょっかいを出された場面を「俺はやっぱりそういう瞬間って無性に嬉しいのよ」と思い返す．それに続けて「たとえばさ，俺とＨさんがいる時と，岩橋さんとＨさんの時では，Ｈさんが全然雰囲気が違うとかさ．そういうのを目の当たりにするのが，やっぱり面白いですよね」と話し，それを聴き手の三井が「そういうの，なんか大事な気がしますね．どう言葉にしたらいいか，わかんないけど」と受けると，横田さんは「さっきの話なんかは，物語じゃないと表せないじゃないですか.（中略）結論を導いていくんじゃなくて，なんか知らんけど『あの瞬間はとっても良かった』とか，そういうのも大切にしたい」と応じる．対話のなか評者に印象的なのは「けど」の詞である．それが面白く大事であることと，それを言葉にすることの分離．代わりに採られたのは「物語」のやり方，誰かの「あの瞬間は良かった」に，ほかの誰かが自分もそうだと思ったり思わなかったりするいとなみである．物語（あるいは「記録」p. 357）にふれたとき，われわれはそれを，集約された正誤の基準としてのマニュアルではなく，自由で広がりを持つレシピのように共有し，活用できる（p. 337）．

さきに評者は「人と自分を捉えかえす契機」の一文を引いた．それが評者には，みずからの「生」にふかい関心をもつ者への啓示に思われた．本書の物語はどれも「障害者の暮らしと私たちの暮らしに変わりはない」（p. 330）ありさまを描く．変わりの無いものが違って見えるのは何故かを考える，さて，それを得手とする研究分野は何であったか．

**（四六判・368 頁・本体 2300 円・生活書院・2020 年）**

## 文　献

鯨岡峻，2005，『エピソード記述入門――実践と質的研究のために』東京大学出版会．

| 書　評 |

相馬直子・松木洋人編著

# 『子育て支援を労働として考える』

萩原久美子

1990年代以降，少子化対策という文脈とともに，国家による，いわゆる「子育て支援」の制度化が進んだ．従来，乳幼児を持つ母親の生活圏で展開されてきた子育てサークルやコミュニティ・ベースでの共同保育，当事者による情報誌発行をはじめとするインフォーマルで自主的な活動は国の政策に基づいて予算化され，補助事業化，委託事業化されていった．つどいの広場事業は地域子育て支援拠点事業へ，産前産後サポートは周産期母子支援や児童虐待防止事業の一部へと展開した．子育て支援の担い手もNPO法人や企業といったフォーマルな組織形態へと展開し，国や自治体によって地域の保育供給主体として位置付けられていった．現在，それら活動の多くは2015年に施行された子ども・子育て関連三法に基づき「地域子ども・子育て支援事業」として再編されている．

では，この制度化過程において，「子育て支援」の現場は制度化後の社会的経済的評価をどう受け止めているのか．それは従事者にどのような葛藤をもたらしているのか．非営利セクターで介護サービスを担う女性たちの働きが「介護労働」としても語られるのに対し，なぜ「子育て支援労働」という，筆者らがいうところの「概念」は適用されなかったのか．

本書は従来，「子育て支援」という活動とその事業主体をとらえる枠組みとなっていた女性の主体形成論や市民社会論，児童福祉領域からの支援論，日本型福祉社会論に基づく福祉供給の言説をいったん切り離し，「労働」という距離から把握することを試みた．「子育て支援労働」という対象の設定にあるのは，国や自治体，社会が母親，主婦という主体による地域の活動に市民性・当

はぎわら くみこ｜下関市立大学経済学部・教授｜gu7k-hghr@asahi-net.or.jp

事者性を見出し，高く評価しつつも，それゆえの無償性を前提としながら制度化が進んできたことに対する異議申し立てでもある．

本書は三部構成である（以下，敬称略）．「第Ⅰ部制度的・歴史的文脈から子育て支援労働を考える」は，地域子育て支援とそれを担う非営利組織が登場する歴史的社会的背景やそれら実施組織の変化，専門性評価についてまとめている．第1章（相馬直子）では，まず1970年代から地域で発生し，広がっていった子育ての支えあいの活動を「地域子育て支援」の助走として体系的に跡付けていった．この点は本書を締めくくる「第Ⅲ部子育て支援の課題」とあわせ，本書の貢献であることから，まとめて後述したい．

この整理を受けて「第2章」（近本聡子）では，事業主体の変動に触れ，制度化後，当事者性の高い「①ボランティア活動発展型」，「②子育て支援労働形成型」が減少し，社会福祉法人やワーカーズコレクティブ等の経営基盤をもつ既存事業体による「③社会的労働形成型」が主流になったことに触れている．第3章（井上清美）は子育て支援の専門性を取り上げた．民間資格「子育て支援士」の登場，子ども・子育て支援新制度の実施にあわせ厚生労働省が創設した「子育て支援員」養成の動向をまとめた上で，「親に寄り添う」「コーディネート（支援調整）」という点で，保育所保育士／幼稚園教諭資格やその実践には包摂できない，特徴的な専門性が子育て支援の従事者にあると主張する．

第Ⅱ部「調査データの分析から考える」は地域子育て支援の中心的担い手を主たる分析対象として，ワーカーズコレクティブ，NPO法人の代表や従事者へのインタビューと，全国調査「子育て支援者の活動形態や働き方に関する調査」（2012）をもとにした実証研究を収めた．

第4章（中村亮介），第5章（中村由香）では主として賃金・労働時間を取り上げた．時給推定は常勤858円，非常勤853円であるが，保育士／幼稚園教諭の資格の有無，勤続年数（10年未満まで），学歴による賃金に有意な影響はなく，昇給にも影響を与えていないという結果となった（第4章）．一方，常勤スタッフでは総労働時間が週40時間を超えるケースが2割あること，総労働時間には1割程度の「無償労働」が組み込まれていること，管理業務（組織運営，会計等）で発生していることが明らかにされている（第5章）．さらにこの点は，インタビューを中心とする質的分析でも確認されており，第6章（堀聡子・尾曲美香）では，「現場ワーク」（オンサイトでの支援活動）を中心としていた地域子育て支援の活動が自治体からの委託業務化後，「非現場ワーク」（書類作成，組織運営・管理業務）が増大し，常勤の中核スタッフの労働量が増大したことを明らかにする．その一方で，子育て支援がその地域で機能するための土台形成である「非現場ワーク」（内部研修，スタッフ間連携や他団体・地域との連携）が委託契約の業務として記載されないという制度的矛盾を指摘する．

経済的報酬にとどまらない従事者にとっての報酬の多義性についても取りあげた．第7章（橋本りえ）は全国調査をもとに従事者が地域社会のネットワーク構築や課題解決に意義を見出していることに触れている．さらに第8章（松木洋人）はワーカーズコレクティブを事例に，営利と経済的自立達成とのトレードオフ関係を考察している．主婦アイデンティティを持つ従事者にとって経済的自立が可能な報酬は第一義的なものではなく，地域への参加や変革の実感が報酬として意義を持つ．しかしこの報酬の多義性による納得は営利を目的とせず全員が対等というワーカーズコレクティブという組織理念のもとで実現しているという組織理念（愛）と経済的自立達成（金）の同時達成のジレンマを指摘する．そのジレンマの克服のひとつの方策が保育所事業の受託にあることを示唆する．

以上の内容を踏まえたうえで，本書を締めくくる第三部「子育て支援労働の課題」を含めていくつかコメントしたい．

第一に，本書の意義は1970年代の源流から現在の制度化にいたる「地域子育て支援」の歴史的系譜を実施主体・活動形態に着目して体系的にまとめたことである．新しい社会運動の要素を兼ね備える70年代の世田谷あんふぁんて，共同子育ての重要性を社会的に認知させた80年代の貝塚子育てネット，生活クラブ生協・ワーカーズコレクティブ，起業性の高い90年代の子育て情報誌ネットワークやNPOさくらんぼ，2000年代の中央官僚との強い連携を作り上げた四つ葉プロジェクト，「新しい公共」の流れの中で地域づくりの主要なアクターに成長した世田谷子育てネットワーク……．これらを単なる時系列での羅列としてではなく，今日の制度化へ至るまでの人材形成，制度環境，財・サービスの商品／非商品の混合形態に着目し，組織としての発展形態の分岐や実践の変遷を追った．これにより母親となった女性による社会的経済的ムーヴメントがやがて制度化され，企業やNPO法人としての公式的な組織運営にいたるまでの動態を子育ての社会化，すなわち「社会につながり自己と他者を承認する過程」(p. 37) にまつわる社会的文脈の変化として読み解くことを可能にした．

第二に，「子育て支援労働」という概念の提起という刺激的な論点である．第Ⅱ部の実証分析で明らかにされた賃金水準，労働時間，教育訓練機会，当事者による報酬の多義的解釈は，国家による子育て支援事業の推進において中心的なテーマにはなっていなかった．子育て支援にかかわる組織運営（経営）と従事者の働きを「労働」という言葉からアプローチしたことで，制度化された「子育て支援労働」に内在する無償性と経済的報酬の観点からの再定義という課題を押し出すことに成功している．

ただし，「子育て支援労働」という概念はなお途上という印象ももった．「子育て支援労働」を「保育労働」を包含した子育て支援にかかわる労働だと位置づけるが，その定義が全体を通して揺れるということもあるが，それ以上に，対象を「労働」としてとらえながらも，労働分析ではないという方法論的な制約もあると考えた．

本書は子育て支援労働のひとつの柱である「地域子育て支援労働」について，財・サービスの商品／非商品と労働力の商品化／非商品化という二軸でその労働の領域横断性と実施主体の類型化を行う．各章も全般にこの領域横断性を意識しながら，雇用労働に埋め込まれた無償性や子育て支援に排他的特殊技能と専門知を所与のものとして，経済的評価の方策を検討する．しかし，論点のひとつである専門性評価を論じるにあたって，「子育て支援」には保育分野等の福祉領域とは異なる排他的特殊技能と専門知があるはずで，それに見合う経済的報酬がなされるべきだという先験的な前提で結論を急ぎすぎたのではないか．また「子育て支援労働」の無償性は労働時間を超えて働く実態や低賃金に回収できるものではなく，むしろそれらが残業と未払い賃金の問題に回収して把握できないのはなぜかという点にもあろう．

これらの解明は子育て支援のいわば生産点（組織・職場）における労働配置や分業体制，対人サービスの三極関係に基づく労働過程分析にある．これらを通じて子育て支援における「仕事」の無償性／有償性の転換過程，従事者の労働概念がケアの社会的分業に動員される過程を検討することから，子育て支援における「労働」の概念化が可能になるのではないか．無論，これは本書の課題というよりも広く今後の課題，特に労働研究において共有されるべき点である。

一方，「子育て支援労働」という概念によって読み手がそれぞれの研究分野における論点との結びつきを得られるのも本書の魅力である。評者にとってはそれはたとえば福祉領域で起きている脱専門職化と低賃金化の世界的潮流を鑑みるとき，「子育て支援労働」という総称，「地域子育て支援労働」という概念はどのような可能性を切り開きうるのかという問題提起として受けとめた．公共セクターの改革では専門職のポジションを一般的な名称に変更し，類似技能や特定領域での人生経験を反映するパラ福祉職に置き換え，低コスト化を図る．日本でも子育て経験や類似技能を評価する形での「子育て支援員」を制度化し，小規模保育事業等では保育士の置き換えが起きた．「地域子育て支援」の制度化過程は本書が言うところの保育労働――公的保育制度の市場化と保育士の低処遇化と軌を一にしてきたからである．

いわゆる少子化対策の名のもとで進んできた子育ての領域での制度改革とは何だったのか．本書はその制度改革の柱の一つとなった子育て支援における「労働」から接近し，多くの知見と論点を提供している．多くの読者に共有してもらいたい．

（A 5 判・232 頁・本体 2500 円・勁草書房・2020 年）

書 評

元森絵里子・南出和余・高橋靖幸編
# 『子どもへの視角
## ――新しい子ども社会研究』

安藤　藍

### 1. はじめに

子どもや子ども時代というものをどう捉えるべきか．このテーマに正面から取り組んだ編者らは，まさに子ども研究を牽引してきたメンバーである．また編者含め10人の若手中堅を中心とした書き手による各章は，その射程もバラエティに富む．編者のひとりである元森がヨーロッパの子ども研究第一人者であるアラン・プラウトの翻訳書を出版したのが2017年だが，これに続いて日本で「子ども」をめぐり理論的・方法論的転換を果たそうとする魅力的な一冊といえよう．

### 2. 本書の構成と要約

本書の構成は，序章にて1980年代以降興隆した子どもを考える枠組みの問い直しが残した問題点を整理し子どもへの新しい視角を要すると論じた後，第1章から第9章で各執筆者の領域における具体的な事例が紹介されていく．

序章「子どもをどう見るか―20世紀の視角を乗り越える」（元森）では，1980年代に離合集散しながらうねりを形成した子ども研究の諸潮流が，前提とする視角や目的を同じくしないにもかかわらず「『大人中心』『秩序への同化主義的』『近代的子ども観』等が曖昧に仮想敵として共有されていた」(p. 10) ため共闘できてしまい，それが既存の大人や社会という抑圧的なものに「子どものため」を対置する抑圧／尊重図式等の二項対立的図式を生んだとする．しかし，種々の二項対立を前提に「子どもの視点や子どもの主体性を真に尊重するためにはどうしたらいいのか」という規範的志向にむかう隘路（p. 13）等が指摘される．欧州の子ども研究が上述のような隘路に対して新たな展開を見せ

あんどう あい｜千葉大学・准教授｜ando-ai@chiba-u.jp

る点に着目し，これからの子どもへの視角に「子どもをめぐる人・者・言葉等を，固定的にではなく関係性や文脈のなかで見ていく，関係論的な視座」等（p. 23）が要請されると説く．

Part1「現代の子ども研究で問われている視角」には3つの章がおさめられる．第1章「子どもの主体性礼賛を超えて―『学校の怪談』をめぐる教師と子ども」（吉岡）では，児童文化研究における従来の大人社会に対抗する子ども独自の世界，子どもの主体的営為という見方を疑問視し，教師と子どもの関係は抑圧する／される固定的・一方的関係に常にあるわけではなく，ときに力関係が逆転する等の複雑な関係をみせてくれる．そこで，フィギュレーション概念から児童文化や人間発達を捉える必要性を指摘する．第2章「グローバル時代における『異文化の子ども』研究―バングラデシュの教育熱のグローカル性」（南出）は，1980年代の「子どもの人類学」が「異文化」「自文化」を対比して「子ども」を相対的に捉えてきた傾向と，その枠組みはグローバル化の進む現代において十分でないとする．バングラデシュの「教育第一世代」への長期的参与から，「子どもの権利」というグローバルな理念の共有による光とその陰にある多様な子どもの姿を浮き彫りにし，「子ども」理解のため再帰的な見方の可能性を示す．第3章「子ども研究における『構築』とは何か―児童虐待問題の歴史」（高橋）では，1980年代の子ども研究が子どもの歴史性・構築性をヒントに「近代的子ども観」等とは異なる新たな子ども観を探求したことは，逆説的に子どもの本質性を強化する結果をもたらしたと指摘する．昭和前期と現代の児童虐待問題の事例から，複雑な言説の交錯の上に構築される多様な子ども観を丁寧に論じる「構築」視角がみいだされる．

Part2「新たな視角を必要とする現実」を構成する4～6章は，とくに2000年代以降の複雑化する問題に焦点をあてている（p. 26）．第4章「地域に子どもがいることの意味―子どもを見守る防犯パトロール」（大嶋）では，地域空間には「子ども／大人」の区別が前提されない公共空間の子どもの存在に着目する．地域の子どもの防犯パトロールを事例に，ボランティアとして参加する地域住民らの活動に対する意味付けの変化を描き，子どもと地域を関係論的にみることで，「子ども／大人」の二項対立を変革する展望を開くことに成功している．第5章「施設の子どもの教育格差―子ども間教育格差」（坪井）では，児童養護施設の子どもの高等学校進学および就学前教育の実態から，高校中退率の高さ，幼稚園の側の偏見という困難に表出される包摂と排除の構造を明らかにする．依然として文化等のレベルでは格差が解消されておらず，教育の功罪・要不要という二分法や子どもという集合体を前提とすると取りこぼされる子どもの現実を突き付ける．第6章「依存か自立かの二項対立を超えて―児童自立支援施設における『18歳問題』」（藤間）では，児童自立支援施設では基本18歳で退所せざるを得ない「18歳問題」を取り上げる．社会的養護において要保護児童の主体性や自己決定を尊重する動きには，パターナリズム批判ともあいまって「無力な被支援者」という子ども観を一定程度相対化した意義がありつつ，他方その過度の強調は自己責任につながると参与観察例から指摘し，「大人＝自立／子ども＝依存」という見方を問い直すためケアの倫理の参照を提案する．

Part3「子どもをめぐる歴史の重層」は7〜9章で構成され，子どもをめぐる複雑さは現代に限定されない点に焦点化している（p. 27）．第7章「関係的権利論から見る基礎教育―植民地時代の遺産とグローバル時代が交錯するインド」（針塚）は，ストリートチルドレンの教育を受ける権利の行使を考察する．インドは植民地時代の近代教育導入過程でも独自の子ども観を維持し，学校外の子どもの教育はNGOのノンフォーマル教育が担ってきた．現代のストリートチルドレンの教育を受ける権利は，周囲の大人との関係性，グローバルな理念とポストコロニアルの文脈における子ども観の相互作用のなかで展開されるとして，「関係性の権利」を保障する視角を提起する．第8章「『戦争孤児』のライフストーリー―カテゴリーとスティグマのループ」（土屋）では，ライフストーリーを用いて得たかつての戦災孤児たちの語りから，「子ども時代」の語られ方，記憶の紡がれ方を探る．両親を亡くし孤児になった幼少期は「あるべき子ども時代」と乖離したスティグマであり，沈黙の時代を経て近年少しずつ語られるようになってきた．ループ効果概念を用い「子ども時代」を語れるかどうかの社会的制約や諸条件の重層性を論じた．第9章「生殖補助医療と『出自を知る権利』―技術・制度・規範のハイブリッド」（野辺）では，夫婦以外の第三者が介在する生殖補助医療により生まれた子どもの「出自を知る権利」をめぐる議論を紐解く．生殖補助医療の発展という技術的側面に加え，産科医療のガイドラインや戸籍制度等の諸制度，家族規範等が複雑に絡みあいながら，「出自を知ること」と「子どものためである／ない」が結び付けられる複雑な様相を明らかにした．

### 3. 本書の貢献

本書の魅力はなによりまず，多様で豊饒な子ども観が紡がれ浮かび上がったことだろう．5章や7章に端的にあらわれたような階層差を伴う複数の子ども観の存在や，2章や4章のようにより地域と子どもの関係性からの事象の描写等，書き手も対象も全く異なる章でも点と点がつながっていく面白さがある．そうした発見をふまえ「自分が対象とする時代と場所の子どもたちや子ども観の文脈を地道に把握し，関係性のなかで分析していくしかない」(p. 24) と読者はこれまでの研究や活動を振り返るだろう．評者も，これまで里親子をはじめ社会的養護下の子どもやその「家族」を主たる研究対象としてきたが，「子どものため」が大人と対比的に使用されること，ソーシャルワークや養育実践の反省的な参照点としてではなく「子どものため」をめぐって自身が拠り所とする行為や信条の正当性をたたかわせる「隘路」を目にしてきたことを，改めて思い返した．

また，「子ども」や「子どものため」とは何なのか，子どもの当事者性はどう考えるのか，全体を通じて問いかけているものと読んだ．それは執筆者らも幾度となく話題にしたと「あとがき」(p. 189) にもあった．とくに評者には「子どもの権利」の扱いを再考させる機会であった．女子差別撤廃条約等とならび主要人権条約のひとつである同権利条約は，通時的・通文化的子ども像をアプリオリに埋め込む．他方，権利基盤型アプローチの推進動向に代表される，新しい包括的な子ども法や社会資源の充実を目指すうねりがある．だが，いくつもの章で「子どもの権利」に言及されたように，「子どもの権利」の旗印のもと権利擁護を進めさえすれば真に「子どものため」が達成されるというものではない．動的で重層的な「子ども」の解明と実践的な「子どもの権利」実現の諸活動とがどのように融合していくのか気になるとともに，子どもをめぐる視角が社会福祉学や家族法といった領域も含めた学際性を備えさらに発展していくことを期待させる．

## 4. おわりに

さて，読者へのヒント集としてあえてひらかれた本とした意図ゆえか，本書には終章がない．編者らが各章と欧州の子ども研究をふまえてどのような見取り図を構想したのか，ぜひ垣間見たい欲にかられた．おそらくそれは，プラウトの議論の限界として編者が挙げた，現代の複雑性の記述に関心が集中するあまり，人々が繰り返し二項対立で問い直そうとしてしまうような子どもをめぐるモダニティの強固さを理論化しきれていないという見立て（序章注 10）を，今後どう超えるのか見てみたいという欲とも通ずるだろう．しかし，本書に触発された読者が各々の分野で子ども観の複雑性・重層性を明らかにしていく作業の蓄積によって，それらは姿を現すのかもしれない．「子ども」そのものを研究対象とする者のみならず，多くの研究者，子どもにかかわる専門家や実践者に一読をすすめたい．

**（A 5 判・196 頁・本体 2600 円・新曜社・2020 年）**

書　評

杉岡直人著

# 『まちづくりの福祉社会学 ――これからの公民連携を考える』

野口　定久

## 1. 本書の構成と内容

本書は，地域福祉論において農村地域社会研究や地域通貨研究をベースに，福祉的まちづくりをリードしてきた著者の，集大成とは言わないが，その基盤となりうる研究書であり，かつ実践研究書である．本稿では最初に本書の構成を概観し，次節以降で３つの論点をあげて評したい．

まず序章（自立型コミュニティの構築へ）では，まちづくりの福祉社会学の基本枠組みが示され，「コミュニティと個の自立」を筆者の基礎的学問である農家の経済的自立／消費生活協同組合から現在の集落問題の所在と地域おこし協力隊の担い手として位置付けている．また，まちづくりの概念には，日常生活の空間において「個の自立と協働＝連帯」「公民連携（行政と市民, NPO の連携）～ SDGs のまちづくり」へと展開するビジョンを示している．

続く第１章（地域社会とコミュニティ）は，福祉社会と福祉コミュニティを地域包括ケアシステムとの関わりで論じ，まちづくりのリアルなエリアとして小学校区と徒歩生活圏を設定している．第２章（町内会・自治会とは何か）では，町内会を近代化論の文脈で整理し，地域福祉における町内会活動を小地域ネットワーク活動との関連で位置づけなおし，機能的コミュニティとしての町内会に展望を見出している．第３章（まちづくりのツールとしての地域通貨）では，1990 年代後半からの日本経済の低成長期，地方経済の停滞期に地域活性化とともに登場した地域通貨がまちづくりに与える影響を検討する．そのうえで，ソーシャルキャピタルとしての地域通貨を想定し，インフォーマルな互報的関係を制度化するツールとしての可能性に期待をかける．そしてこれまでの基礎

のぐち さだひさ｜佐久大学・教授／日本福祉大学名誉教授｜fwid5726@nifty.com

理論を踏まえて，次章の実践事例につながっていく．第4章（まちづくりの実践事例）では，以下の8事例の特徴が展開されている．事例1：自主財源確保による地域再生（やねだん），事例2：国際交流・移住・まちづくり人材養成（認定NPO法人グリーンバレー），事例3：環境循環型のまちづくり（あいとうふくしモール），事例4：まちづくりに向かう子ども食堂の中間支援組織（旭川おとな食堂），事例5：ふまねっと運動によるまちづくり（池田町社会福祉協議会），事例6：住民参加の地域包括ケアを推進する（社会福祉法人さつき会），事例7：共生社会の芸術と文化を支えるまちづくり（社会福祉法人当麻かたるべの森），事例8：SDGsのまちづくり（下川町）といった事例の実体図式と分析ポイントが述べられている．

続いて，第5章からは，筆者の言を借りれば，「文献および政策関係資料を用いて理論的な問題提起」がなされている．第5章（地域福祉における「新たな支え合い」を問う）では，2008年の「これからの地域福祉のあり方に関する研究会」報告書および2015年の介護保険改正「生活支援サービスの充実と高齢者の社会参加」を題材に，地域包括ケアシステムの新たな支え合いについて各種のケア政策が縦割りのまま進められていることが指摘される．第6章（市民民主主義に基づく福祉社会）では，福祉国家の限界のもとで登場した社会福祉サービス供給における福祉ミックス論の第三セクター（公共セクターと民間セクターの両方の代替・補完，アドボカシーの促進）を福祉社会への架け橋とする理論モデル（ステークホルダー民主主義）の意義が強調される．第7章（21世紀のまちづくりへ）では，21世紀型福祉社会の要素をなす地域包括ケア政策における国・都道府県・基礎自治体の間で発生する権限移譲・縦割り・財源分配という20世紀型福祉国家の要素が現在では挑戦にさらされており，まちづくりを目指す福祉社会には経済自立的なコミュニティ，社会福祉法人等の役割，農村地域福祉社会の構築，再生ネルギーの活用という価値の実現が求められていると主張される．

## 2. 福祉社会と福祉コミュニティをどう関係づけるか

著者は，本書の第1章の第1節で「福祉社会と福祉コミュニティ」を取り上げ，まちづくりにおいて福祉社会が協働して実現すべき方策として公民連携をあげ，それを書名とした．そして終章の末尾で，「自立した地域経済や再生エネルギーの活用を含めて，民間の自主的活動を自治体の事業経営と連動させる公民連携が模索されることで人口減少と過疎高齢化に直面する自治体の実情に対応する個性的な地域包括ケアシステムを展開することが可能となる」と締め括っている（p. 202）．福祉社会に関しては，ロブソン（Robson, W.）の福祉社会の定義（p. 15）に引き寄せて，その担い手は成熟した市民社会（コミュニティ）としている．そして，福祉コミュニティの理念は，「ノーマライゼーションの原理を，コミュニティレベルで実現する」（杉岡 1995）ことと述べる．これらの主張に異論はない．

いまや福祉社会は福祉コミュニティとの同意的性格の意味合いが強く表れ，むしろ揺らぐ福祉国家（最低生活保障，総合相談窓口など）との関係が見えなくなってきてはいないだろうか．今必要なのは，福祉国家を内包した福祉社会に基盤を置く福祉コミュニティの実質と，その実現が求められる．論理的実体的混乱を避けるためには，福祉社会と福祉コミュニティ，福祉国家と福祉社会をたんに並列するだけでなく，それらの間の関係を理論化すべきである．

### 3. まちづくりのなかに財政問題をどう位置づけるか

著者は，「まちづくりのツールとしての地域通貨」を位置付けている（第3章）．しかし，多くの地域通貨が継続的な発展を遂げているケースは少ない（p. 62）とし，地域通貨の隆盛の要素にソーシャルキャピタルとしての地域通貨の換金性（チケットや電子化の運営）を評価し，期待が述べられている（p. 76, 78）．地域通貨に類似した取り組みが韓国に存在する「美しい隣人事業」がある．この仕組みの特長は，生活困窮者や低所得者に商店の寄付行為によるクーポン券をサービスや商品に代えて提供する地域福祉活動をウォルゲ総合社会福祉館が運営管理するという社会福祉事業が地域の商店などと協力して地域経済の循環を促進するという性格を有することにある（野口 2018）．さらには，まちづくりの民間財源の新たな動きとして介護や障害者福祉など社会的な課題解決の活動主体に対して融資を行うコミュニティ・ファンド（あるいは市民コミュニティ財団）の設立が注目されている．また，イギリス発のソーシャルセクターへ向けた新たな資金調達の仕組みで一旦投資家および銀行から NPO などの活動資金を調達した後，NPO などによる社会問題の解決の成果に応じて政府が投資家に配当を支払うソーシャル・インパクト・ボンドの動きにも注目したい.

### 4. まちづくりの実践事例を福祉社会学にどう結びつけるか

本書の特徴は，その構成の妙にある．第 1 章から第 3 章までは，まちづくりと地域社会学の基礎理論が展開され，そして第 4 章で，それぞれのまちづくり実践の分析図が提示されている．そして第 5 章から第 7 章で，地域福祉と福祉社会にかかわって 21 世紀のまちづくりへの提起がなされる．社会福祉や地域福祉の領域では，その構成上，事例と理論の関係は，ややもすると事例の紹介と理論が別々に並べられることが見られ，その関係性を意識的に論じられることが少ないように思われる．これを評して猪飼は，「『成功事例主義』の限界を超えて」という論考を発表している（猪飼 2018）．社会福祉や地域福祉研究者には耳が痛い言説である．猪飼は，「成功事例」にかかわる実践家たちの取り組みには確固たる信念をもっているとして最大の賛辞を述べている．にもかかわらず，それらの信念が社会全体に広がることは，むしろ稀であると指摘する．特殊な事例にとどめてしまう最大の理由は，特殊を普遍に読みなおしていく理論化の弱さにあると主張される．この言説にもとづいて本書を読み直してみると，それぞれの事例を普遍化する作業にもう一工夫が欲しいところである．もちろん，このことは評者の自省も込められている．その意味でも，本書は，従来のまちづくりの書とは一線を画したものである．福祉社会学の新たな到達点であることに疑義を挟むものではない．

**（A 5 判・226 頁・本体 2800 円・中央法規・2020 年）**

### 文　献

杉岡直人，1995,「第 2 章　地域福祉の基盤」牧里毎治・野口定久・河合克義編著『これからの社会福祉　第 6 巻　地域福祉』有斐閣，43–57.

野口定久，2018,「地域福祉推進組織と多元的サービス」『ゼミナール　地域福祉学』中央法規，156.

猪飼周平，2018,「巻頭言「成功事例主義」の限界を超えて」『社会福祉研究』第 133 号，鉄道弘済会：1.

書　評

安立清史著

# 『超高齢社会の乗り越え方
## ――日本の介護福祉は成功か失敗か』

須田木綿子

本書は，宮沢賢治の『銀河鉄道の夜』と，宮崎駿監督による映画「千と千尋の神隠し」の話題をもって始まり，その話題をもって終わる．それを著者は，超高齢社会の乗り越え方を求める「旅」であると位置づける．そしてその解は，「成功と失敗という二元論の世界を超えたところにあるはず」という（p. 17）．広範な知識をもとに自由自在に思考をめぐらせる本書の世界は，もはや詩的である．

本書に通底するのは，超高齢社会そのものは必ずしも危機ではないはずだという主張である．にもかかわらず，その危機的側面が強調されがちである風潮の背景にエイジズムが関わっている．さらに，高齢者のための支援制度が硬直的であることが事態を一層複雑化させており，その典型として介護保険制度がとりあげられる．そして超高齢社会にしなやかさをもって対応するにあたり，「NPO」が重要な役割を果たし得ることが強調される．

エイジズムは定年制度を軸に論じられ，年齢を理由とする不当な差別であり，人権侵害であるとする（p. 12）．しかしその結果として，高齢者は「市場経済の外側」（p. 13）の世界で生きることとなり，そのような立場にあってこそ意識される社会の風景がある．そこで，その風景を生きる当事者として高齢者が，不当な年齢差別の撤廃や硬直化した制度に対して声をあげることで，超高齢社会に内包されているはずの豊かさを実現することができる（p. 180）．「NPO」は，こうした高齢者の組織化のための枠組みとして意義をもつ．

介護保険制度の硬直性については，1980 年代後半から 1990 年代にかけて注目された住民参加型福祉活動に遡っての議論が続く．この活動は 1998 年の

すだ ゆうこ｜東洋大学・教授｜yukosuda@toyo.jp

特定非営利活動促進法施行の推進力となり，多くの住民参加型福祉組織が同法に基づいてNPO法人格を取得し，2年後の2000年に導入された介護保険制度に介護保険指定事業者として参入した．こうして「市民福祉」(p. 14) の実現に対する期待が高まったのだが，今日では，介護保険指定事業者全体に占めるNPO法人の数や参入領域は限られ，活動内容にもかつての自発性や柔軟性を見出しにくい．つまり，住民参加型福祉活動は，法人格の取得と介護保険制度への参入という点において成功したが，「市民福祉」の実現には至らず，本書ではこれを「成功なのに失敗」(p. 14) と総括する．このような中で，そもそも介護とは何かという問いが発せられる．そして，今日のデイ・サービスの原型とも思われる「宅老所」を，介護保険制度導入以前から運営してきた「よりあいの森」という非営利組織の事例をふまえ (pp. 32–47)，以下の提言がなされる．老いは人としての自然な営みである．したがって，これを対応すべき課題としてとらえるのではなく，介護する–されるの関係からも自由なところで寄り添う，という視点からの高齢者支援が必要である．

本書はさらに，より広範囲な制度の再編の必要性を唱える．介護保険制度においては，政府が「NPO」を事業者として「使う」(p. 56) 構造にある．これを，政府と「NPO」が協働して「第三者による政府」(p. 88) を構築し，制度の運営にあたることが有効であるとし，そのモデルを米国に求める．また，今日の我々の社会では，既存の制度が機能不全をおこしつつある．終身雇用機会の減少や既存の産業構造の転換など，労働者を取り囲む諸条件は不安定さを増し，社会保障の持続可能性について悲観的な議論が多くみられる．地域や家族といった中間組織も弱体化している．しかし「NPO」は，このような局面においてこそ本領を発揮できるのであり，混沌状況から新しい社会連帯を構築するための推進役として，その可能性が強調される．

とりわけ興味深く思われた論点として，以下の三つをあげる．

政府と「NPO」が協働して構築する「第三者による政府」に“Third Party Government”という用語を適用し，ここに積極的な意義を求める本書の視点は新鮮である．“Third Party Government”はもともと，民営化された公共サービスにおける行政の役割を揶揄する表現である．民営化によって行政の主要な役割は，統治 (governing) から，業務を委託した先の第三者の統括 (governance）に転じた．こうして，第三者を通じてしか機能を発揮できない行政を“Third Party Government”という．同じ意味で，“Hollow State”（空っぽの政府）や“Shadow State”（裏方政府）（Milward and Provan, 2000；Provan and Milward, 1994；Salamon, 1995）といった用語もある．これに対して本書が論じる“Third Party Government”は，ハーバーマス的な市民的公共圏のイメージに近い．

また本書には，「ボランテイアやNPOは，ネオリベラリズム的な政策動向とマッチングが良い」（p. 70）という記述があり，そうであるからこそ「NPO」は，グローバル資本主義経済の論理とは適度な距離を保つことが重要であるとする．しかし本書の他の箇所では，「NPO」という枠組みを活用して定年制廃止に向けての活動を組織化したり，高齢者が消費者として経済活動に貢献し得る存在であることをアピールすることが促される．つまり，高齢者がグローバル資本主義経済とのかかわりを維持することの意義が語られる．一見すると矛盾に思われる議論展開なのだが，評者は次のように理解している．まず，本書における「ネオリベラリズム」とは，前述の民営化政策に伴う行政機能の変容と，行政が業務を委託する第三の組織を統括する原理としてのニュー・パブリック・マネジメントを指していると思われる．すなわち，ここでの「ネオリベラリズム」の直接の源は，グローバル資本主義経済そのものよりも，それを背景として導入された民営化政策にある．したがって，民営化された公共サービス・システムとの距離感が，論点を構成するだろう．そして本書では繰り返し，「NPO」は制度化されたシステムの外にあってこそ，機能を十全に発揮し得ることが強調されている．こうして「NPO」の本来の居場所とは，行政や制度とは一線を画し，経済活動とは比較的近いながらもやはり一定の距離を保ったところにあると推察される．このイメージは再び，ハーバーマス的な市民的公共圏に近い．

最後に，わが国では，米国に比べてNPOセクターが小さかったり，「NPO」が行政の下請けになるのはなぜか（p. 17）という問いがある．この問いは，本書全体を通じて評者が感じた疑問に通じる．本書における「NPO」とは，どの組織を指すのか？　多くは，いわゆるNPO法人のこととして読み取れるのだが，いっぽうで，本書が比較の対象とする米国のNPOセクター（501(c)(3)と

501(c)(4)という税制コードを持つ組織から構成される）には，わが国の広義の公益法人（財団，社団，学校法人，宗教法人，社会福祉法人，医療法人）に NPO 法人を加えた総体が相当する．これをわが国の NPO セクターとするなら，その社会的影響力は決して小さくはない．以上から本書は，各種の非営利組織の中でも，NPO 法人のさらなる発展を志向したものと推察される．

さて，本書の冒頭に提示された「成功と失敗という二元論の世界を超えたところにあるはず」の，超高齢社会を乗り越えるための解は，どのようなものなのか．その答えは，本書の読者各位が探索されてこそのお楽しみとして，ここでは伏せさせていただく．

1990 年代より 30 年近くにわたって，高齢社会における NPO 法人の可能性と課題を追求してきた著者の思いがこめられている．同世代の研究者として，感慨をもって本書を拝読した．

**（A 5 判・196 頁・本体 1800 円・弦書房・2020 年）**

## 文　献


Milward, B. and Provan, K., 2000, “Governing the hollow state,” *Journal of Public Administration Research and Theory*, 10(2): 359–379.

Provan, K. and Milward, B., 1994, “Integration of community-based service for the severely mentally ill and the structure of public funding,” *Journal of Health Policies, Policy and Law*, 19(4): 865–894.

Salamon, L. M., 1995, *Partners in public service: Government-nonprofit relations in the modern welfare state*, The Johns Hopkins University Press.

書　評

神原文子著

# 『子づれシングルの社会学 ——貧困・被差別・生きづらさ』

新藤こずえ

## 1. はじめに

平成28年度「全国ひとり親世帯等調査」によれば，ひとり親世帯の推計値は141.9万世帯であり，9割近くを母子世帯が占め，母子世帯になった理由の8割が離婚である．そして，乳幼児を抱えて生別する母子世帯が6割を占めている．同調査によれば母子家庭の母親の81.8％が就業しているが，ひとり親世帯の相対的貧困率は48.1％にのぼっている（平成30年国民生活基礎調査）．OECD加盟国のなかでも日本のひとり親の就業率はもっとも高いにもかかわらず，相対的貧困率がもっとも高い（OECD Family Database 2016）．このように，わが国では，乳幼児を抱えてひとり親になった母親に対する主要な自立支援は，母親を働かせることであり，多くの母親は働いているにもかかわらず貧困状態におかれているという異常な状況にある．

本書のなかで，「先進国並みのひとり親世帯支援策を講じるのであれば……」「ひとり親世帯の『自立』のための社会的支援策が先進国並になるために必要なこと……」というフレーズが登場するが，それは現在の日本のひとり親支援が先進国のものとは思えないという著者の痛烈な批判のあらわれである．

さて，本書は，ひとり親研究の第一人者である著者の『子づれシングル—ひとり親家族の自立と社会支援』（2010年），『子づれシングルと子どもたち—ひとり親家族で育つ子どもたちの生活実態』（2014年）に連なる「子づれシングル」3部作の完成版である．「子づれシングル」とは「子どもを養育しているシングルの一生活者」を意味する著者の造語であり，「ひとり親のなり方，ひとり親の性別，さらには，親と子の血縁関係の有無を問わず，すべてのひとり

しんどう こずえ｜上智大学総合人間科学部社会福祉学科・准教授｜s-kozue@sophia.ac.jp

親と子どもたちが差別されることなく，多様な家族の一形態として社会的に包摂されるべきであるとの考え」(p. 331) にもとづいている．

## 2. 本書の構成

本書の目的は「日本における子づれシングル（ひとり親）女性が直面している，貧困，被差別，そして，生きづらさに焦点をあて，理論的に考察するとともに，実証的に実態把握と要因分析によって得られた知見をもとに，子づれシングル女性と子どもたちが生きやすい社会の実現をめざして問題提起し，政策提言を行うこと」(p. i) であり，アンケート調査，質的調査，フィールドワークなどによって得られた知見がまとめられている．

序章＋3 部構成の全 11 章となっており，序章では，子づれシングル女性の生活諸課題をマッピングし，相互の関連を検討するにあたっての分析枠組みが示され，第 1 部は子づれシングルと子どもの貧困，第 2 部は被差別部落の子づれシングル女性，第 3 部は子づれシングル女性の生きづらさをテーマにしている．どの章も読み応えがあるが，以降では，評者の関心にひきつけて，ひとり親研究の新たな展開になると思われた，次の 3 つの論点に絞って取り上げることをお許しいただきたい．

## 3. ひとり親研究の新たな展開

第一に，子づれシングル女性の重複差別を問題にした点である．著者は，これまでの著書でひとり親家族や被差別部落の研究に取り組み成果を発信してきたが，それらが重なり合う領域として，マイノリティ女性（アイヌ，部落，在日朝鮮人など）に対する複合差別の実態が実証的に把握されていないことを批判し，「いずれか単一の差別のみ着目すると，他の差別に目が向けられにくくなる」(p. 164) とし，重複差別を問題にすることの意味を述べている．本書では，部落差別と女性差別を中心としているが，「部落差別の利用による女性差別」のメカニズム (p. 205) の存在を指摘している．

被差別部落出身であることを理由に交際や結婚を断られたり反対されたりするといった部落差別は従来からあるものの，著者は，部落内の人が部落外の人と婚姻関係を結ぶことが，部落差別解消の一種の表徴とみなされてきたこととも関係して，結婚生活の内実が問題にされてこなかったと推察している．部落女性と部落外男性との結婚生活における部落差別の実態として，具体的には，結婚した時点で部落外の夫たちは部落女性の妻に対して優位に立っており，結婚当初から，夫たちが部落女性の妻に対して個人の尊厳や夫婦平等原則に反するような，婚姻外の異性関係，経済的搾取，労働力搾取，DV などの女性差別を行っていたことを明らかにしている．

評者は北海道アイヌ民族調査に携わるなかで，アイヌ女性において，和人（注：アイヌ以外の日本人）と結婚し混血を進めることでアイヌの「血」を薄めるという戦略があった一方で，結婚前から相手に遠慮している部分があり，和人夫や夫の親類からの差別を受けたなどの実態を知った（小内編 2018）．本書では，部落女性が被る差別の実態を明らかにすることで，マイノリティ女性が被る差別の重複性のみならず共通性を示すことにつなげている．

第二に，子づれシングル女性の「離婚前」と「離婚後」の生きづらさを検討している点である．離婚前の「生きづらさ」をみると，夫からの身体的・精神的 DV，夫の異性関係，浪費，借金，障害のある子の誕生に起因するモラルハラスメントなど，結婚生活の実態がひどすぎるものが多く，「結婚生活における生きづらさを脱するための唯一の手段として，離婚が決意されている場合が少なくない」という著者の指摘には頷くしかない．

第 11 章では，子づれシングルになってからの「生きづらさ」を生起させる生活構造を捉えることにより，「生きづらさ」を軽減させる生活構造を考察している．インタビュー調査から得られた「離婚後の生きづらさに影響する諸要因」と「離婚後の生きづらさを軽減できる条件」は，母親自身の就労状況・条件や，住居の有無，親族などの援助者の有無など，従来から指摘されてきた要因や条件を実証的に明らかにしている．加えて，ひとり親をマイナスにとらえる社会的偏見，父親がいないことを保育や学校現場で思い知らされるひとり親の経験からは，いまだに家族の多様性を認識せず，もはや幻でしかないあるべき家族像を前提としている人々の意識が，子づれシングルに「生きづらさ」をもたらすことを示している．ひどすぎる結婚生活から逃れ離婚した子づれシングルに対するこうした社会的障壁に，どのように対抗すべきなのかを考えさせられる．

第三に，ひとり親世帯に対する制度的な差別を問題提起し，政策提言している点である．わが国ではひとり親になる経緯（死別，離別，未婚）によって税制控除や，年金・児童扶養手当への課税・非課税に違いがある．また，児童扶養手当にも出生順によって手当額に違いがある．評者はかねてより，ひとり親になる経緯や出生順によって差をつけるのは差別であるとの著者の指摘に共感してきたが，それはひとり親世帯の親に対する差別であるだけでなく，ひとり親世帯の子どもに対する差別だからである．親がどのような経緯でひとり親になるのかは，子どもにとっては関係のないことである．子どもの最善の利益が考慮されておらず，制度的な差別であると言える．また，生活保護費の引き下げの問題も，「生活保護費が高いのではなく，最低賃金が低すぎる」(p. 79) という問題を棚上げにしており，看過することはできない．

2021 年現在においても夫婦別姓の議論が後退するようなわが国の状況のなかで，個々人の多様な生き方，多様な家族のあり方を尊重し，あらゆる差別を禁止するものとして著者が提案する「ダイバーシティ法」（仮称）の実現には悲観的にならざるを得ない．だが，著者は，ひとり親家族にかかわる研究者が限られ，学問領域としても周辺に位置しているという状況が，わが国のひとり親家族が社会的に排除されている現状と無関係ではないと主張している．評者はこの指摘を重く受け止めた．

### 4. おわりに

必ずしも専門領域ではない本書の書評を私などが引き受けて良いものかどうか躊躇したが，結果として大きな学びを得ることができた．

私事で恐縮だが，院生時代に生活保護利用の母子世帯の母親への訪問インタビュー調査に一調査員として参加した経験がある（その成果は青木編 (2003) にまとめられている)．ライフコースを聞き取るなかで，人生を選び取っているように見えて，そうせざるを得なかった母親たちの状況が浮かび上がり，その時から，ひとり親に対して蔓延っている的外れな自己責任論とは一線を画すという自分のスタンスが構築されたように思う．その後，被差別部落のある地域の公立中学校にスクールソーシャルワーカーとして勤務したが，クラスの半数が母子世帯ということも珍しくはなかった．そのため本書のなかで語られる子づれシングル女性たちの経験は，私自身の実践経験のなかで出会ったケースを思い起こさせるものであった．しかし，その経験を解釈し，被差別あるいは「生きづらさ」の問題として位置づけることはしてこなかったため，著者の解釈に納得させられっぱなしであった．

一方，本書で取り上げられた方々は，男性から被害・差別を被りながらも，子どものために尽くす方が大半を占めていた一方で，子どもに尽くせない母親の姿は見えなかったように思う．実際には，子どものために尽くすことが難しい母親もいるのではないだろうか．もちろん，子づれシングル女性の被差別経験や生きづらさを明らかにすることが本書の目的であり，調査協力者は，ひとり親がおかれた理不尽な状況下で懸命に生きてきたからこそ，インタビューに応じたのだと思う．また，シングルマザーへのいわれのないバッシングを避けることも必要だろう．しかし，なんらかの事情で子どもを児童養護施設や里親に託すなど，(一時的にでも) 子どもを手放す／手放さざるを得なかった子づれシングルの経験も重要だと思う．ここまで書いて思ったが，それは社会福祉を領域とする評者自身が取り組むべき研究課題でもあると気づいた．本書は，後に続く研究者たちに多くの気づきと，社会を変えよと刺激を与えてくれるに違いない．

**（A 5 判・356 頁・本体 4200 円・晃洋書房・2020 年）**

## 文　献


青木紀編著，2003,『現代日本の「見えない」貧困』明石書店．

神原文子，2010,『子づれシングル――ひとり親家族の自立と社会支援』明石書店．

――――，2014,『子づれシングルと子どもたち――ひとり親家族で育つ子どもたちの生活実態』明石書店．

小内透編著，2018,『現代アイヌの生活と地域住民』東信堂．

書　評

中田知生著

# 『高齢期における社会的ネットワーク——ソーシャル・サポートと社会的孤立の構造と変動』

稲葉　昭英

著者が2013年から2020年の間に発表した3本の紀要論文（校正中を含む），4本の国際学会報告，および講義資料を母体としつつ，本書は構成されている．その内容は高齢者の対人的ネットワークの態様およびそこから得られるソーシャル・サポートとさまざまな適応指標との関連の検討であり，学説を紹介する2章と結論の10章を除く3〜9章ではミクロデータを用いた計量分析が行われている．

ソーシャル・サポートはアメリカのメンタルヘルス研究を中心として1980年代以降多くの研究が蓄積されてきた分野である．著者が用いているデータ中では，いくつかの対人関係カテゴリーについて「心配ごとや困りごとがあるときに，どのくらい相談にのってくれますか」「ちょっとした手伝いが必要な時，どのくらい助けてくれますか」と問うて評定を求める，あるいは「傾聴者」「いたわってくれる人」「病気の世話をしてくれる人」「経済的援助をしてくれる人」「日常的に手助けしてくれる人」の有無を尋ねるなどの方法で測定がなされている．

このサポートについて健康との関連（3章）や加齢に伴うパターンの持続と変化（4章），階層的補完モデルを念頭に置いたサポートの送り手の変化（5章），世代間援助関係の国際比較（6章），世代間のサポートの授受の規定要因（7章），地域特性とサポートのパターン（8章），社会的属性と社会的孤立（同居者以外との接触が月1回以下など）および孤独感（まわりの人から孤立していると感じることがどのくらいありますか，で測定）との関連（9章）といった分析が展開される．使用されているデータは国際比較に用いられるISSPデータ，全国

いなば あきひで｜慶應義塾大学文学部・教授｜akihide.inaba@keio.jp

規模の確率標本データ（パネルおよびクロスセクショナル）および局所的な確率標本データなど多様である．本書の主要部分はこうした計量分析であるが，パネルデータ分析における集団軌跡モデル，ハイブリッドモデル，シークエンス分析の一つである最適マッチング分析，離散時間ロジットモデル等，新しい計量的手法が意欲的に用いられていることが特徴である．

本書は副題にソーシャル・サポートの研究であることをうたっており，中心的なテーマは高齢者の周囲にあるサポーティブな対人関係の態様とその効果である．とはいえ，ソーシャル・サポートに関する国内外の研究成果が十分に取り込まれているとはいえないように思った．著者は2章でいくつかのサポートの定義や論説を並列的に紹介してはいるが，著者がサポート概念をどのように考えているのかは必ずしも明確ではない．著者はソーシャル・サポートには「様々な問題がある」が「すべてを扱うことは不可能である」という（p. 26）．しかしあえて理論的な整理を避けた結果，本書全体を通じてのサポート概念が必ずしも一貫していないという結果を招いたように思う．

本書で扱われているサポート変数のうち，老研–ミシガン大学調査，武川調査（著者の表記に倣う，以下同じ）で用いられているものは「利用可能性」（availability）とよばれるものである．注意が必要なのは，利用可能性で測定されている場合，たとえば「経済的援助をしてくれる人がいる」ことは必ずしも「経済的に援助をしてもらっている」ことを意味するわけではない，ということだ．つまり利用可能性で測定されるサポートは実際のサポートの供与（援助行動，あるいは実行されたサポート）とは概念的に区別される．これに対して著者が行った札幌調査のサポートは世代間での援助行動に近く，J-SHINE 調査のサポートは利用可能性と実行されたサポートの両者が混在しているように思われる（道具的サポートが高いほど入院日数や自殺念慮が増加するのはこの結果だと思われる）．まず，著者がこのあたりの概念の異同をどうとらえているのかが気になった．

この点について付言すると，ソーシャル・サポートのうち，情緒的サポートの利用可能性がメンタルヘルスや身体的健康の良好状態と大きく関連することは既存の研究から知られている（本書でも同様の結果が示されている）．これはこうしたサポートが実際に個人の経験している問題を解決しているからではなく，サポートが利用可能だという知覚が個人に主観的な問題解決可能性を想起させ，状況への楽観的な見通しをもたらすためにメンタルヘルスの悪化が抑止され，個人の対処行動への動機づけが維持・促進される，といった個人内の心理過程による効果が大きいとされている．著者は利用可能性で測定されたサポートの効果を供与されたサポートの効果だとみなして解釈を多々行っているが（結論部分でこうした解釈に対する疑念も表明されてはいるのだが），利用可能性として測定されたサポートの背後に相互作用を仮定することには慎重になるべきだろう（3章の眼鏡使用に対する情緒的サポートの効果など）．利用可能なサポートを持つ人ほど，実際にはサポートを利用しないで済み，結果として利用可能なサポートが維持される，というプロセスの存在はすでに80年代にB.H. Gottliebによって指摘されている．つまり，サポートの利用可能性とは対人関係によるニーズの充足可能性（ケイパビリティといってもよい）にほかならず，実質的には対人関係への信頼性の概念と酷似する．この意味でサポートの効果の中核には信頼性の高い対人関係を有していることの心理的な効果を措定するほうがよいように思う．

これらの指摘と一見矛盾するが，サポートへのニーズが高い「問題発生状況」ではサポートの利用可能性と実際に供与されたサポートとの関連が大きくなること（したがってサポートの効果にはサポートの供与の効果が反映される），逆に問題が発生していない状況では両者の関連が小さくなり，サポートはパーソナリティ変数の影響を大きく受けることも明らかにされている．多くの高齢者にとって典型的な問題発生状況は自身もしくはパートナーの身体的状態の悪化であり，これらの状態いかんによってサポートの効果の性質（機能メカニズムといってもよい）が異なってくることになる．とすれば，比較的健康な高齢者と，要介護度が高い高齢者（あるいはパートナーの要介護度が高い高齢者）を同じデータの中で分析することは難しく，少なくとも健康状態を要介護度などによって類別し，データを分割して分析するか，交互作用項を投入してサポートの効果を検討することが望ましかったように思う．

分析上の課題について付言するならば，非常に残念に思うのは，多くの分析において性別が一緒に分析されていることだ．高齢者の社会関係に大きなジェンダー差があることはこれまでも再三指摘されており，高齢者の孤独の問題は男性問題であるという指摘すらある．たとえば，未婚女性は高齢期に一定の社会関係を有するが，未婚男性はきわめて孤立的な様相を呈すること，高齢期にはきょうだいとの交流が再活性化するが，この傾向は女性，および女性のきょうだいが存在する場合に顕著であり，男性のみのきょうだい関係にはこうした点が見られないことは家族社会学ではよく知られている．男性の対人関係は配偶者に大きく依存し，高齢期にこの傾向が顕著であることもロバストな知見とされている．なお，これらは性別分業の結果としてよりはジェンダーにもとづく対人行動の差異から理解されるのが今日的な解釈である．もちろん性別による差異が存在することを再検証することは有意味ではあるのだが，以上の結果として性別と同時に投入されている多くの変数は性別との交互作用効果があるものと思われ，性別にわけた分析を行うことでより多くの情報を提示できたように思える．

また，分析目的と計量的手法との整合性や分析結果の解釈についても，いくつかの点において疑問を持った．細かい指摘は割愛するが，パネルデータのような，それ自体に研究者が共有すべき有益な情報を含んでいるデータであるからこそ，シンプルな記述統計量の丁寧な提示と分析が有意味であったように思う．たとえばサポートのパターンの軌跡を扱う 4 章なども，全体としての連続性や変化が記述統計量レベルで詳細に示されると，読者にとってより有益だったのではないかと感じた．

評者が本書に感じる以上のような不満は，結局は本書が既存の社会心理学を中心としたソーシャル・サポート研究や，高齢者の対人関係について多くの蓄積を持つ家族社会学の成果との接点があまり感じられないことに起因する．たとえば結論の 10 章の「今後の課題」の節において著者は「ソーシャル・サポートが主観的なものであるという事実」ゆえに「なぜある人はソーシャル・サポートを認識できて，ある人はできないのか，…（中略）…ソーシャル・サポートの基礎研究として，それらは何とか解決したい問題である」(p. 148) という．しかし，この問題はソーシャル・サポート研究がすでに 1980 年代および 90 年代に扱ってきた問題にほかならず，対人的相互作用場面におけるサポートの認知過程（評価懸念の効果など）については国内外で多くの研究蓄積がある．

もっとも以上の問題は，本書の問題というよりも社会老年学と社会心理学，家族社会学というディシプリン間の研究交流の問題といえるのかもしれない．6章や7章で扱われる問題は家族社会学が長年取り組んできた世代間関係研究に他ならず，もしそれらの先行研究が本書に消化されていたならば，分析はより豊かなものになったように思われる．

以上のように総じて批判的なコメントに終始してしまったが，計量分析に強くコミットしながら高齢者研究を継続して行う著者の学的活動は社会老年学や福祉社会学にとって大きな意義を持つ．常に新しい統計的手法にチャレンジする著者の姿勢にも心より敬意を表したい．

**（A 5 判・192 頁・本体　3500 円・明石書店・2020 年）**

書　評

遠藤久夫・野田正人・藤間公太監修
国立社会保障・人口問題研究所編

# 『児童相談所の役割と課題——ケース記録から読み解く支援・連携・協働』

上野加代子

児童相談所が保管する児童虐待相談の記録文書，これは守秘義務に守られ表に出てこない．当事者でも情報公開請求を経て，部分的に黒塗りになった資料が開示されるだけである．そのような秘匿性をもつ記録文書が，ある程度の数（規模）をもって高い分析水準で示されたのは本書がはじめてであろう．

どのような経緯でそれが可能になったのか．序章によると，国立社会保障・人口問題研究所の一般会計プロジェクトとしてスタートした「『一億総活躍社会』実現に向けた総合的研究」のなかで実施された調査がもとになっている．エヴィデンスに基づく政策決定（Evidence-based Policy Making）の位置づけを得た調査分析である．全国エリアで抽出された児童相談所から，9つの児童相談所の了解をえて，2016年度から遡って児童相談所が保管する相談記録より，一時保護後に親子分離に至ったケースと至っていないものとを同数無作為抽出し，総計183件（189人分）の記録文書データを匿名化するという手続きを経ている．執筆には，この問題に関わっている社会福祉学，社会学，教育学，経済学の研究者たちが携わっており，そのなかには現場経験を有する者も含まれている．

本書は，調査のサンプリングにすでに意図されているように「親子分離」に主に焦点が当てられている．「児童相談所には，他の行政機関には見られない非常に強力な権限を付与」されており，その典型は「親子分離をめぐる業務」である（第1章）．しかしそれだけでなく，本書の後半では保育所，幼稚園，学校，施設といった，児童相談所と他機関との連携についても丁寧に検討されている．

うえの かよこ｜東京女子大学・教授｜uenokayoko@lab.twcu.ac.jp

各章では，この問題への児童相談所の対応の難しさ，問題の複合性，今日的な課題が明確に示されているが，まず読者の問題意識を刷新してくれるのが第1章である．このような課題を頭に入れてから本書を読むべし，と続く各章を読み進める指南役となっている．

第2章は，親子分離に至ったケースを「最も深刻なケース」と暫定的にみなし，リスク要因のなかで，分離にいたる深刻なリスク要因はなにかを計量分析で探り出している．そこでは，私たちの児童虐待問題の常識的な理解が，エヴィデンスに基づいていないことが示されている．たとえば，性的虐待ケースはすぐに親子分離に結び付きやすいと思いきや，データではそういうことはない，子どもが低年齢のほうが親子分離されやすいのではないかということもデータでは検証されていない．そして，この章は，分析結果に対する児童相談所の職員の見解も紹介されている．

第3章では，性的虐待により子どもが一時保護されてから，家族分離にいたるケースとそうでないケースの違いが16件の相談記録文書から検討されている．質的比較分析のQCAを用いて分析した結果，いくつかの知見が紹介されているが，なかでも性的虐待で親子分離に至るのは母親のネグレクト傾向で，「母親の養育能力が重要なファクター」となっていることに注意喚起されるべきであろう．

第4章は，児童相談所において家庭復帰がどのように判断され，親とどのような対立関係になりやすいかなどが，相談記録の関連箇所の抜粋から分析されている．その分析からは，家庭復帰の判断では，保護者の従来の生活を問い直す姿勢が重視されていることがわかる．そして，「問題があっても養育できていた」という親の認識が，児童相談所が有する保護者の生活についての認識と異なり，このズレをすり合わせることの困難ゆえに家庭復帰が難しくなっていることが示されている．子どもの安全が第一ではあるが，「虐待者の生活に関するとらえ方を理解して，自らの認識を相対化するきっかけにする」ことも職員にとって意義があることだと筆者は締めくくっている．

第5章は，子どもの「家庭からの切り離し」そのものを扱った章である．「親であることと子育ての担い手がほとんど等置されているこの社会において，子どもを家庭から引き離そうとする場合に生じる原理的な困難」について，親の問題性を指摘しながらも，同時に親としての資格を問題化することを最小限にしようとする担当者たちの奮闘やテクニックを丹念に吟味している．「社会問題のワーク」というローカルな相互作用場面における実践をみていく構築主義的なアプローチから，職員側の「虐待の宙づり」，親側の「脱社会問題化のクライアント・ワーク」といった概念を用いて，構築主義研究の次の一手を指し示している．

次に他機関との連携ということで，第6章では，保育所と幼稚園は児童虐待の兆候を見つける機会に恵まれているが，実際は通告が少ないことが示されている．保育所の虐待の「見守り」役割についての児童相談所との認識のズレ等，さまざまな課題を児童相談所の虐待相談記録から洗いだしているのである．続く第7章では虐待相談記録から，小学校・中学校・高等学校・特別支援学校のいずれかが記載されているケースを取りだし分析を加えている．そして，学校と児童相談所の葛藤を明確にし，すべてを解決する学校という「幻想」を等身大の学校の役割へと変化させたうえでの両者の連携という道筋が提示されることになる．

第8章では，児童虐待と親の経済的な困難（所得，就労状態，学歴）との関係性をみた日本の先行研究がリビューされ，児童虐待相談記録に所得や生活保護状況を記載し関係機関と共有することが，個人情報保護よりも重要である状況がいくつかの点――「ネグレクトが環境的状況と相互作用している概念」など――から提示されている．

そして第9章は，虐待相談記録から，職員の経験年数，担当ケース数を調べ，虐待対応を難しくしている構造的な問題を指摘する．さらに，虐待相談記録から2事例と，近年の児童虐待で大きく報道された子どもの死亡に至った4事例を検討し，家族への対応や他機関との連携のための「感度」を十分に機能させることのできなかった児童保護システムの問題点，そして今後の改善の方向性を示している．

以上が本書のあらましの紹介であるが，評者の関心に寄せすぎて偏ってしまったかもしれない．各章の主だった知見の簡潔でバランスの良い説明については，終章をお読みいただきたい．また，終章では，児童相談所の相談記録の様式がフェイスシートの3項目（児童氏名・生年月日，年齢）を除いて，児童相談所によって「多様である」ことの問題性を，自治体を越えたケース移管，児童相談所の負担，警察との情報共有の強化，そして学術的な分析の困難（欠損値が多い）などから指摘し，共通フォーマットによる情報記載を提案している．

最後に，評者が本書から刺激を得て感じたことを述べておきたい．

本研究がデータとして扱っている「相談記録」とは，記録を作成する児童相談所が調査した家族の状況や家族とのやり取りが切り取られ記載されたものである．その内容は，保護者はまったく知る由はない．「一時保護の不服申し立て」で，何が問題になっているのかがはっきりと説明されることもあるだろうが，本書の第５章４節の「虐待の宙づり・格下げ」によって，親との対立を避け一段低い理由の提示にとどまることもあるのではないか．その後に情報公開で請求しても，黒字で塗られ全部が示されるわけでもない．児童相談所には「親子分離が必要と判断されるほどの何か」があるはずなのに，保護者は児童相談所で何が問題になっているのかの「本当の理由」はなかなか教えてもらえないのである．

このようなことを強く感じたのは，本書を読みながら，本書が私ではなく児童相談所で相談記録を作成され，子どもの一時保護や親子分離を経験した保護者ならどう読むだろうか，という思いが頭をもたげたからである．本書は，児童相談所に分析結果を提示し，その結果に対して児童相談所職員自身が隠された別の変数に言及するなど興味深い記述が含まれ，その解釈の部分が「方法論的な貢献」（第２章）として位置づけられている．ならば次の段階として，この分析が当の保護者たちからはどのように解釈されるのか，そのフィードバックを受けて，児童相談所の役割と課題につなげることもできるのではないだろうか．評者は，一時保護から親子分離になるケースには，「虐待の深刻化」といった言葉で想像されることとは別の次元での児童相談所との様々なやり取りや家族の状況が現れてくるのだろうと想像する．そこには，社会的養護によって増すかもしれない子どもの教育機会，子どもを当面育てにくい親の疾病や精神的な状態，経済事情，（夜間子どもだけにすることを避けるなど）子どもの安全面の優先，そして自分の「虐待行為」を児童相談所の担当職員に認めることができず子どもを手放すに至った親の無念といったことも含まれてくるのかもしれない．

いろいろな関心が強く刺激された一冊である．児童虐待防止に特化した法律（児童虐待防止等に関する法律）が制定されて 20 年がたち，児童虐待の相談件数が上昇し続け，児童相談所はどう再編されるべきか，警察などの他機関との役割分担や連携をさらにどう進めていくかが議論されているなか，本書が時機を得た出版であることは言を俟たない．

**（A 5 判・216 頁・本体 4400 円・東京大学出版・2020 年）**

**書　評**

海老田大五朗著

# 『デザインから考える障害者福祉 ——ミシンと砂時計』

中川　敦

本書は,「障害者福祉における支援実践, とりわけデザインが関わる支援実践を記述」(p. 10) した学術書である. 著者は, 2018年に, 柔道整復の実践について, エスノメソドロジー (以下, EM) の立場からの単著 (海老田 2018) を出版しており, 短期間に, 次々とその成果を発表し続ける精力的な活動には目を見張るものがある. 評者は, EM, 中でも会話分析の立場から, 高齢者介護の研究を進めており, 著者の研究からはこれまでも多くの刺激を受けきた. 加えて本書は「デザイン」をそのキー概念としており, 現在, 地域デザイン科学部という組織に所属している評者にとって, 本書を手に取る前から, 期待を抑えることができなかった.

本書は以下のように構成されている. はじめに, および序章では, 障害者福祉におけるデザインを対象として, 実践と切り離さずにその記述を目指すという, 本書全体を貫く著者の態度が提示される. 1章から6章では, 著者による分析が示されており, 前半となるI部の1章から3章までで, ワークプレイスのデザインとして労働の現場の分析がなされている. 後半となるII部の4章から6章で, 関係のデザインが分析されている. より具体的には, 1章では, 知的障害者の就労を可能にする作業のデザインと, 就業の継続を可能にする組織デザインが解明されている. 2章では, 知的・学習障害を抱える障害者の困難に配慮したミシンのデザインが, 3章では精神障害者の就労における就労時間調整のデザインが分析されている. 4章では, 精神障害者の高い就労移行・定着率を誇るカフェを対象に, レシピ・空間・地域との関係のデザインが, 5章では, 障害者の就労のための家族による支援体制構築のデザインが, 6章で

なかがわ あつし｜宇都宮大学地域デザイン科学部・准教授｜

は障害者施設職員による障害者の意思決定支援についての報告の分析がなされている．終章では本書のまとめ，そして補章では，「ノンフェール」という精神障害者施設の思想の一部が，著者が指導した学部学生である今井有美氏によって分析された上で，著者によってその解説がなされている．

本書から評者が学んだことの 1 つは，障害者福祉の社会学的研究を進める場合，今何を問いとして立てて，この領域に向き合えばよいのかという点であった．なぜ本書では，そのような問題設定が可能になっているのか．その理由は，本書が，現場で取り組まれている「実践の中の論理」（p. 27）に係留した記述を心がけようとしているからに他ならない．著者は，障害者福祉の現場の人々が今まさに向き合っている課題が，障害者福祉の実践の中でどのような方法で解かれているかを解明しようとしている．その意味で本書は，障害者福祉を学ぼうとする読者にとっての「指南書（＝ tutorial）」（Garfinkel 1996）となりうる可能性がある．

またそうした著者の態度は，デザインという言葉の多義性がもたらす困難に対する一つの回答にもなっている．というのも評者は，デザインを学ぶとはどのようなことかを説明できずに悩む学生にしばしば出会う．これに対して本書は，「デザインをある種の達成として扱い，実践から切り離さずに記述する方針をとる」（p. 31）ことで，「作業と組織」，「道具と協働」，「労働時間」，「支援者と地域・家族・障害者本人の関係」のデザインといった，実際に私たちが社会で用いているデザインの概念の多様性を切り詰めることなく，分析してくことを可能にしている．この時，本書は，障害者福祉を超えて，広くデザインを学ぼうとする学生にとって一つの導きの糸となることだろう．

会話分析者としての評者は，本書を読みながら，かつてエマニュエル・シェグロフが展開した，社会構造を真に社会学的に扱うために必要な公準の議論を思い出した（Schegloff 1991）．たとえば，福祉社会学者が「健常者／障害者」といったカテゴリーの存在を，人々の相互行為の中で把握し，そうしたカテゴリーがいかなる形で社会構造と関連しているかを分析しようとするとき，方法論的に避けられない問題がある．それは本書の分析でも浮かび上がっているのだが（p. 48, 52, 53），障害者とされる人が，常に障害者であり続けるわけではなく，具体的な相互行為の中において障害者とされているのだという問題である．この時，ある場面で障害者とされ，ある場面で障害者とされていない人々の経験について，福祉社会学者が，障害者とかかわる社会構造と結びつけた形で，何らかの福祉社会学的な主張を行うための方法論的な基盤はどこにあるのか．

シェグロフが提示する解決は以下のようなものである．まずは，相互行為に参与している人々が，当該相互行為の中でいかなるカテゴリーに志向しているのか，このことを研究の出発点にする必要がある．その上で，彼は，その相互行為場面で，人々のカテゴリーと結びついた社会構造上の特徴（たとえば「障害者福祉」という特徴）を生み出すために，当該相互行為場面で人々に実際に用いられている「手続き（＝procedure)」を解明しなければならない，と言う (Schegloff 1991)．そして評者には，本書で試みられているデザインの探求という取り組みは，参与者が実際に用いている「手続き（＝procedure)」を探求せよ，というシェグロフの要請と，部分的であれ，重なり合っているように感じられる．そうした方法論的態度に基づく福祉社会学研究は，一見すれば就業困難に思える障害者の就業を可能にする障害福祉実践のデザインを，明らかにするものになるかもしれない．実際，1 章で解明された，知的障害者の就労をめぐる作業デザインと組織デザインの組み合わせはそうした成果とも言える．あるいは全く逆に，障害者であれ働かなければならない，といった価値観自体を相対化する障害者福祉実践のデザインを解明するものになるかもしれない（補章）．

しかし「EM 的無関心」(p. 10, Garfinkel & Sacks 1970) を重視する福祉社会学者にとって，まずもって重要なのは，そのような得られた知見の社会的意義を評価する以前に，確固とした方法論的態度に基づいた，分析の精度が確保されているか否かである．そのデザインは，本当に参与者の志向に根ざしていると言えるのだろうか．発見されたと主張される障害者福祉のデザインは，本当に人々の実践を根拠にして，当の障害者福祉を生み出すデザインとして存在すると言えるのだろうか．こうした点をおろそかにした障害者福祉デザインの EM 的な福祉社会学研究はありえない．なぜなら，そのような方法論的な厳格さが確保されてはじめて，その記述は，障害者福祉デザインの「指南書（＝tutorial)」たりえるからだ．そして，そうした私たちの営みは，本書から始まる．

**（A 5 判・250 頁・本体 1800 円・ラグーナ出版・2020 年）**

## 文　献

海老田大五朗, 2018,『柔道整復の社会学的記述』勁草書房.

Garfinkel, Harold, 1996, "Ethnomethodology's Program," *Social Psychology Quarterly*, 59(1): 5-21.

Garfinkel, Harold and Harvey Sacks, 1970, "On Formal Structures of Practical Actions," John C. McKinney and Edward A. Tiryakian eds., *Theoretical Sociology: Perspectives and Developments*, New York: Appleton-Century-Crofts, 337-66.

Schegloff, Emanuel, 1991, "Reflections on Talk and Social Structure," Deirdre Boden and Don H. Zimmerman eds., *Talk and Social Structure: Studies in Ethnomethodology and Conversation Analysis*, Cambridge: Polity Press, 44-70.

|書　評|

広瀬義徳・桜井啓太編

# 『自立へ追い立てられる社会』

森田　次朗

## 1. 本書の特徴と執筆者紹介

本書は，現代社会で称揚されている「自立」言説の問題点を批判的に考察し，これに代わるオルタナティブの可能性を構想するものである．編者を含む12名の執筆者は「社会配分研究会」のメンバーであり，本書はこの研究会による過去の問題意識（桜井・広瀬編 2013）を発展的に継承した労作である．

本書は15章から構成されているが，そこで扱われているテーマは教育問題に力点が置かれつつも，福祉，労働，地域，メディアといった諸領域にわたり，後述するように執筆者の経歴は，大学教員にとどまらずきわめて多様である．こうしたテーマの全てを詳細に論じることは評者の力量をはるかに超えるため，以下では評者の専門分野（教育社会学，不登校研究）に引きつけて論評する．

## 2. 各章の主要な論点

本書の目的は，「教育・福祉・労働・メディアなど様々な領域・分野・業界で現れている社会状況の変化の諸相を丹念に読み解きながら，わたしたちの生の在り方，そして社会の統治における「自立」と「依存」の関係性を根本的に問い直し，そこから分断や排除，抑圧性をより小さく減じていく方向性を示すこと」である（本書 p. 6．以下本書からの引用は頁数のみ記載）．以上の問題設定のもと，本書は三部構成で議論が展開される．

まず，第1章以降の3章からなる第1部（「なぜ自立を問うのか」）では，自立言説の問題点が理論的に分析される．具体的には，所有的個人主義やケア論（第1章），臨床心理・嗜癖研究（第2章），資本制社会と自立支配の関係性（第3章）等のテーマが取りあげられる．なかでも本書全体を貫く枠組みとして重

もりた じろう｜中京大学現代社会学部・准教授｜j-morita@sass.chukyo-u.ac.jp

要なのが，第２章（「依存の復権論・序」）の議論である．本章では，薬物・アルコール臨床の知見をもとに，「依存」（他者に依存すること）と「従属」（他者の意思に依存すること＝支配されること）を区別したうえで，自立をめぐる諸問題を乗り越えるための方法として，①支配（自己統治）から降りる，②支配（害）を弱める，③支配から逃げるという３つの視座が提示される（pp. 46–9）．

続く第４章から第10章で構成される第２部（「自立社会の新たな統治性」）では，現代社会における統治権力の実相が分析される．具体的には，生活保護制度（第４章），高度プロフェッショナル制度（第５章），TV 報道における自主規制（第６章），教育機会確保法（第７章），高校家庭科教育（第８章），教育基本法と新学習指導要領の能力観（第９章），コミュニティ・スクール論（第10章）等が取り上げられ，これらのテーマをめぐって個人に自立を強いるメカニズムが，いかに偏在しているかが検討される．とくに第２部において重要なのが，第４章と第７章の議論である．第４章（「福祉依存批判による生活保護バッシングと自立支援の展開」）では，第２章で提示された依存と支配に関する分析枠組みが，生活保護バッシングの事例に応用される．その際，「ウェルビーイング」（ただ“在る”こと）と「ウェルビカミング」（よりよく“成る”こと）という２つの概念が提示され，現代社会において依存（在ること）が，自立を達成するための「手段」（成ること）に矮小化されていることの問題が指摘される（pp. 74–5）．そのうえで，依存の意味を全面的に肯定すべく，「人間すべての相互依存を表出させる戦略」を打ち出した障害当事者による「自立生活運動」の可能性が考察される（p. 80）．また，第７章（「教育機会確保法と「学ぶ主体化」される子どもたち」）では，2016年に議員立法により「不登校児童生徒等に対する教育機会の確保等」を掲げて成立した「教育機会確保法」を題材に，本法の枠組みが推進されることで，学校に行かない子どもを受け入れる学校外の学び場（フリースクール等）が，「生活の場」から「学びの場」へと変質してしまう危険性が考察される（p. 122）．このように学校外の学び場のビジネス化が進むことで，誰でも，いつでも，どこでも「学ぶ主体」へと統治される機制が明らかにされる．

最後に，第11章以降の５章で構成される第３部（「自由な生の可能性」）では，とくに，第２部までに分析された自立言説の限界を乗り越えるための方策が検討される．具体的には，学校の（疑似）アジール（第11章），居場所のスクール化（第12章），映画「みんなの学校」の受容（第13章），保育の教育化（第14章），養護学校義務化と金井闘争（第15章）等のテーマが取り上げられる．とりわけ，自立概念のオルタナティブを構想するうえで注目すべきは，第11章（「学校のアジールをめぐって」）の議論である．本章では，現代社会においては「事前に措定された個別のニーズにあった学習支援に包囲され，他者と自律的かつ創造的にかかわる余地が残されていない」（pp. 184–5）という問題意識のもと，子どもたちに自立を強いる統治性に対抗すべく，学校空間におけるアジール（避難所）の可能性が考察される．ここでいうアジールとは，「世俗の権力が介入しない，自由と平和が保たれた，不特定多数の人が集う不可侵の聖域」（p. 185,『現代社会学辞典』から著者引用）のことであり，実例として学校図書館，保健室，校庭，フリースクールがあげられる．そのうえでアジールは，「学校の隙間に偶然に生成するつかの間の不安定な空間」（p. 193）と意味づけられ，結論として「アジールの発見と収奪，そして奪還と回収というダイナミズム」（p. 194）に注目することの意義が主張される．

以上で概観してきた本書全体の知見を一言で整理するなら，本書は共同研究の成果から「人びとがまとまりなく多様であるため」に，「すべての人が生きあう未来を創出すること」（p. 260）の可能性を構想したものだとまとめられるだろう．

### 3. 本書の意義と疑問点

最後に，本書の意義と評者による若干の疑問点について論じたい．まず本書の意義は，第一に，現代の自立言説の限界を理論と実証の双方の視点から根源的に再考している点にある．たとえば，教育臨床学の議論に代表されるように現代社会において依存は，自立が達成されるための手段（例：「思う存分甘えることが，将来の自立には必要」）として表層的に理解されることが少なくない．そのため，表面上はいくら依存が肯定されようとも，究極的には子どもたちは「学ぶ主体」であることを強いられ，分断されてしまう．これに対して本書は，存在し依存すること自体に絶対的な価値があるとし，自立支配の原理から逃れるための戦略（休息権や学ばない自由）を提示している点できわめて重要である．第二の意義は，教育と福祉の領域をはじめとする「現場」の視点から，自立支配の原理を領域横断的に明らかにしている点にある．冒頭でも述べたように，本書の執筆者の経歴は社会福祉協議会職員や保育士，TV 局ディレクター，国語科教諭，フリースクール理事，不登校・ひきこもりの当事者団体の世話人というように多種多様である．こうした現場の知恵や創意工夫（共生，ケア，弱さ）に依拠した複眼的な視点から，個人の自立と，そのための能力向上にむけた支援＝支配言説を乗り越えようとしている点で独創的である．

他方で本書には疑問点も指摘することができる．第一に，本書では諸個人の「存在価値」を絶対的に肯定することの意義が一貫して主張されているものの，評者には，執筆者全体の問題関心とされている「配分」の観点から，依存を可能にするための社会政策について具体的に論じた箇所は限定されているように思われた．たとえば，福祉社会学の領域では，（再）配分の一例としてベーシック・インカムの導入是非について豊富な蓄積がある（武川編 2008 等）．しかし，本書ではこれらの知見にほとんど言及がなされていないため，先行研究と関連づけながら，いかなる富や財を，誰に，どのように配分するかについて提言されると，本書の知見はより充実したものになるのではないだろうか．

第二に，本書で度々論じられている教育政策のあり方に関しては，「国家からの自由」（統治性からの自由）が強調される一方で，「国家による自由」がどのように位置づけられているかが幾分わかりにくく思われた．たとえば，本書では上述の「アジール」（第 11 章）や，「無国家空間＝無教育空間」としての「ゾミア」（第 15 章）といったアイデアをもとに，教育からの自由が論じられている．だが注意すべきは，こうした自由を主張することは，「自己決定」の名のもと，国家に子どもの学習権を保障する責務を放棄させてしまう口実にもなりうるという点である．そのため，評者には教育からの自由を実現させるためにも，国家に学習権を保障することを免責させないよう，そのあり方を市民が統制し監査するための方策，たとえば「教育機会確保法」（第 15 条）で規定されている「協議会」の活用法や，不登校の当事者運動の文脈のなかで提言されてきた「学習権オンブズパーソン」（山本 2016: 6, 16）のような専門職の是非を論じることも必要だと思われた．

以上，若干の疑問を提示したものの，本書は現代社会の支配原理を分析するための手がかりに溢れた好著であることに変わりなく，現場に関わる研究者以外の読者にも広く一読を薦めたい.

**(四六判・276頁・本体2000円・インパクト出版会・2020年)**

## 文　献

桜井智恵子・広瀬義徳編, 2013,『揺らぐ主体／問われる社会』インパクト出版会.
武川正吾編, 2008,『シティズンシップとベーシック・インカムの可能性』法律文化社.
山本宏樹, 2016,「教育機会確保法案の政治社会学――情勢分析と権利保障実質化のための試論」『〈教育と社会〉研究』一橋大学〈教育と社会〉研究会, 26: 5-21.

書　評

井口高志著

# 『認知症社会の希望はいかにひらかれるのか——ケア実践と本人の声をめぐる社会学的探究』

齋藤　曉子

厚生労働省のHPでは，政府の認知症対策である『認知症施策推進大綱』の基本方針として，「認知症の発症を遅らせ，認知症になっても希望を持って日常生活を過ごせる社会を目指し認知症の人や家族の視点を重視しながら『共生』と『予防』を車の両輪として施策を推進」（厚生労働省 2019）していくことが示されている．認知症の問題は，当事者や支援者だけでなく社会全体で取り組んでいくことが目指されていることがうかがえる．ではこのような認知症社会は，今後どう実現されていくのだろうか．本書は，認知症の人々との理解と包摂を軸に，これまでの実践を丁寧に紐解きながら，認知症社会の可能性を探る一冊である．

認知症については福祉社会学に限らずさまざまな研究書が出版されているが，本書のアプローチは非常にユニークである．たとえば既存の研究では，認知症の実践や当事者へのフィールドワークを通じて，現行制度や既存の理念に対抗する実践からのリアリティを提示するというアプローチが見られた．本書ではこうした方向性とは異なり，過去の認知症の先駆的な実践をそれぞれの文脈をふまえて明確化する「社会学的批判」によって，「先駆的な実践のメカニズムを解明し，その実践の中で生まれてきた葛藤や困難を抽出していくこと」（p. 9）から，認知症社会の可能性を見通そうという試みを行っている．序章で筆者が本書の目的を「認知症にまつわる問題の解決ではなく，問題がどのように成り立っているのか，いかなる問題として理解すればよいかの『解明』をしていく際に役立つことを目指す」（p. 13）と述べるように，認知症の問題を社会学的に分析することに徹底した研究なのである．

さいとう あきこ｜近畿大学総合社会学部・准教授｜a-saito@socio.kindai.ac.jp

ではこうした認知症の「社会学的批判」はどのように展開されているのか．本書の内容を簡単に紹介しよう．第一章では，1970 年代～2000 年代中盤までの日本社会を対象に，認知症の人々がどのように理解されてきたのかを概説している．先駆的な実践が積み上げられる中で，認知症の人々が介護・ケアの対象として「理解を試みるべき対象」へと変化していき 2000 年代の「新しい認知症ケア」に到達するプロセスが丁寧に記述されいてる．またここで，本書の基本概念となる認知症の人々の理解と包摂の三つの方向性，「①その人らしさによりそうこと」「②疾患としての積極的対処」「③本人が『思い』を語ること」が示されている．この三つの方向性に基づいて，以降の章の先駆的な実践の分析が行われている．

第二章と第三章では，1980 年代から 1990 年代の先駆的な実践から「新しい認知症ケア」の源流を探っている．第二章では，精神科医や居場所づくりの実践家などのオピオンリーダーによる医療批判の論考の検討から，現在に続く「①その人らしさによりそう」ケアの実践と医療との関係性を読み取っている．第三章では，1980 年代～2000 年代前半までの NHK のドキュメンタリー番組で取り上げられた先駆的実践から，認知症本人の「思い」の多様性や，それに対応する施設介護者の葛藤や困難を浮き彫りにしている．

第四章は，「新しい認知症ケア」（特に「①その人らしさによりそうこと」，「②疾患としての積極的対処」という二つの方向性について）が認知症ケアの指針となることで，ケアの現場の実践へどのような影響を与えるのかが検討されている．2000 年代中ごろに筆者が実施したデイサービスへのフィールドワークを通じて，認知症の人への理解・包摂の実践の困難と可能性を探っている．

第五章・第六章は「新しい認知症ケア」の「③本人が『思い』を語ること」という方向性について，認知症をケアする身近な人への影響（第五章）と，社会への影響（第六章）を論じている．第五章では，第四章と同じデイサービスを対象とし，そのデイサービスで実施されている本人の思いを聞き取るという実践へのフィールドワークを通じて，本人の意思を聞き取ることがさまざまな可能性に開かれていることを指摘している．第六章では，当事者として認知症本人へ社会的な関心が増していく中で，2010 年代以降の展開している認知症本人による声の「意見」「宣言化」によって生じる影響やその問題が明らかにされている．

各章の議論をふまえ終章では，進行性である認知症をいかに理解・包摂していくのか，今後の認知症社会の展望として二つのあらたな実践の方向性が示されている．一つ目は，認知症の人々の地域での居場所をつくる実践や考え方である．もう一つは，医療に基づかずに本人の思いなどから認知症を再定義していく，という実践や考え方である．筆者は，障害学の「社会モデル」と関連づけながら，両方の新たな実践の方向性の可能性と課題を示していく．

もちろん上記は，あくまで本書の大枠を紹介したものに過ぎない．個々の議論を支える魅力的な事例や，実践者や当事者の語りについては，ぜひ本書を手に取って確認していただきたい．

本書の特筆する点としては，冒頭でも述べた「社会学的批判」という新たな実践との対応の方向性を示したことである．このようなアプローチを用いることで，認知症の理解と包摂について，一般論や，特定の利害関係にとらわれたポジショントークに陥ることなく今後の方向性を示すことが可能となっている．特に，医療と福祉や，古い実践と先駆的な実践など，立場が異なり対立しがちな議論を，文脈を丁寧に整理することで結び付けるような試みは「社会学的批判」の一つの功績といえよう．また，「社会学的批判」のアプローチは，今回の 1970 年代～2010 年代の認知症の問題に限らず，他の時代区分や対象でも同様に分析を行うことも可能である汎用性の高いものである．序章に筆者が社会学者として実践とどう向き合うのかについて困難を感じた経験が書かれているが，この難しい課題に真摯に取り組んだ成果といえよう．

上記の点に加え，本書では長期間にわたる多様なデータを対象としている点に特徴がある．各章の概要で紹介したとおり，本書では筆者によるデイサービスを中心としたフィールドワークのデータ（第四章，第五章）や，公表されている書籍・論文（第二章，補論），テレビ番組（第三章）などを対象とすることで，認知症をとりまく社会の変化をミクロからマクロまで多角的に示すことに成功している．特定のフィールドにコミットメントしすぎない「社会学的批判」というスタンスが，それぞれの対象と適度な「距離感」を持ちつつ研究の大きな枠組み中に事例を位置づけることにも貢献している．

ただ若干欲を言えば，それぞれのデータの違いについてもう少し言及が欲しいと感じた．本書では各章の先駆的な実践について「諸実践」としてやや並列的にまとめられているが，フィールドワークのデータと公表されている書籍やテレビ番組ではデータの質が異なるのではないか．後者は，データの内容を公表することが前提とされているため，フィールドワークで得られるものよりポジティブな内容が表現されている可能性がある．さらに，メディアを通じて書籍や番組が広く公表されることが現場での実践へ影響を与えていた可能性も考えられる．こうしたデータの持つ特質をふまえた記述がもう少しあれば，本書の多様な対象を分析した「強み」がより表現できるだろう．

私たち社会学の研究者はどのように変化する実践の問題に取り組むことができるのか．認知症を対象にその問いに真摯に向き合い一つの方向性を見出しているのが本書である．本書で示された「社会学的批判」の方法論は認知症というテーマに限らず，さまざまな福祉の研究へ応用することが可能だろう．その意味で，今後の福祉社会学の可能性を示す素晴らしい一冊といえる．

**（四六判・284 頁・本体 2800 円・晃洋書房・2020 年）**

## 文 献

厚生労働省，2019，「認知症推進大綱【概要】」厚生労働省，（2020 年 12 月 25 日取得，https://www.mhlw.go.jp/stf/seisakunitsuite/bunya/0000076236_00002.html）

## ■福祉社会学会会員からの書籍情報（刊行順）

| 著者名 | 書　名 | 刊行年月 | 出版社 |
|---|---|---|---|
| 相良翔 | 薬物依存からの「回復」――ダルクにおけるフィールドワークを通じた社会学的研究 | 2019年12月 | ちとせプレス |
| 三井さよ・児玉雄大編著 | 支援のてまえで――たこの木クラブと多摩の四〇年 | 2020年2月 | 生活書院 |
| 相馬直子・松木洋人編著 | 子育て支援を労働として考える | 2020年2月 | 勁草書房 |
| 元森絵里子・南出和余・高橋靖幸編 | 子どもへの視角――新しい子ども社会研究 | 2020年2月 | 新曜社 |
| 杉岡直人 | まちづくりの福祉社会学 | 2020年3月 | 中央法規 |
| 安達清史 | 超高齢社会の乗り越え方――日本の介護福祉は成功か失敗か | 2020年3月 | 弦書房 |
| 神原文子 | 子づれシングルの社会学――貧困・被差別・生きづらさ | 2020年3月 | 晃洋書房 |
| 中田知生 | 高齢期における社会的ネットワーク――ソーシャル・サポートと社会的孤立の構造と変動 | 2020年3月 | 明石書店 |
| 遠藤久夫・野田正人・藤間公太監修，国立社会保障・人口問題研究所編 | 児童相談所の役割と課題――ケース記録から読み解く支援・連携・協働 | 2020年3月 | 東京大学出版会 |
| 海老田大五朗 | デザインから考える障害者福祉――ミシンと砂時計 | 2020年4月 | ラグーナ出版 |
| 広瀬義徳・桜井啓太編 | 自立へ追い立てられる社会 | 2020年7月 | インパクト出版会 |
| 井口高志 | 認知症社会の希望はいかにひらかれるのか――ケア実践と本人の声をめぐる社会学的探究 | 2020年8月 | 晃洋書房 |

# 『福祉社会学研究』編集規程

2003年6月28日制定

第1条　本規程は，福祉社会学会の学会誌『福祉社会学研究』（以下，本誌と略す）の編集，刊行に関する事項を定めるものとする．

第2条　本誌は，原則として本会会員による福祉社会学研究の成果発表にあてる．

第3条　本誌は，年1回，刊行するものとする．

第4条　本誌の編集，および刊行のために編集委員会を設置する．

⑴　編集委員会は，理事会の議を経て会長が委嘱した編集委員長1名，編集副委員長1名，編集委員8名以内の計10名以内によって構成する．

⑵　編集委員長は，理事会幹事会において，幹事の中から選任される．編集委員長の任期は2年とする．連続する2期にわたって，その任につくことはできない．

⑶　編集副委員長は，編集委員長の推薦により理事の中から選任される．編集副委員長の任期は2年とする．連続する2期にわたって，その任につくことはできない．

⑷　編集委員は，任期は2年とし，再任を妨げない．

第5条　編集委員会の構成員の役割は，以下の通りとする．

⑴　編集委員長は，編集委員会を主宰し，学会誌の編集を総括する．

⑵　編集副委員長は，編集委員長を補佐し，編集委員会の円滑な運営を図る．

⑶　編集委員は，学会誌編集の実務を担当する．

第6条　編集上の重要な事項は，理事会と協力の上で決定する．

第7条　本誌は，以下の論文等を掲載する．

⑴　特集論文

⑵　自由投稿論文

⑶　書評

⑷　その他，編集委員会が必要と認めたもの

第8条　第7条⑴に関わる特集は，編集委員会からの依頼論文によって構成される．編集委員会は，提出された特集論文の修正に関する参考意見を執筆者に伝えることができる．

第9条　第7条⑵の自由投稿論文は，未公刊のものに限る．レフェリーによる査読の結果に基づき，編集委員会が修正の指示および採否の決定を行う．

第 10 条　第 7 条(2)のレフェリーは，編集委員会が選定することとする．

第 11 条　第 7 条(3)の書評の対象となる著書，および評者は，編集委員会が選定することとする．

第 12 条　編集委員長は，少なくとも年 2 回，編集委員会を招集しなければならない．

第 13 条　編集委員会の事務局は，理事会の定めるところに置く．

附則　(1)　本規程は，2003 年 6 月 28 日から施行する．

(2)　本規程に関わる投稿規程，執筆要項等は，編集委員会が別途定め，理事会の承認を得るものとする．

(3)　本規程の変更は，福祉社会学会総会の議を経ることを要する．

# 執筆要領

2003年6月28日制定
2006年6月24日改正
2017年5月 1 日改正
2019年3月20日改正
2020年7月12日改訂

1. 特集論文，自由投稿論文，書評の分量は，それぞれ，16,000字，20,000字，4,000字以内とする（図表・注・参考文献を含む）．図表は，A 4判で，例えば，1/4ページの場合，400字，1/2ページの場合，800字として換算する．なお，特集論文，書評の執筆要領は，別途，依頼時に執筆者に送付することとし，本要領では，自由投稿論文について規定する．
2. 原稿は，Microsoft Wordにて読み取り可能な形式（A4判，横書き，白黒），1ページ全角40字×40行とする（空白部分は，上記分量に含まない）．ただし，英数字は原則として半角とする．
3. 自由投稿論文には，その他に，邦文要約（600字以内），キーワード（日本語5語以内），英文要約（300語以内），Keywords（英語5語以内），英文題目，所属の英語表記，執筆者名の英語表記（例，YAMADA, Taro）を一つのファイルに保存して提出する．なお，英文題目，英文要約，Keywordsは，ネイティブチェックを受けることとする．
4. 文体等は，次の通りとする．⑴「である調」の文体とし，⑵現代仮名遣い，常用漢字を使用し，句読点は「，」と「．」を採用する．⑶文中の敬称は一切，省略する．⑷送り仮名，漢字等の統一は，ワープロ・ソフトの校正ツールにより，各自，行うこととする．
5. 自由投稿論文は，以下の構成とする．

   1行目　和文題目（副題がある場合は，2行にわたることも可）
   2行目　空白行
   3行目　所属，執筆者名
   4行目　空白行
   5行目　本文をはじめる．
6. 注は，本文中の該当箇所に，右肩上付きで，1），2），3）…と順に示し，注自体は本文の後に一括して記載する．
7. 参考文献は，注の後に一括して記載する（著者名のアルファベット順）．書籍は，著者名・編者名，発行年（西暦），書名，出版地（和書の場合は省略），出版社の順に，論文は，著者名，発行年，論文名，掲載誌名，巻，号（または，編者名，収録書名，出版社），該当ページの順に記載する．欧文の書名，掲載誌名は，イタリック体（ないしは，アンダーラインを引く）とする．なお，WEBからの引用の際には，URLとともに引用日を掲載することとする．文献挙示の例は，以下の通りである．

副田義也，2003，『あしなが運動と玉井義臣――歴史社会学的考察』岩波書店．

Hicks, Alexander, 1999, *Social Democracy and Welfare Capitalism: A Century of Income Security Politics*, New York: Cornell University Press.

Spicker, Paul, 1995, *Social Policy: Themes and Approaches*, London: Prentice Hall/ Harvester Weatsheaf.（武川正吾ほか訳，2001，『社会政策講義――福祉のテーマとアプローチ』有斐閣.）

富永健一，2003，「福祉国家の分解と日本の国際的位置」『海外社会保障研究』142：4–16.

藤村正之，2001，「高齢期における社会的不平等と社会的公正」平岡公一編『高齢期と社会的不平等』東京大学出版会，175–89.

Cohen, Erik H., 2000, “A Facet Theory Approach to Examining Overall and Life Facet Satisfaction Relationships,” *Social Indicators Research*, 51(2)：223–37.

文献挙示の方法については，日本社会学会編集委員会『社会学評論スタイルガイド』第3版（ホームページ http://www.gakkai.ne.jp/jss/bulletin/guide.php）に準じること（2019年3月20日現在）．

8. 参考文献の本文，注等における表示は，著者の姓（発行年（西暦）：該当ページ），ないしは，（著者の姓　発行年：該当ページ）とする．なお，本文や注で初出時でも姓のみを記載する．
9. 図表はMicrosoft Wordにて読み取れるファイルへ貼り付け可能な形式で作成し，通し番号（図1，図2…，表1，表2…）をつけて一つのファイルに保存して提出する．そして，本文中に各図表の挿入箇所を指定する．図表が，出版物からの引用の場合は，出典を明記し，必要に応じて，著作権者の許可を得なくてはならない．

# 投稿規程

2003年 6 月28日制定
2004年12月23日改正
2006年 6 月24日改正
2009年 3 月31日改正
2010年12月12日改正
2017年 5 月 1 日改正
2019年 3 月20日改正
2020年 7 月12日改正

1. 本誌の自由投稿論文は，福祉社会学会会員による社会保障，社会福祉，医療・保健，社会計画，社会問題などの分野における福祉社会学的な研究論文（日本語ないし英語）とする．共同執筆論文の場合，執筆者全員が，本会の会員であることを要する．なお，本会の会員とは，福祉社会学会会則第4条の要件を充足したものとする．
2. 自由投稿論文は，他に未発表のものに限る．投稿者は，投稿論文と内容が重複・類似した論文等がある時は，必ず当該論文等を電子ファイルにて提出することとする．投稿された論文は，編集委員会において，執筆要領の遵守の確認および必要な点検をおこない，協議の上，受理の諾否が決定される．
3. 投稿者は，別途定める執筆要領（形式，字数など厳守）に従い，自由投稿論文をMicrosoft Word にて読み取り可能な形式で作成し，電子ファイルにて提出する．
4. 投稿者は，原稿の電子ファイルと，別途定める投稿申込書を，編集委員会に締切日時までに電子メールで提出することとする．事務局に直接持参して提出することは受け取りの確認に疑義を生ずるため認められない．
5. 自由投稿論文の修正の指示，ならびに掲載の可否は，選定されたレフェリーの査読結果に基づき，編集委員会が決定する．
6. 査読終了後，掲載が決定した場合，投稿者は，必要な修正を行ったうえで，完成稿を電子ファイルにて提出することとする．
7. 著者校正は，初校のみとし，誤字，誤植，脱字の訂正以外は，原則として認めないこととする．
8. 本誌に発表された論文等の著作権は福祉社会学会に帰属する．
9. 本誌に発表された論文等を他の著作に転載する場合には，事前に文書等で福祉社会学会編集委員会の確認を得なくてはならない．

# 『福祉社会学研究 19』の原稿募集について

下記要領で，自由投稿論文を募集します．

投稿資格は，本会会員に限ります．2021 年度の加入者については，6 月の大会時までに入会済みであることが条件となります．

1. 論文の種類，自由投稿論文
   福祉社会学研究の学術論文とします．なお，投稿資格は，本会会員に限ります．
2. 掲載の可否
   レフェリーの査読結果に基づき，編集委員会が決定します．
3. 締切
   第 19 回福祉社会学会大会時の編集委員会で決定します．2021 年 9 月上旬を予定しています．詳細は大会終了後に，本学会公式ホームページに掲載します．
4. 論文の分量
   20,000 字以内（図表等含む）とします．スペースは字数に含めません．
5. 投稿規程，執筆要領
   投稿規程，執筆要領は必ず，学会公式ホームページで確認ください（投稿規程，執筆要領は 2020 年 7 月 12 日付で改正されています）．論文の分量が超過するなど，投稿規程や執筆要領が守られていない場合，投稿論文は受理されません．福祉社会学会ウェブサイトの「投稿申込書」の「(5) 論文の字数」に明記するように，Microsoft Word の［文字カウント］機能の「文字数（スペースを含めない）」に表示される字数にて本文をカウントし，図表は執筆要領ならびに投稿申込書のとおり換算してください。この方式にて数えた総字数（本文の字数＋図表の換算字数）が 20,000 字を超えた投稿論文については受理しませんので，くれぐれもご注意ください。
   書式等形式については，投稿規程・執筆要領の遵守を第一とし，投稿規程・執筆要領に記載されていない点については，日本社会学会編集委員会『社会学評論スタイルガイド』第 3 版（http://www.gakkai.ne.jp/jss/bulletin/guide.php）への準拠をお願いします．
   投稿は紙媒体ではなく電子ファイルで行います．投稿の際は，ワードの文書ファイルの形式で，メールにて編集委員会事務局までお送りください（パスワードを付けた場合には別のメールにてパスワードをお知らせください）．紙媒体の提出は一切必要ありません．なお，原則として，編集委員会事務局に届いたファイルの差し替えはできませんので，十分に確認のうえ，お送りください．投稿論文を添付するメールの件名は「自由投稿論文送付の件」としてください．

6. 提出先・問い合わせ先

編集委員会事務局とします．詳細は，大会終了後に，本学会公式ホームページに掲載します．

7. 受領通知

投稿は受領後に受領通知をお知らせします．受領通知の発行をもって，論文の投稿が成立します．投稿後 1 週間以上経過しても受領通知が到着しない場合には，編集委員会事務局までお問い合わせください．

### 書評対象の著作を募集します

『福祉社会学研究』19号で取り上げる書評対象の著作を募集します．会員の著作であること，単著であることを原則とします．編集委員会事務局書評担当まで，1冊の献本をお願いします．なお，ページ数に限りがあるために，すべての著作を取り上げることはできません．この点はお含みおきください．募集の詳細は，大会終了後に，本学会公式ホームページに掲載します．

# 『福祉社会学研究』17・18 号　レフェリー一覧

本誌 17・18 号では，以下の方々にレフェリーをお引き受けいただきました．お忙しい中ご協力をいただきましたことに，感謝申し上げます．

編集委員会

| | | | |
|---|---|---|---|
| 秋風　千惠 | 安達　正嗣 | 安藤　藍 | 石橋　潔 |
| 和泉　広恵 | 伊藤　綾香 | 稲葉　昭英 | 岩永　理恵 |
| 岩間　暁子 | 大久保将貴 | 岡部　耕典 | 樫田　美雄 |
| 角　能 | 角崎　洋平 | 金子　雅彦 | 上村　泰裕 |
| 株本　千鶴 | 神原　文子 | 菊池いづみ | 菊地　英明 |
| 児島亜紀子 | 齋藤　曉子 | 佐川佳南枝 | 桜井　啓太 |
| 桜井　政成 | 佐藤　恵 | 白波瀬佐和子 | 進藤　雄三 |
| 杉岡　直人 | 杉野　昭博 | 関水　徹平 | 相馬　直子 |
| 園井　ゆり | 大日　義晴 | 高田　洋 | 高野　和良 |
| 高橋　幸裕 | 竹端　寛 | 立岩　真也 | 谷口由希子 |
| 田渕　六郎 | 土屋　敦 | 藤間　公太 | 時岡　新 |
| 中川　敦 | 中田　知生 | 中根　成寿 | 新田　功 |
| 新田　雅子 | 仁平　典宏 | 平野　寛弥 | 藤崎　宏子 |
| 堀　正嗣 | 三重野　卓 | 三谷はるよ | 南山　浩二 |
| 麦倉　泰子 | 村上あかね | 大和　礼子 | 山根　純佳 |
| 米澤　旦 | | | |

（敬称略　五十音順）

＊視覚障がいその他の理由で，本書のご利用が困難な方へ

ご希望の方には，本書掲載論文のテキストデータをお送りしますので，下記のテキストデータ引換券を切り取り，お送り先住所を明記の上，学文社宛にお送りください．

| |
|---|
| 福祉社会学研究<br>18号（2021年）<br>テキストデータ引換券 |

## |編集後記|

『福祉社会学研究』18号をお届けいたします.

新型コロナウィルス感染症の影響により第18回大会は2020年11月15日にオンラインにて開催し，報告は自由報告のみとせざるを得なかったため，本号の特集は編集委員会の企画を組みました．特集は，福祉をめぐる人びとの語りや経験を「戦後福祉のナラティブ」と位置づけ，そのようなナラティブから戦後福祉を照射せんとする試みであるため，各領域を専門とする４名の会員の方々に依頼し，大変刺激的な論考をご寄稿いただきました．また，編集委員による解題も掲載しています．ぜひ，ご一読ください．

以上に加え，自由論文４本，書評17本が掲載され，大変充実した内容になっています．

本号には15本の投稿論文があり，最終的には４本が掲載となりました．過去４年間の本誌の投稿状況等を見ますと，15号は投稿論文数13，掲載論文数9，掲載率69.2％，16号は投稿論文数12，掲載論文数2，掲載率16.7％，17号は投稿論文数15，掲載論文数7，掲載率46.7％であったに対し，18号は投稿論文数15，掲載論文数4，掲載率26.7％となっています．各号の投稿論文の質は異なりますので，掲載率には変動がありますが，過去４年間では約38.2％になっており，質の高い論文を本誌にて積極的に掲載せんとする体制になっています．このように，本誌は査読者や編集委員の方々のご尽力によってきわめて厳正かつ透明な審査・編集のもと刊行されていますので，ぜひとも会員の皆さまには積極的に投稿していただければと思っています．

なお，残念ながら，本号でも２本の論文が，文字数超過など執筆要領等が遵守されていないため，受理することができませんでした．論文の分量が超過するなど，投稿規程や執筆要領が守られていない場合，投稿論文は受理されません．文字数については Microsoft Word の［文字カウント］機能の「文字数（スペースを含めない）」に表示される字数にて本文をカウントし，図表は執筆要領ならびに投稿申込書のとおり換算してください．この方式にて数えた総字数（本文の字数 ＋図表の換算字数）が20,000字を超えた投稿論文については受理しませんので，くれぐれもご注意ください．会員の皆さまにおかれましては投稿規程，執筆要項，『福祉社会学研究19』の原稿募集，「投稿申込書」等を十分にご確認のうえ，積極的に投稿してください．どうぞ宜しくお願いいたします．

なお，2020年７月12日改正の投稿規程により本誌は英語論文の投稿も可能になっています．また，本号から英文要約のネイティブチェックも実施しております．本誌がより国際的かつ複数言語にて発信できるようにさらに体制整備を進めてまいります．

本号で第９期編集委員会はその任が解かれます．編集委員の方々や査読の労をおとりくださった会員の皆さまにこの場をお借りして厚く厚くお礼申し上げます．

（編集委員長・天田城介）

**福祉社会学研究 18**

2021年５月31日　発行　　ISSN 1349-3337

編集者　福祉社会学研究編集委員会
発行者　福 祉 社 会 学 会
発行所　株式会社　学　文　社

福祉社会学会事務局　〒464-8601　名古屋市千種区不老町 780
名古屋大学環境学研究科　上村泰裕研究室気付

株式会社 学　文　社　〒153-0064　東京都目黒区下目黒 3-6-1
電話 03-3715-1501（代）　fax 03-3715-2012
E-Mail hensyu@gakubunsha.com


ISBN 978-4-7620-3061-1 C3336